The Complete Guide to
ETF Portfolio Management
The Essential Toolkit for Practitioners

ETF投资

[美] 斯科特·韦纳 | 著
Scott M. Weiner

侯　宇 | 译

中国人民大学出版社
·北京·

推荐序

航运领域有一个很伟大的发明，那就是集装箱。

第二次世界大战刚结束时，经济发展从零开始。航运业发展非常缓慢，跟不上那时经济的发展速度。当时，轮船上的货物堆放得比较零散，大部分货物都需要工人一件一件地往船上装卸。装卸速度非常慢，不仅一艘船的装卸需要好几天时间，而且还经常出现工人被货物挤伤压伤的情况。

当时有一个卡车司机出身的人，叫麦克莱恩（McLean），做出一项创新。他发明了一种大金属箱子，称为集装箱。所有的货物都统一装进这个集装箱里，然后再上船进行装卸，而且集装箱的大小刚好可以由卡车来运输。这样，货物在装船的时候由起重机统一装卸，使得装卸速度大大提升，一艘船的装卸时间压缩到了几个小时。而且使用起重机进行装卸，减少了大量的人工成本和工伤等意外。

到今天，全世界大部分货物都是通过集装箱来运输的，这种方式极大提升了物流的效率，也极大降低了物流的成本。

这种把货物装进一个标准化的、大小统一的、方便交割的箱子里的过程,就是集装箱的革命。

在基金领域,也有同样的革命,那就是交易所交易基金(exchange-traded fund,ETF)革命。

这场革命是把资产装入基金这种"箱子"中。无论是由几百只股票构成的指数,还是房地产信托、黄金、债券,都可以装进基金中,分割为一份份的基金份额。这使每一份基金的投资金额大大降低。然后,把这些基金份额拿到证券交易所里上市,跟股票一样,可以买卖交易。

ETF就是投资领域的集装箱。

ETF最早以指数型基金为主。目前在A股市场,股票指数ETF占绝对优势。在美股市场,ETF覆盖了几乎所有资产大类,甚至出现了主动投资型ETF。

随着ETF的数量迅速增加,投资者如何挑选ETF成为一个难题,例如ETF包括哪些类别;如何评估、筛选ETF;如何用这些ETF构建投资组合。如果你也有类似困惑,那么这本书可以帮助你深入了解ETF。

银行螺丝钉

译者序

我在拿到《ETF投资》的英文原版书后,毫不犹豫地接下了翻译工作。这不仅是因为当前国内ETF正处于飞速发展阶段,更是由于我个人的多重身份体验,让我有更强的意愿想让更多人了解ETF背后的运作机制,希望无论从业人士还是个人投资者都能从中获益。

从海外到国内的从业经历,以及从普通投资者到财富管理领域的一线从业者的身份转变,让我见证了国内资本市场的飞速发展,也让我对未来国内金融市场的发展倍有信心。随着越来越多金融工具创新的出现,如何将多元化的市场与个人的财富管理、资产配置相连接,让更多的普通人在享受到经济发展成果的同时也可以获得更好的投资体验?ETF是大类资产配置的利器。

近年来ETF在国内市场飞速发展。总资产规模从2017年的3 500多亿元跃升到了2022年的1.4万亿元,数量从仅100余只发展到700余只。现如今,ETF已覆盖不同规模、行业、策略、风格和主题的权益类资产,以及债券、商品、货币、海外市场等其他类资产。同时,ETF为投资者提供了以较低费率和较好流动性获取相应市场平均收益水平的渠道。

我们在享受 ETF 提供的便利的同时,也应清晰地把握其背后的交易机制和运行逻辑。本书几乎涵盖了 ETF 和 ETF 投资组合管理过程中的所有基础知识,同时以书中创建的虚拟 ETF 为例,将晦涩枯燥的交易规则和框架解释得通俗易懂。不论你是初级投资者还是业内人士,相信都可以从本书中有所收获。

本书以美国市场的 ETF 为主要对象进行分析,其中个别内容,如税收安排、杠杆和逆向投资等可能暂不适用于我国市场。

对于本书中所涉及的专业词汇,本人在翻译过程中虽已尽力做到与我国 ETF 领域常用术语一一对应,但难免会有不周之处,还望读者理解并指正。

侯　宇

前言

在 20 世纪，美国最主要的投资工具是共同基金（mutual fund），这是一种由共同基金公司专业管理、众多投资者进行投资的集合工具。然而，1993 年，美国证券交易委员会批准了一种类似于共同基金的产品的上市申请，该产品在几个方面与传统的共同基金不同。特别重要的是，传统的共同基金不像股票那样能在交易所交易，而这种新产品可以，进而资金能以市场决定的价格而不是以基金的资产净值（net asset value，NAV）① 进行转手。

随着这一创新，交易所交易基金，即 ETF，诞生了。仅仅 25 年后，美国就有超过 5.5 万亿美元投资于 2 000 多种 ETF 产品，其行业发展大大超过了人们在 1993 年的想象[1]。这些产品几乎涵盖了所有的金融领域，从股票到固定收益产品，从货币到商品，从国内到国外。投资者如果想寻找一种产品，暴露某个市场的风险敞口，那么在 ETF 中找到这种风险敞口的可能性至少与在共同基金中找到的可能性相同。在 2014 年后的每一年里，流入 ETF 的资金都超过了流入共同基金的资金[2]。可以说，进入 21 世

---

① NAV 是交易日收盘后的每份基金的单位资产净值。

纪之后,在短短20多年的时间里,ETF已经超越共同基金,成为时代的主流金融工具。

对于投资公司本身来说,ETF的出现对投资组合管理产生了深远的影响。投资组合管理曾经意味着投资者在任何特定时间内在投资组合中的持仓情况;跟踪指数的产品只是寻求持有指数的基础头寸,而主动管理型产品寻求持有投资组合经理(portfolio manager,PM)选择的头寸,不必去跟踪一个指数。然而,在ETF时代,跟踪同一指数的共同基金和ETF是由各自的投资组合经理以完全不同的方式进行管理的。即使是ETF结构中的主动管理型组合,其管理方式也与主动管理的共同基金组合不同。对"投资组合管理"进行简单的教授和学习已不合适,我们需要基于产品进行实践上的改变。

本书是同类书中的第一本,其内容旨在提供管理ETF投资组合的完整实践。本书是为投资组合经理和相关从业人员准备的。随着该行业资产的爆炸性增长,ETF个人投资者也可以通过这本书来深入了解他们所拥有的产品的内在架构,看看它们到底是如何运行的。每个ETF投资者都应该知道产品是如何运作的。

本书涵盖了ETF和ETF投资组合管理过程的所有基础知识,同时还包括一系列领域的高级课题。

在第1部分,我们集中讨论美国的ETF行业。这一部分回顾了导致ETF激增的监管框架,研究了市场上现存的各种ETF结构,介绍了市场的当前概况,详细介绍了ETF生态系统及使该行业每天都在运转的组织类型。

有了以上概述,我们再进入第2部分。在这里我们将对被动型ETF投资组合或指数型ETF投资组合管理进行深入研究。我们还将讨论整个过程，包括如何定义指数，以及投资组合经理如何了解指数中所有错综复杂的问题。我们构建了一个贯穿全书的虚拟指数，将其作为我们进行ETF管理的基础，并为说明指数再平衡时将发生什么以及再平衡将如何影响ETF投资组合经理的行为提供了基础。我们也特意对指数型ETF投资组合管理进行了关注：正如我们将在正文中讨论的，我们相信指数型ETF投资组合经理所采用的许多工具也可以被主动型ETF投资组合经理所采用。

在第3部分，我们推出了一个虚拟ETF，就像我们在ETF发行商那里所做的工作一样。我们讨论了基金成立时注入资金的方法，并描述了一级市场在ETF投资组合管理中的关键作用。

在第4部分，我们介绍了ETF投资组合管理的三个目标（三个T）——跟踪误差、交易成本和税收，以及三个C——现金、公司行为和定制实物篮子（custom in-kind basket，CIB）。我们讨论了投资组合经理在寻求最小化每个T时所做的权衡，并考虑了三个C要素对投资组合经理行为的影响。我们将重点放在股票ETF上，因为投资组合管理的一些关键方面使得ETF效率很容易在这一资产类别中得到体现。这一部分的最后一章涉及投资组合的再平衡过程，这与第2部分中讨论的指数再平衡不同。

在第5部分，我们扩大了产品系列。我们讨论了国际ETF如何给ETF投资组合经理带来新的挑战，特别是市场时间不同步所带来的挑战①。接下来，我们转向 ETF 领域中一个不断发展的类型：主动管理型 ETF，即那些没有正式跟踪相关指数的 ETF。尽管没有要跟踪的指数，但如前所述，在被动型 ETF 投资组合管理中采用的一些方法在主动管理型 ETF 领域也有重要意义。之后，我们继续扩大对产品系列的关注，包括探索固定收益类 ETF——这是 ETF 行业另一个不断增长的部分。在第 4 部分的最后，我们还研究了杠杆和反向产品，即寻求日收益相当于某一指数某一天收益的倍数的产品。这些产品需要采用不同于非杠杆产品的投资组合管理策略②。

在第 6 部分，我们谈论了对 ETF 管理带来特殊挑战的情况。我们首先讨论了新冠疫情期间市场动荡的情况，因为极端的波动会给准备不足的 ETF 投资组合经理带来巨大的灾难。接下来，我们讨论对于那些在被动领域难以跟踪的指数，代表性抽样如何成为首选策略。如果一切都失败了，基金发行商有可能会将 ETF 退市，我们在最后一章讨论了这对 ETF 投资组合经理的影响。

我们的总体目标是让投资组合经理做好准备，以处理 ETF 投资组合管理中出现的基本情况和一些更微妙的情况，并让他们深入了解尚未遇到的情况，或者他们已经遇到但不知道该如何处理的问题。

投资组合经理只关注股票、债券或资产配置的时代已经过去了；现代的投资组合经理不仅需要管理投资组合的内容，还需要

---

① 我们讨论的是在美国注册的 ETF。
② 当然，本书没有包含其他资产类别或产品，如大宗商品、货币和基于衍生品的策略。我们主要关注开放式投资公司。

管理产品的结构。面对爆炸式增长的 ETF 市场，本书将助你应对艰巨任务。

让我们开始吧。

注　释

1. Bloomberg Finance L. P.，Investment Company Institute.
2. Ibid.

致谢

在这里我想感谢很多人,因为他们使这本书的诞生成为可能,而且正是有了他们的支持,这本书才会变得更好。我想先从我的家人开始说起。首先,我要感谢我的妻子 Lindsay 和我的孩子 Brady 和 Alex,他们从一开始就给予了我极大的支持和鼓励,即使写作占用了比预期更多的家庭时间。其次,我很幸运,父母都是教育工作者,他们以身作则,证明了分享知识和教学的重要性。这本书就是对我的父母的致敬。最后,我的岳父岳母也始终给予我难忘的指导和支持,谢谢你们。

我感到特别幸运的是,我有很多好朋友,他们从一开始就相信我所做的事情,并鼓励我将其进行到底,包括 Scott Hershovitz、Scott Rao、Rebecca Katz、Damien Horth 等,我很抱歉没能在此提到他们所有人的名字。他们阅读和修改样稿,提供修改建议,帮我联络到能够给予我帮助的人,并全程支持我——我感激不尽。

在行业内,我想特别感谢 Janus Henderson 公司的首席投资官 Enrique Chang 对我的支持,以及许多其他同事在这一过程中提供的信息、指导和帮助。Nick Cherney 和我一起工作了近十年，我很感谢这些年来我们就 ETF 投资组合管理进行的许多交流，这无疑提高了本书内容的价值。我的好几只 ETF 的联席投资组合经理 Benjamin Wang 和我的量化策略团队成员 Zoey Zhu 在建立我们的 ETF 投资组合管理方法方面发挥了作用，我非常感谢他们每日的工作和支持。特别感谢我所管理的 ETF 的董事会主席 Cliff Weber，感谢他分享了自己在 ETF 发展早期的经验以及他关于监管和行业方面广博的知识；感谢 Richard Hoge、Byron Hittle、Jame Skerr 和 Allen Welch 多年来对我提供的关于 ETF 投资组合管理中出现的法律、监管和会计问题的指导；感谢 Jay Kirkorsky 和 Paul Lyons，他们帮助我加深了对资本市场职能的认识。另外，没有强大的分销团队支持，任何 ETF 投资组合经理都无法完成他的工作，所以非常感谢 Steven Quinn、Dan Aronson、Shawna Macnamara、Lee Gross 和 Taylor Ranney 的努力。

还有一些人和组织也非常慷慨地贡献了他们的时间和资源，为本书提供支持。Solactive AG 的首席执行官 Steffen Scheuble 是我的长期商业伙伴，感谢他对本书的协助。ETF 投资组合经理 Antonio Picca 等人对我关于主动型和固定收益型 ETF 的讨论做了有意义的改进。Jean Zimmer 在本书创作过程的早期提供了宝贵的指导并对书稿进行了编辑。我还要特别感谢彭博金融公司（Bloomberg Finance L.P.）、投资公司协会（Investment Company Institute，ICI）的 Douglas Richardson、Ropes Gray 律师事务所和 MathWorks 公司。

在本书的构思过程中，我向一些我尊敬和钦佩的金融界学者征求了意见，其中包括哥伦比亚大学的 Emanuel Derman、哈佛大学的 Stuart Gilson 和牛津大学的 Tim Jenkinson。非常感谢他们的反馈和鼓励。

最后，也是非常重要的，我深深感谢麦格劳希尔公司的 Stephen Isaacs 和他的整个团队，特别是 Patricia Wallenburg 和 Amanda Muller，他们使本书得以出版。感谢 Stephen，他从第一天起就对本书充满热情，此后每天都给予支持，这让一切都变得不同了。

本书所表达的观点仅代表我的个人看法，不代表上述提及人士的观点；如有不妥，都只与我个人有关。

目录

第 1 部分　ETF 行业

第 1 章　ETF 的诞生 / 003
共同基金监管法案和豁免条例 / 005
今天的 ETF 行业 / 008
ETF 规则 / 013

第 2 章　ETF 的生态系统 / 016
ETF 结构和投资组合经理 / 018
更广泛的 ETF 生态系统 / 020

第 2 部分　被动型 ETF

第 3 章　对标指数 / 029
被动型 ETF 和对标指数 / 031
指数编制方法 / 032
指数实例："以 A 开头"的指数 / 037
指数文件 / 040

第 4 章　指数再平衡 / **049**

　　预估文件 / 050

　　计算日和再平衡日期间的预估文件 / 055

　　指数再平衡基础知识 / 057

第 3 部分　一级市场与 ETF 发行

第 5 章　**ETF 与一级市场 / 063**

　　创设和赎回 / 064

　　申购赎回清单文件 / 067

　　定制实物篮子 / 080

　　对 ETF 生态系统的说明 / 080

第 6 章　发行基金 / **082**

　　种子资金 / 083

　　初始交易和初始资产净值 / 084

　　发行 SWA ETF / 089

　　关于发行的思考 / 094

第 4 部分　三个 T 和三个 C

第 7 章　跟踪误差 / **099**

　　单位资产净值或收盘价 / 101

　　举　例 / 101

　　解开落后指数和超越指数的奥秘 / 109

把它们放在一起 / 113

附　录 / 114

第 8 章　交易成本 / 118

最佳执行和市场影响 / 119

交易频率与优化 / 121

完美复制与交易成本 / 124

关于收盘价交易的说明 / 126

第 9 章　税　收 / 128

投资组合经理的免责声明 / 129

基本定义 / 129

税收文件 / 130

已实现的收益/损失 / 132

创设/赎回活动及其对税收的影响 / 133

现金替代和税收管理 / 138

调整基准：一个简单的例子 / 138

洗　售 / 140

为什么是税收最小化而不是避税 / 146

投资损失节税 / 147

第 10 章　现　金 / 154

现金对投资组合的影响 / 155

现金流入的来源和管理 / 155

现金与应计项目 / 156

报告现金流入 / 159

现金流出的来源和管理 / 161

现金替代的管理：流入或流出 / 163

把这一切放在一起：现金全景 / 165

第 11 章 公司行为 / 166

现金分红 / 166

兼并和收购 / 167

要约收购 / 175

供　股 / 176

股票拆分和反向拆分 / 183

上市公司分拆 / 184

公司行为和现金替代 / 185

同一天发生多个公司行为 / 187

附　录 / 187

第 12 章 定制实物篮子 / 190

新定制实物篮子与旧定制实物篮子 / 191

定制实物篮子：关键原则 / 192

定制实物篮子 1：标准创设，定制赎回 / 193

定制实物篮子 2：定制创设，标准赎回 / 198

定制实物篮子 3：定制创设，定制赎回 / 201

定制实物篮子的过程 / 201

什么时候适合使用定制实物篮子 / 202

第 13 章　投资组合再平衡 / 204

　　　　　指数计算和预估文件 / 205

　　　　　再平衡分析 / 206

　　　　　监测公司行为 / 209

　　　　　市场交易与指数"交易"不同 / 209

　　　　　调整和再平衡后的分析 / 210

第 5 部分　扩大产品系列

第 14 章　管理国际 ETF / 213

　　　　　指数文件 / 214

　　　　　单位手数的股数大小 / 215

　　　　　时间安排 / 217

　　　　　交易成本和流动性 / 219

　　　　　税收和预扣税率 / 219

　　　　　假期日历 / 220

　　　　　创设和赎回的交易指令窗口 / 222

　　　　　现金替代和辅助交易 / 223

　　　　　外汇交易 / 224

　　　　　国际公司行为 / 225

第 15 章　主动管理型 ETF / 227

　　　　　豁免权和透明度 / 228

　　　　　主动型与被动型 ETF 的组合管理 / 229

　　　　　三个 T 和三个 C / 230

　　　　　（透明）主动管理型 PCF 的构建 / 238

ETF 发行和初始篮子 / 239

报　告 / 240

半透明和非透明的主动管理型 ETF / 241

附　录 / 247

第 16 章　固定收益型 ETF / 250

固定收益基础知识 / 250

固定收益指数和指数文件 / 254

跟踪指数和代表性抽样 / 257

固定收益 PCF / 258

固定收益 PCF 中的现金替代 / 261

协商篮子 / 263

净处理订单 / 265

洗售和税务批次 / 266

再平衡 / 266

第 17 章　杠杆和逆向投资 / 268

如何创建杠杆风险敞口 / 270

如何创建反向风险敞口 / 272

每日重置的杠杆（或反向）的风险敞口 / 273

收盘执行 / 275

指数和预估文件 / 276

PCF / 277

三个 T 和三个 C / 278

100% 损失的风险 / 280

第 6 部分　当困难来临时

第 18 章　市场动荡 / 285

市场暂停 / 287

交易成本 / 288

价格发现 / 289

创设/赎回和套利分解 / 292

事件中的再平衡 / 292

异方差 / 293

当跟踪误差难以解决时 / 294

第 19 章　代表性抽样 / 298

使用代表性抽样的理由 / 299

代表性抽样是不是值得的 / 300

投资组合优化作为一种代表性抽样策略 / 301

困　难 / 309

附　录 / 309

第 20 章　ETF 退市 / 312

退市过程 / 312

投资组合经理的责任 / 313

其他需关注的问题 / 313

结　论 / 314

术语表 / 316

THE COMPLETE GUIDE TO
ETF PORTFOLIO MANAGEMENT

第1部分
ETF行业

如果你向一名职业运动员请教他所从事的体育项目，在接触到核心的技能和策略内容前，你需要先了解一些关于这一领域的概况和历史。同样，在我们开始研究交易所交易基金（exchange-traded fund，ETF）的投资组合管理前，需要先回顾一下ETF早期发展的市场背景。ETF市场的崛起得益于20世纪90年代初的监管环境。在第1章中，我们会对当时的市场环境以及ETF在随后几十年的增长历史做简要介绍。在第2章中，我们将对ETF的生态系统进行概述，同时着重阐述ETF投资组合经理应如何适应这一框架。

第 1 章

ETF 的诞生

各个行业都是在变革和创新中不断迭代发展的。在某些行业中,你很难确定这种变革是何时发生的;而在其他行业中,某些分水岭时刻的存在却永久地改变了行业格局。这些时刻可能在当时并不为人所知,往往回过头看时,它们才变得逐渐清晰。许多初创企业专注变革和创新,迫切希望成为颠覆行业现状的公司。商学院也在向未来的领导者们传授着变革和创新的思想,希望他们可以发现行业中那些成熟到足以变革的领域。数码相机取代传统胶片相机,洗手液取代香皂,我们随处可见通过创新对行业进行彻底颠覆的案例。

抛开这些开创新行业的创新不谈,那些颠覆了原本难以被颠覆行业的革新才是真正令人震撼的。以手机市场为例(当然,它颠覆了通信行业),在 2007 年,手机硬件市场还是由诺基亚(Nokia)的"砖头"手机主导(市场份额高达 53%),而手机的操作系统也由诺基亚的塞班(Symbian)操作系统主导(市场份额高达 67%),诺基亚是当时手机界的巨人[1]。2007 年,诺基亚拥有超过 10 亿用户,《福布斯》(Forbes) 杂志称诺基亚为 "手机之王",诺基亚及其所在的行业看起来是不可撼动的。

但在同一年,苹果公司意识到了将软件(应用程序)与访问它的硬件(苹果手机——iPhone)进行整合的价值,一个新的手机范式出现了。这导致了现在安卓(Android)手机系统和 iPhone 的 iOS 操作系统之间的竞争。手机不再是"手机",它们成了带有操作系统的袖珍电脑。这一革新推动了整个行业的发展。遗憾的是,诺基亚未能适应这场变革。所以现在,许多人使用的不再是诺基亚的砖头手机,而多是运行着 iOS 系统的 iPhone 或运行着 Android 系统的三星手机。在变革发生后的 12 年里,Symbian 操作系统的市场份额逐渐降为零,Android 和 iOS 系统的市场份额分别占到 76% 和 22%[2]。

1993 年,资产管理行业出现了类似的颠覆性时刻。当时资产管理行业的大环境看起来就如同变革前夜的手机市场。共同基金这种产品在当时占据着市场主导地位。共同基金是通过从多名投资者筹集资金对证券标的进行投资,使投资者共同盈利(或亏损)。与之配套建立的法规明确约定了产品的运作方式以及投资公司在经营共同基金时需要遵守的规则。1993 年,大约有 6 万亿美元投资于共同基金[3]。共同基金行业看起来是不可颠覆的。

面对这样一个数万亿美元规模、有着良好监管、遵循着一套根深蒂固的金融市场规则、对每个市场参与者来说高度透明的行业,你怎样才能去颠覆它呢?其实很简单:去改变规则。美国证券交易所(American Stock Exchange,AMEX)与道富环球投资管理(State Street Global Advisors,SSGA)合作,并通过其全资子公司 PDR 服务有限责任公司（PDR Services LLC）运作，要求美国证券交易委员会（Securities and Exchange Commission，SEC）放宽围绕共同基金法规中的一些要求。这样，美国证券交易所迈出了颠覆共同基金市场的第一步，在苹果公司颠覆手机行业之前，美国证券交易所已经成为资产管理行业的"苹果公司"。具体来说，要求美国证券交易委员会允许美国证券交易所上市一只基金——标准普尔存托凭证（Standard and Poor's Depositary Receipts，SPDR）标准普尔500指数ETF信托基金（简称SPDR标普500ETF），股票代码为"SPY"[①]，该基金将像股票一样在交易所交易，同时解除了美国证券交易所对共同基金的一些其他限制。随着美国证券交易委员会的批准，共同基金行业的颠覆活动正在进行。虽然共同基金仍然在金融领域保持着主导地位，但1993年推出的第一个产品所产生的连锁反应是深远的。

共同基金监管法案和豁免条例

随着监管环境的不断演变，美国证券交易委员会已在近年采用了新的ETF规则，我们将在下文中进行详细介绍。

首先，让我们深入研究一下当时的监管环境和SPY到底是如何改变这个行业的。现代共同基金行业的基础主要由以下四个具体的监管法案构成：1933年《证券法》（Securities Act）、1934年《证券交易法》（Securities and Exchange Act）、1940年《投资公司法》

---

① SPY是单位投资信托，主要交易证券的所有权，而不是证券本身。

(Investment Company Act)和 1940 年《投资顾问法》(Investment Advisers Act)。我们不会花太多时间讨论这些法案,有兴趣的读者可以通过多种渠道找到这些法案的细节,甚至阅读全部法案①。有趣的是,在 SPDR 背后的人们设法申请美国证券交易委员会为其豁免这些复杂规则中的一些条款。这样一来,ETF 的变革就开始了。其中的重点是 1940 年《投资公司法》,通常也为称为"40 法案(40Act)"。

《投资公司法》对共同基金进行了有效的监管,同时确定了投资公司的含义。这一法案是在 1933 年和 1934 年法案的基础上设计的,旨在 1929 年金融市场崩溃之后加强对投资者的保护。SPDR 持有者向美国证券交易委员会提出申请以要求"豁免",换句话说,美国证券交易委员会允许其违反《投资公司法》中的一些规则。

一个标准的豁免申请包括寻求对《投资公司法》中三个关键部分的豁免:(1)允许基金发行可以按单位资产净值(net asset value,NAV)赎回的份额,发行份额需满足最小创设单位的要求。(2)从授权参与人(authorized participants,AP)那里接收标的证券同时出售同等价值的 ETF 份额,或接收 ETF 份额同时将同等价值的标的证券转让给他们(类似实物交易)。(3)将这些创设份额在交易所上市,根据市场价格而非资产净值进行场内交易。这听起来可能有些技术含量,我们不妨把它分解来看:通过创设单位的设计,在投资者和基金发起人之间设置一道障碍,投资者不能把

---

① 相关法案信息举例见 https://www.sec.gov/investment/laws-and-rules。

一些零碎份额直接还给 ETF 发行商；相反，他们必须积累足够多的份额（一个创设单位）来进行赎回，数量往往是 50 000 份或更多。充当这些脱媒交易角色的是授权参与人，他们是站在投资者和 ETF 发行商之间的做市商，为这些创设单位的转让提供流动性。最终投资者不再将份额直接转让给 ETF 发行商，而是授权参与人通过向 ETF 发行商转让标的证券以换取 ETF 的份额的方式完成 ETF 的创设，或通过向 ETF 发行商提交 ETF 份额以换取一篮子标的证券的方式完成 ETF 的赎回。以上实物交易将产生重大影响，我们稍后对此进行深入讨论。当共同基金股东从 ETF 发行人处购买份额或将份额卖回给发行人时，他们是按 ETF 净值计价的。豁免申请要求美国证券交易委员会允许份额在二级市场上交易，就像股票在证券交易所交易一样[①,4]。

为什么批准这些豁免申请对建立一个全新的市场，进而从根本上改变投资领域的格局有如此大的作用？首先，投资者追求流动性，即在任何时间以透明的价格买卖证券的能力。以前交易所的交易条款只允许基金以每天市场收盘后的单位净值进行交易（当然，这一天中的价格变动是未知的）。如果投资者想在上午 9 点 31 分出售持有的共同基金头寸，必须等到一天结束时公布基金资产净值后才能得知其赎回份额的价格。

其次，正如我们将在本书中看到的，ETF 创造了相比共同基金更优的税收效率，这对投资者影响深远。简而言之，当投资者

---

① 其他的豁免请求包括取消对投资其他基金的头寸限制，允许对赎回的延迟处理。基金还要求对 1934 年《证券交易法》中主要涉及 ETF 份额发行的某些条款进行豁免。

赎回共同基金的基金份额,共同基金公司为了支付投资者的赎回款项将削减股票敞口,如果这些股票在出售时存在资本利得,该资本利得将在年底分摊至全部的共同基金持有人。也就是说,即使你未卖出共同基金的任何份额,如果其他人卖出了,你也可能(而且通常会)受到该基金因证券交易产生的税收影响。由于ETF的某些结构特点,即授权参与人的特性以及其构建的交易方式,加之对授权参与人交易环节的相关税收处理,这一产品形式允许将单一投资者的活动与其他投资者的活动隔离开来。这些规定就使得ETF可以进行更有效的税收管理。

最后,ETF的开放式结构以及授权参与人的创设和赎回机制创造了一种套利机制,这一机制旨在使二级市场的价格与产品的资产净值保持一致,确保在二级市场上买卖的投资者可以得到一个密切反映投资组合中所持有的标的价值的"公平"价格。在此机制下,某类投资者(例如机构投资者)对于其他类型的投资者(个人投资者)而言,不具备实质性的优势。

当然也有其他因素促进了ETF行业的发展,这些因素包括更低的收费和指数化的广泛兴起,包括产品依赖度极高的持牌投资咨询行业的发展,一些新的投资概念被包装成ETF,并且ETF产品具备税收效率和流动性优势。因此ETF产品能够自亮相以来就稳稳地占据市场。

今天的ETF行业

1993年,SPDR标准普尔500 ETF在成立之初只有约600万美元的规模，如今已发展成为金融业的一个重要组成部分。正如下文所述，其发展为本书存在的必要性提供了核心背景支持。截至 2020 年 12 月 31 日，SPDR 标普 500 ETF 拥有 3 220 亿美元的资产管理规模（assets under management，AUM），创历史新高。自 ETF 出现以来，过去的 25 年里，ETF 市场的资产规模已超过 5.5 万亿美元（见图 1-1）。

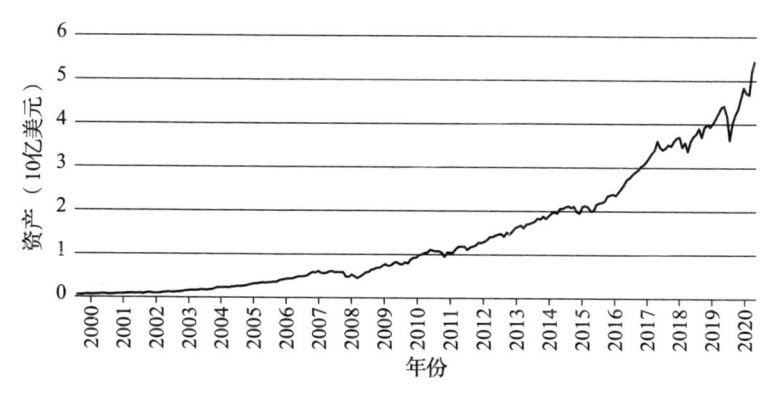

图 1-1 美国 ETF 历史资产规模

资料来源：Investment Company Institute，Bloomberg Finance L. P. 如果想查询最新的基金行业数据，请参阅 http://www.ici.org/research/stats。

从资产维度来看，ETF 资产规模已经达到共同基金资产规模的 20% 以上。这一数字看起来并不多，但在探索 ETF 增长的故事中，如果我们仅关注到这个数字，就犹如蜻蜓点水。要了解背后的原因，你需要考虑到共同基金在退休金领域中的主导地位。据《华尔街日报》（*Wall Street Journal*）援引投资公司协会（Investment Company Institute，ICI）的报道："在拥有共同基金的 5 600 万个家庭中，有 80% 是通过雇主赞助的退休计划购买的"[5]。另据 ICI 估计，54% 的共同基金资产是由退休账户持有的，

2019 年规模超过 9.4 万亿美元（如果包括货币市场基金，则为 9.9 万亿美元）[6]。其中大多数的退休账户中甚至不提供 ETF 产品，主要原因是：（1）部分退休账户的平台需要进行大量的技术改进，才能适应 ETF 的日内交易；（2）提供 ETF 产品可能会降低退休计划管理人员的收费；（3）税收效率与退休金投资无关。因此，这让 ETF 产品进入这一领域存在很大的障碍。

如果以竞争环境相对公平的非退休资产衡量，ETF 资产在共同基金总资产中的占比已经增长至 50% 左右。当 ETF 在雇主赞助的退休计划中临近不可避免的转折点时，ETF 相对于共同基金的崛起将会是迅速的。

从资金流的维度看，至少有一个指标——连续 12 个月滚动资金流入规模显示，从 2014 年到 2019 年，ETF 资金的流入规模均超过了共同基金的资金流入规模（见图 1-2）①。如果按这种趋势继续下去，完全有理由认为，ETF 资产规模终将超越共同基金的资产规模，尤其是如果未来基于 ETF 的退休金平台在退休金行业中能立足。据一些业内观察人士分析，2023 年全球 ETF 资产规模预计将超过 10 万亿美元[7]，ETF 的资产规模预计最早将在 2024 年超过共同基金资产规模[8]。

新产品的推出显然也有利于 ETF 发展。自 2000 年以来，ETF 已累计净发行超过 2 000 只产品，而共同基金的同期累计净发行产品数实际为负（见图 1-3）。

---

① 在新冠疫情时期发生了逆转，主要是由于 2020 年 3 月和 4 月有超过 1 万亿美元的资金流入货币市场共同基金。

图1-2　ETF与共同基金资金流入规模对比

资料来源：Investment Company Institute，Bloomberg Finance L. P.

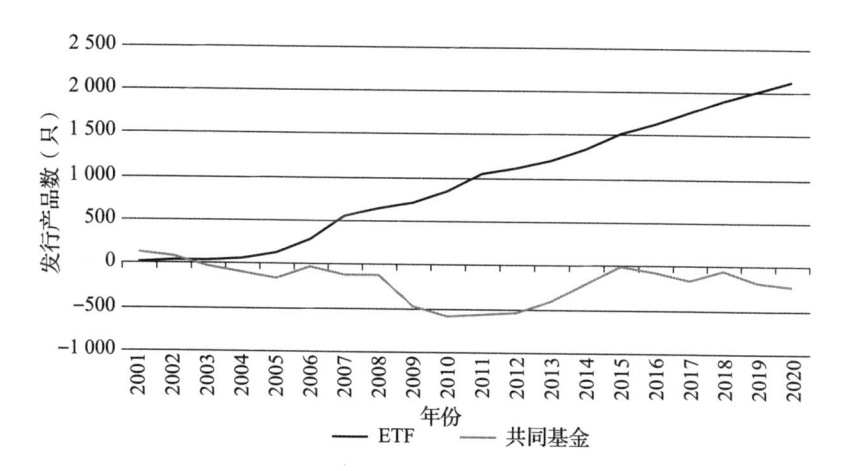

图1-3　新产品发行数：ETF与共同基金

资料来源：Investment Company Institute，Bloomberg Finance L. P.

ETF几乎涵盖了市场的每一个角落。纯贝塔产品追踪市场的主要指数，比如标准普尔500指数；而所谓的聪明贝塔产品（smart beta）试图通过替代性的权重方案（通常基于因子层面）创建新的指数，以期获得超越基准指数的贝塔收益；多资产ETF

提供了包括股票、固定收益、货币和商品等一系列市场资产的敞口,寻求将个人投资者的大类资产配置方案整合在一个产品结构中;还有一些 ETF 提供基于标的资产的杠杆敞口,以及对标的资产的反向敞口(当标的资产价格上升时,ETF 价格下降,反之亦然),以及通过热门标的的期权构建非线性回报。ETF 的产品类别并不少,并且新的类别也在频繁出现。

许多 ETF 新产品的推出来自主导市场的竞争公司,目前 ETF 行业的三巨头包括贝莱德(BlackRock)、先锋(Vanguard)和道富(State Street)(见表 1-1)。

表 1-1 ETF 发行商按资产规模排名(12/31/2020)

名次	发行商	资产规模(10 亿美元)
1	iShares(BlackRock)	2 014
2	Vanguard	1 509
3	State Street	848
4	Invesco	295
5	Schwab	198
6	First Trust	109
7	VanEck	53
8	ProShares	47
9	WisdomTree	41
10	JP Morgan	40

资料来源:Bloomberg Finance L. P.

受益于良好的公司规模、硬件水平、产品销售支持体系,三巨头所推出的产品几乎都可以成功,至少可以让产品保持在一个可盈利的资产规模。许多经纪商要求资产管理公司在其平台上发行的产品满足最低资产规模的要求,并提供产品过往业绩以供投资顾问使用。规模越大的公司相对越容易满足产品的相关要求。相比之下，随着 ETF 产品的大量发行，很多 ETF 实际上并未募集到可观的资产规模，特别是那些希望在 ETF 市场上大展拳脚的新公司发行的产品。小公司在这个行业中相对更难生存。

ETF 行业的激烈竞争也导致产品费率的显著降低，特别是和共同基金的费率相比，这使 ETF 对投资者更有吸引力。许多共同基金收取 12b-1 费用，这包括给予销售基金的经纪人销售服务费，而 ETF 不收取 12b-1 费用。一些共同基金收取"销售费用"，即在你申购基金时支付的费用（前端费用）和赎回基金时支付的费用（后端费用，即赎回费）。虽然 ETF 产品不如共同基金普遍，但相比之下 ETF 产品在投资成本上更低廉。目前 ETF 的资金加权平均费率约为 18 个基点，比开放式共同基金的资金加权平均费率低约 30 个基点[9]。

ETF 规则

作为主要的美国证券监管机构，美国证券交易委员会在 2019 年为 ETF 行业提出并通过了一个新的框架——规则 6c-11，也称为 ETF 规则。这是一个时代性的标志，因为它体现了 ETF 行业的发展程度，引起了业界的广泛关注，也得到了世界上一些最大的 ETF 发行商的支持[①]。ETF 规则于 2019 年 12 月 23 日生效，

---

① 相关资料请参阅 https://www.blackrock.com/corporate/literature/publication/sec-proposed-rule-exchange-traded-funds-092618.pdf。

为遵守该规则的实质内容设定了为期一年的时限。

该规则的一些关键条款使 ETF 进入市场变得更加简单。特别是许多 ETF 不再需要申请昂贵且费时的豁免权，在该规则下任何有资质的 ETF 不再受其自身豁免权命令的约束。此外，该规则下的任何 ETF 都能够使用定制的实物篮子（将在第 12 章中讨论），包括主动管理型 ETF，这些 ETF 以前不能利用 ETF 的税收优势来管理其投资组合中的税收。该规则还对 ETF 提出了信息披露要求，比如要求基金在其网站上公布买卖价差信息。与这些披露要求相反的是，规则放宽了对基金公布日内参考净值的要求[10]。

我们在本书中介绍的大部分内容基本上不受 ETF 规则的影响，但在我们讨论主动管理型 ETF 时有一个较大的区别，我们对其会重点讲述。在下一章中，我们将回顾在 ETF 规则颁布前后始终支持行业发展的 ETF 生态系统和基础设施。

注　释

1. https://www.canalys.com/newsroom/smart-mobile-device-shipm-ents-hit-118-million-2007-53-2006.

2. https://gs.statcounter.com/os-market-share/mobile/worldwide.

3. https://www.federalreserve.gov/pubs/bulletin/2000/1200lead.pdf.

4. https://www.barrons.com/articles/regulators-pass-streamlined-rules-for-etfs-1530316801.

5. Nick Ravo, *Wall Street Journal*, October 6, 2019, http://www.wsj.com/articles/etfs-get-all-the-buzz-but-mutual-funds-still-dominate-theres-a-

reason-11570414020.

  6. http://www.ici.org/pdf/2020_factbook.pdf，p.184.

  7. https://www.investors.com/etfs-and-funds/etfs/will-etfs-ever-replace-mutual-funds/.

  8. http://www.investopedia.com/the-biggest-etf-trends-4776556.

  9. Bloomberg Finance L. P.，August 2020.

  10. http://www.ropesgray.com/-/media/files/articles/2019/october/20191015_ETF_Article.pdf.

第 2 章

ETF 的生态系统

当我们谈论投资领域的变革时,其他领域的颠覆性案例也变得具有启发意义。其中一个案例特别具有参考价值:奈飞公司(Netflix)对视频租赁业的颠覆。过去,如果你想看一部有线电视台还未播放的电影,你必须去线下实体店寻找可供出租的电影拷贝。当时百视达(Blockbuster Video)是该行业的主导者,观众必须在百视达注册账户,把录像带拿回家观看,然后在约定的几天内归还,否则要支付一定的滞纳金。

1997 年,奈飞公司通过提供邮寄 DVD 服务,彻底颠覆了百视达的视频租赁模式。导致这种情况发生的关键因素其实与基础设施有关:大型零售店已经不再需要 DVD 货架,但却依然需要仓库处理订单和退货;在线会员门户网站的运作方式与过去在当地百视达商店注册会员卡的典型会员模式有根本性区别;奈飞公司虽然需要旧基础设施的某些方面——例如来自好莱坞的产品供应——但对于该公司的起步更为必要的是更新的技术。如果没有互联网的基础架构,奈飞公司不可能颠覆视频行业并成功成为今天的巨无霸。

同样，ETF行业也需要一种不同的基础设施来运作。正如视频租赁业务一样，大部分所需的基础设施已经具备，你可以说SPDR最大的创新是了解如何利用现有的基础设施作为新业务的基础：股票交易的交易所已经存在，ETF可以利用交易所来挂牌基金而不是单个证券，基金可以像股票一样交易；共同基金有托管人，ETF可以利用已经存在的托管模式来处理ETF的创设；围绕单一股票的清算和结算程序已经建立起来，股东记录信息结构也已牢固到位。简而言之，使ETF概念运作的许多必要条件在1993年就已具备，当然，这一基础从那时起就在不断发展壮大。

在本章中，我们将简要介绍支持ETF行业的生态系统[①]。在某些时候，投资组合经理可能会与托管人、指数发行机构或监管机构工作人员进行互动。这些人是谁？他们又在扮演什么角色？在下文中，我们将试图解锁ETF市场运作网络。

我们对ETF生态系统的阐述与其他概述在一个关键方面有所不同：我们将从ETF投资组合经理的角度来看待这个生态系统。本书是关于投资组合管理的，为此，我们寻求用一个观察生态系统的角度，来阐述系统如何支持投资组合管理功能。因此，我们将把生态系统分为两部分：首先介绍ETF基金和它的特点，

---

① 对于ETF生态系统最完整的论述可以在ICI的研究报告中找到，这是对ETF结构有兴趣的人的必读出版物，请参见https://www.ici.org/pdf/per20-05.pdf。我们也推荐对ETF生态系统的趋势分析，请参见https://www.etftrends.com/etf-e-cosystem。

然后介绍投资组合经理如何与外部机构和合作伙伴在更广泛的ETF生态系统中发挥作用。

ETF 结构和投资组合经理

ETF 结构由承接 ETF 的正式信托、发起信托的主体和受雇管理 ETF 的潜在合作伙伴组成，包括投资顾问和投资组合经理。（见图 2-1）[①]。

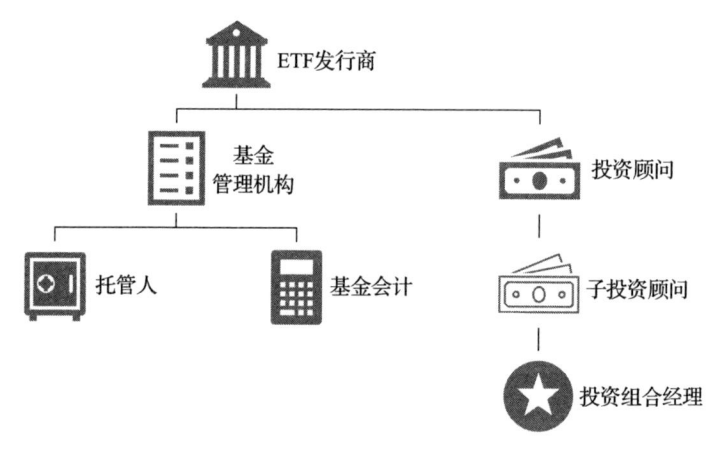

图 2-1 ETF 结构

ETF 发行商和 ETF 信托

ETF 发行商是这一切的开始：它是寻求推出产品的公司。ETF 发行商的范围很广，从贝莱德和先锋这样的巨型资产管理公

---

① 我们只是提供了大致的框架，在面对具体对象时可能会存在不同的结构。

司，到专为推出 ETF 而成立的全新公司。表 1-1 列出了按资产规模排名的 ETF 发行商。发行商决定基金的产品投资目标——是主动型还是被动型，如果是被动型产品，跟踪什么指数、产品的费用是多少等。发行商还负责选择承担管理基金任务的人，包括投资顾问、基金管理人等。通常情况下，这些职能都是由与发行商有关的主体执行。

ETF 发行商通过信托基金来建立 ETF，该信托基金将正式承接信托资金及其董事会。托管 ETF 的信托基金通常是受 1940 年《投资公司法》监管的投资公司，而且该信托基金通常由 ETF 发行商的员工组成。信托基金可以有效地将基金中的资产与发行基金公司的资产进行隔离。

信托基金将制作募集说明书，其中概述了所有与基金有关的细节，包括目标、费用、风险、政策等，并且董事会将对基金的各种功能承担监督责任，确保基金发起人的行为对最终投资者是公平的。董事会负有受托责任，代表基金股东的利益，监督基金管理层与基金股东之间的潜在利益冲突。董事会通常每季度召开一次会议，监督对基金豁免令中规定的所有要求的遵守情况[①]。

投资顾问

ETF 信托基金需要选择一个投资顾问来管理该基金。从形式上看，基金的投资组合经理的职责由投资顾问承担，除非投资顾问将这些职责分配给另一人。后者被视为"子投资顾问"。一般

---

① 或者规则 6c-11。

来说，ETF 投资组合经理将每季度向董事会汇报一次，以使董事会了解与日常工作有关的事项。

正如此前提到的，ETF 信托基金将管理基金的责任分配给 ETF 发行商或与 ETF 发行商有关的主体，这一现象并不少见。ETF 发行商已经是一家资产管理公司，而投资组合管理的职能自然也符合该公司的职能。不过，就证券法规而言，ETF 信托基金通常是投资公司，所以必须指定保荐人或相关主体来正式担任基金的投资顾问。

ETF 基金管理人

ETF 发行商将正式指定一个主体来处理基金的运营工作，其中包括（但不限于）基金账户、托管等。与投资顾问一样，这个主体通常与 ETF 发行商有关。正如投资顾问可以将咨询角色分包出去一样，基金管理人一般也会将基金会计和托管责任分包给 ETF 代理人。

更广泛的 ETF 生态系统

在了解了内部结构后，我们将视角转向 ETF 市场运作中发挥作用的其他类型的公司或主体。虽然我们对其中的许多机构进行了简要的总结，但现实是，投资组合经理与其中大多数都互动有限。比如有点讽刺的是，投资组合经理与投资者较少或几乎没有互动。

监管机构

几个监管机构在ETF生态系统中扮演着不同的角色。

美国证券交易委员会

除了批准豁免之外,美国证券交易委员会还是美国监督证券市场的主要监管机构。美国证券交易委员会的各个部门负责监督ETF市场的不同方面,例如投资管理部负责监管投资公司和投资顾问,交易和市场部主要负责交易执行端,包括交易所、经纪商、清算所等。

金融业监管局

经美国国会授权,金融业监管局(Financial Industry Regulatory Authority,FINRA)作为一个非营利性的自我监管组织,由交易和市场部监督,旨在"确保经纪人-交易商行业公平诚实地运作"。金融业监管局将对会员经纪人-交易商进行审计,并采取执法行动,监督经纪人-交易商活动规则的遵守情况。

商品期货交易委员会

如果基金持有期货和/或期权,它将受到商品期货交易委员会(Commodity Futures Trading Commission,CFTC)的监督,该委员会是负责监督这些市场的美国政府机构。例如,纯权益型ETF不会受到CFTC的监管,而持有商品期货的ETF则会受其监管。

指数发行商和指数计算代理公司

根据定义,被动型(或指数追踪型)ETF需要追踪一个指数。指数发行商是一家负责计算和发布指数的公司，并在每日和日内公布指数值。对于与指数交易相关的产品，指数值通常在市场时间内每 15 秒公布一次。指数发行商负责向用户（包括投资顾问）发送指数文件，以便他们可以相应地管理跟踪指数的基金。有时，这些是由指数计算代理公司来履行的，代理公司受指数发行商的雇用来履行这一职责。对于追踪指数的投资组合经理来说，指数计算代理公司是重要的合作伙伴。我们将在第 3 章中对指数计算和相关文件进行详细探讨。

指数发行商与 ETF 发行商或有关主体同处一家公司的情况并不鲜见。当 ETF 发行商使用自己的指数作为被动产品的基础时，称为"自我指数化"。我们将在第 13 章讨论自我指数化。

交易所

ETF 中的"E"代表"交易所"，每个 ETF 都在一个主要交易所上市。在美国，这个名单包括纽约证券交易所（New York Stock Exchange，NYSE）、纳斯达克（Nasdaq）和芝加哥期权交易所（Chicago Board Options Exchange，CBOE）。每个交易所都有一套要求，基金必须满足这些要求才能挂牌并在交易所上市。一旦 ETF 挂牌（并通过遵守交易所的规则保持上市），该基金的份额就能够以与股票相同的方式进行交易。

授权参与人

正如我们在第 1 章提到的，豁免权申请包括要求通过授权参与人进行份额的创设和赎回。这些公司通常是世界上最大的做市商和银行，它们为 ETF 提供流动性，并在保持二级市场价格与每个基金的资产净值一致方面发挥着关键作用。授权参与人是唯一可以创设或赎回 ETF 份额的公司。授权参与人可以在创设时持有 ETF 的份额，代表客户创设或赎回份额，或者交易这些份额。正如我们会在第 5 章看到的，基金和授权参与人之间的交易是一级市场交易，基金从授权参与人那里获取交易指令。尤其当投资组合经理寻求定制化的一级市场交易时（我们将在第 12 章讨论），投资组合经理和授权参与人之间的关系对于有效管理投资组合的任务至关重要。这些互动由投资顾问的资本市场交易执行台来推动。

资本市场

资本市场交易执行台连接着投资顾问与所有市场相关的事务：授权参与人、做市商、交易所及指数计算代理公司。投资组合经理很少与这些主体直接互动，但会与资本市场交易执行台密切互动，以确保与资金对手方的一级市场的交易顺利执行。

ETF 代理商

ETF 代理商是 ETF 的证券和资产的托管方。大型 ETF 代理商在市场上占主导地位，比如美国道富银行（State Street Bank and Trust）、纽约梅隆银行（BNY Mellon）和布朗兄弟哈里曼（Brown Brothers Harriman）等。代理商是 ETF 发起人的日常合作伙伴，处理基金的资产进出并提供基金会计等服务。ETF 代理商为基金提供估值服务，每天公布基金的资产净值，并对基金的资产（和负债）进行核算。托管人还可以处理证券借贷业务，尽管该业务可以由独立主体来处理。

转让代理商

转让代理商通过创设和赎回过程处理 ETF 的份额。对促进 ETF 份额创设和赎回的一级市场交易进行核算，通常是通过实物转让[1] 的方式进行。由于股票是以记账方式被存托信托和清算公司（Depository Trust & Clearing Corporation，DTCC）持有（即投资者不持有实际的股票），因此这个角色得到了简化。

ETF 分销商

ETF 分销商负责销售 ETF 份额，而经纪人-交易商是受 1934 年《证券交易法》监管的。对于 ETF 分销商，只允许将份额出售给授权参与人。实际上，类比在一级市场背景下的新股销售，ETF 分销商实际上充当了基金的承销商，参与着更传统的市场和销售支持工作。

全国证券清算公司

全国证券清算公司（National Securities Clearing Corporation，NSCC）是存托信托和清算公司的子公司，在授权参与人违约的情况下担任一级交易的担保人。全国证券清算公司也是创设和赎回过程中的关键组织，因为决定实物交易的文件（投资组合构成文件或申购赎回清单）是通过全国证券清算公司传送给授权参与人的。

ETF 计算代理商

ETF 计算代理商负责在市场交易时间内每 15 秒公布一次日内参考净值（intraday indicative values，IIV）[①]，其目的是反映基金所持证券组合的价值，并使篮子的内在价值与交易价格保持一致。随着 ETF 规则的执行，不再强制执行 15 秒的日内要求，但是为了促进二级市场的价格效率，即使不强制要求，ETF 计算代理商仍然在继续发布日内参考净值。

交易执行台

当投资组合经理决定要进行交易时，这些交易指令通常会被转给执行交易员。执行交易员是投资顾问的代理人，他们负责在市场上设置交易指令并实施交易。ETF 投资组合经理可能会与执行交易员讨论某些交易，例如，评估某一特定证券的市场流动性，或决定是否要在市场上进行交易。ETF 投资组合经理可能会与交易执行台讨论某些交易，例如评估某一特定证券的市场流动性，或决定是否在收盘时（"收盘市价"交易指令）或在交易日内进行交易。投资组合经理将通过指令管理系统向交易执行台发送其交易指令，该系统一般是商用软件系统，将为交易指令的完成提供所有必要的指示。

注 释

1. https://www.sec.gov/divisions/marketreg/mrtransfer.shtml。

---

① 这里有时也指组合最佳参考价值（indicative optimized portfolio values，IOPV）或日内单位资产净值（intraday NAV，iNAV）。

THE COMPLETE GUIDE TO
ETF PORTFOLIO
MANAGEMENT

第2部分
被动型ETF

我们的ETF投资组合管理之旅将涵盖各类ETF，其中谈到的概念对当前大多数ETF都适用。目前美国多数ETF都是被动型ETF——旨在实现与指数类似的业绩表现，因此我们将从介绍指数的概念入手，在这一部分中详细探究指数运行原理，并构建一个虚拟指数作为下文分析的基础。我们对被动型ETF产品的介绍将成为后续探索主动型ETF的起点。

第 3 章

对标指数

　　投资行业的核心是所谓的"市场"。对大多数投资者，甚至全世界的普通人来说，市场通常指股票市场（尽管对一些人来说，它也可以指债券市场、商品市场等）。每天，数百万人把关注市场指数的变动当作其观察市场的主要方式。在主流媒体中，不管是否为财经频道，都会有关于市场指数的报道。事实上，市场的概念是如此的无处不在，以至于我们几乎忘记询问"市场"的实际含义。当我们听闻市场上涨 2% 或下跌 3% 时，其真正的意思是：代表一组证券表现的指标上涨 2% 或下跌 3%。

　　为什么我们如此关心市场表现？在很大程度上，是因为对于投资人来说，他们的目标是达到或超越市场表现。"市场"成为一个基准，用来衡量投资人在一个可能反映了广泛证券的投资组合中可以实现的目标。如果你让某人管理你的资金，而这一年的回报率是 10%，你可能会很高兴，当你得知同期市场的回报率是 20% 时，则不然。在这种情况下，你会希望当初你只是投资于"市场"。

正是这种"投资于市场"的概念,把我们带到了投资管理行业的一个最基本的概念:通过汇集资产,投资组合经理可以有效地向普通投资者(甚至是机构投资者)提供达到或超越市场表现的投资组合绩效。公平地说,在 ETF 出现之前,共同基金早就在这样做了,但新的结构(正如我们将在随后的章节中展示的)能够更有效地提供这一市场绩效。

投资产品大致有两种形式。有些产品的表现是基于经理人每天甚至每分钟主动决策来决定在投资组合中持有什么品种,这些投资产品称为主动型产品[①]。相反,被动型或基于指数的投资产品是基于已公布的模型来实现业绩表现,这是一种预先确定的策略,而且目的非常简单,就是匹配市场。在这种情景下,投资者依靠投资模型来实现业绩,投资组合经理以实现与模型尽可能拟合的业绩表现为目标。

"主动"和"被动"这两个词的使用方式可能并不像人们想的那样直观。在一些人看来,被动型产品只是追踪市值加权指数的产品,如标准普尔 500 指数;任何其他产品,即使它追踪的是一个指数,也会被认为是主动的,因为它偏离了最基本的基于市值的方法。相反,在另外一些人看来,"主动"与纯粹的证券选择有关,就股票而言,依靠任何类型的模型来挑选股票,把决策权从投资组合经理手中夺走,不管选择方法有多复杂或与市场资本化有多大差别,都将被视为"被动"。在这里,我们将交替使用"被动"和"基于指数"的表述,以此来区分 ETF 投资组合

---

① 在这种情况下,市场可以是市场的一个方面或市场的其他子集。

经理的那些指数跟踪产品，不论这个指数是如何构建的。

下面，我们将从组合管理中的被动型 ETF 产品展开来讲①。ETF 试图追踪的对标指数是 ETF 投资组合经理所做出的所有投资决定的关键。因此，在本章中，我们将介绍指数构建的基础概念，以及 ETF 经理通过哪些机制来接收与基础指数有关的信息从而进行投资，包括指数发行商的文件形式等。此外，我们还将介绍自己的指数，这是我们在后续章节中进行大量分析的基础。

被动型 ETF 和对标指数

被动型 ETF 是追踪对标指数的基金。对标指数其实属于预先被定义的策略。对标指数在其指数方法文件中规定其包含一定数量的金融工具，这是指数发行商公布的构建对标指数的方法指南。有些指数很简单（例如，持有一篮子按其流通市值加权计算的股票），另一些则相当复杂（例如，持有股票和债券的组合，如果触发了某些信号，则切换股票和债券的比例）。无论对标指数的相对复杂性如何，跟踪特定指数 ETF 的投资组合经理在工作中应尽可能准确地复制该指数，从而每天获得模拟指数的回报。实现精确的指数表现是指数投资组合管理的圣杯，但正如你将看到的，这是一项不可能完成的任务②。

---

① 正如我们将在第 15 章主动管理型 ETF 中展示的那样，我们在这里学到的大部分内容也将适用于主动管理型 ETF；随着 ETF 规则将被动型 ETF 的一些重要税收效率特征应用于主动管理型 ETF，两者间出现了远超过去任何时刻的重合部分。

② 如第 4 部分所述，还有其他目标，包括尽量减少交易成本和税收。

指数编制方法

了解相关指数是如何构建的，这对任何被动型 ETF 的投资组合经理来说都是一件重要的事情。这就是传说中的"城堡之钥""罗塞塔石碑"。如果投资组合经理不完全了解对标指数是如何运作的，他就不可能紧密地跟踪指数。幸运的是，每个指数都有其指数编制方法，能具体概述该指数是如何构建的。一份出色的指数编制方法文件会为投资组合经理提供管理该跟踪特定指数的被动型 ETF 需要的所有信息。

设计一个指数通常会面临许多选择。指数发行商可能对所做的选择有很多理由（也可能根本没有理由）。以下我们概述了设计中的一些主要选择。为了方便说明，我们现在聚焦在权益类资产，以后再讨论其他类别的资产。

资格范围

什么构成了对标指数中资产的选择范围？例如，对于一个纯股票指数，它可以持有哪些类型的股票？比如，该指数是否允许持有多个国家的股票，还是只允许持有美国股票？对于许多策略来说，资格范围所包括的资产通常情况下已有分类。例如，标准普尔指数中的样本股或已经根据行业分类标准被归类为金融类的股票。资格范围通常也由一个时间段来定义：说明资格范围是标准普尔 500 指数是不够的；我们必须说明符合资格的股票是在某个特定日期下的标准普尔 500 指数中的股票。

筛选规则

一旦定义了符合条件的范围，就要确定选择的标准。指数发行商通常希望建立一个独特的指数，这样可以区别于其他指数。选择标准可以来自基本面因素（例如基于每股盈利、市盈率等进行筛选），也可以基于市场因素（例如基于上一年的波动率进行筛选）或任何因素相组合。当下的指数化创新已经加入了更多的多元化因素，包括公司董事会成员的性别、公司雇用退伍军人的情况以及华尔街分析师预测的股价目标等。

权重

一旦筛选规则产生了筛选集合，指数发行商必须预先说明指数以何种比例持有符合选择标准的资产。例如，许多股票指数的经典加权方案是根据流通市值（free-float market capitalization，FFMC）来持有所选资产（筛选集合）。如果一个纯股票的筛选集合中所有股票的总流通市值为 1 000 亿美元，而某只股票的流通市值为 30 亿美元，那么这只股票的权重就是 3%。有时，指数发行商会在相关指数中施加权重限制。对于投资组合经理来说，了解指数成分股的权重是在何时被如何限制的十分重要。如果某只证券的权重超过某个阈值，相关指数有可能会降低该证券的权重；正如我们将看到的，这可能需要追踪该指数的 ETF 投资组合经理采取行动。

计算日与再平衡日

通常情况下，指数发行商会在确定相关指数的构成和指数的构成正式实施的时间之间提供一个滞后期。例如，以市值为基础的指数可能会使用季度最后一个交易日（例如 12 月 31 日）的符合资格范围的标的市值来确定指数权重；这一天称为计算日。一旦权重被确定，它们会在不久后的某一天被转换成每单位指数所持有的股份。指数的构成得以更新的那一天称为再平衡日。指数一般在再平衡日收盘时进行再平衡。

并非所有的指数在计算日和再平衡日之间都会有一个滞后期。等权指数，即对标指数中的每只成分股都有相同的权重，可能在同一时间进行计算和再平衡。指数发行商将使用再平衡日的收盘价来确定每只成分股的持股数量，从而使整个指数中各成分股等权重。在其他条件相同的情况下，跟踪再平衡无滞后的指数通常对投资组合经理更具挑战性。我们将在第 7 章和第 17 章详细讨论这个问题。

再平衡的频率

指数发行商将为每个指数制定一个再平衡时间表。常见的再平衡频率是每季度一次，但有些指数的再平衡频率与此不同。每年的再平衡次数越多，跟踪指数的投资组合经理的工作就越多。

收益处理

一些证券为投资者提供了收益，派息股票就是一个明显的例子。一旦这些收益给到投资者，这部分价值就不再属于证券本身，由此该证券对指数的权重和价值将产生变化，指数发行商必须决定如何将这部分价值重新纳入指数。任何以投资者收益的形式从指数中提取的价值都必须"再投资"到指数中。这通常有两种方式：要么从某一特定工具获得的收益被再投资到该工具中，要么收益被再投资于投资组合的其他部分。了解特定指数的收益处理方式会影响跟踪 ETF 的投资组合经理在跟踪组合中进行收益再投资的方式。

公司行为

证券以及它们在公司财务结构中的角色并不是静止的。股票拆分、可转换债券转股，还有公司间的合并和/或收购等，这些情况都可能会对指数产生影响。指数发行商一般会描述在发生"公司行为"时将出现哪些与指数有关的动作。有太多的公司行为可以在指数编制方法中列出，许多较为标准的公司行为已经被包括在内，其余的公司行为通常由指数委员会决定是否列出（见下文）。由于公司行为几乎总是提前宣布（我们将在第 11 章中讨论没有提前宣布时的情况），指数委员会通常不仅有时间做出决定，而且有时间公布该决定，以便追踪该指数的投资组合经理有机会对投资组合进行相应的调整。指数发行商也会向指数的订阅者发送有关公司行为的文件，以便订阅者了解它们将如何影响指数。

指数委员会

指数委员会是指数的管理机构，属于指数发行商的一部分。指数委员会被授权在必要时做出关于指数的决定。一般来说，指数委员会做出的所有决定都被认为是最终决定。为了照顾订阅者和那些管理跟踪该指数的投资组合经理的利益，指数委员会的决定通常是公开的。

保持对指数委员会采取的行动的关注，对 ETF 投资组合经理来说是至关重要的。设想一下，如果某个指数的指数委员会决定改变其重新平衡指数的方式，而投资组合经理没有及时关注这一信息，那么这可能导致基金出现显著的跟踪误差。

不可抗力/市场干扰

"不可抗力"来自法语，意思是"不可抗拒的力量"。就构建对标指数而言，不可抗力指的是市场结构性中断的情况，比如纽约证券交易所意外关闭、数据无法传送等。指数发行商一般会提供如何在这种情况下计算指数的指导方针。

价格和来源

在最基本的层面上，一个指数是由一套简单的组合权重和价格/收益组成。指数发行商将非常清楚地说明用于构建指数的价格以及这些价格的来源。某一天的指数值是基于股票的收盘价还是开盘价？是使用中间价，还是使用结算价？有时股票会在一个以上的交易所交易，哪个交易所的价格将被用于指数计算？这些细节总是可以在指数编制方法中找到。

在某些情况下，交易所可能会停止一只股票的交易。这可能与即将发生的公司行为或公告有关，停止交易的目的是让市场有时间以有序的方式将新增信息消化并纳入股价考量中。然而，当停止交易持续到交易日收盘时，将不存在一个收盘价用于计算指数值。通常情况下，指数发行商会有一个定价委员会（可能是指数委员会）来确定头寸的"公允价值"，以便计算指数。在许多情况下，公允价值可能是该股票的最后交易价格，但并不总是如此，例如，对于涉及股票收购行为的股价，其公允价值可能由收购方的股票价格和具体的交易条款计算而来。

日内价值

ETF追踪的指数通常在白天持续波动，也就是说，实时的日内价值会被公布和传送。当投资组合经理追踪投资组合在一天中相对于ETF所追踪的指数的表现时就需要关注相关的重要信息，比如指数以什么频率刷新，在什么时段运行，以及日内价值如何计算。

假期安排

指数发行商将决定哪些日期在指数计算时会被定义为假期，以及假期本身对指数计算产生的影响。例如，在一个由海外市场股票组成的指数中，指数发行商是否会对所在市场因假期休市的股票使用休市前的价格进行计算？对于总回报指数的应计利息，需要明确说明周末和节假日的利息如何累积，以确保希望复制该指数的人能清楚明白地了解。

指数实例："以A开头"的指数

在本书中，我们使用一个标准指数来说明所探讨的许多概念。我们创建了"以 A 开头"的指数,简称为 SWA 指数①。SWA 将根据一套正式的指数规则,即 SWA 指数编制方法来定义。指数编制方法文件通常会有几十页的篇幅;在此,我们只提供一个简版的指数编制方法,以强调关键点。

SWA 指数编制方法

1. 指数基准日和起始日都是 2020 年 12 月 31 日,即 2020 年的最后一个交易日。在这一天,指数点位被设定为 100。2021 年 1 月不进行再平衡,因为指数在 2020 年 12 月 31 日收盘时被设定为等权重。

2. 符合条件的是一组随机产生的虚拟股票,证券简称以字母 A 或字母 B 开头(见表 3-1)②。

表 3-1　SWA 指数评估范围

AABA	AEDV	AKOZ	BDIA	BHLT
AABD	AETR	AKRY	BDLZ	BIFV
AAQZ	AFDA	AKTA	BDVN	BILG
AAWL	AFOJ	AKVS	BELV	BITI
AAXX	AFYE	AKXI	BEMP	BIXR
ABEW	AGFZ	AKZO	BENJ	BJAP
ABTV	AGYB	ALCP	BFGE	BJXM
ABVW	AHBP	ALFN	BFLE	BJYD
ACBU	AHGG	ALTO	BFMZ	BKDV

---

① 书中任何对实际指数(过去或现在)的引用,都纯属巧合。就本书而言,SWA 是一个假想的指数。

② 我们假设这些股票在一个主要的交易所交易,如果任何一只股票简称与在交易所交易的实际股票简称一致,都纯属巧合,并不意味着该假设的股票与实际股票有关。

续表

ACGN	AHJQ	AMGP	BFNI	BLAJ
ACGT	AHOR	BAEF	BFRH	BLIW
ACOP	AHSK	BAGF	BFTR	BLKR
ACPL	AIAD	BAJW	BGAZ	BMCA
ACQM	AIGP	BAKQ	BGLU	BMIM
ADAX	AIYO	BAYR	BGQL	BMYK
ADPQ	AJBH	BBOF	BGUB	BNDJ
ADSV	AJGL	BCBX	BGVO	BNIT
ADXK	AKEK	BCSF	BGXT	BNLP
ADZI	AKIY	BCYD	BGZM	BNMT
AEAP	AKMW	BDAC	BHDA	BNNQ

3. SWA 指数的计算日是每个季度的最后一个交易日（即3月、6月、9月和12月的最后一个交易日）。

4. 再平衡日是每个季度的第五个交易日（即1月、4月、7月和10月的第五个交易日），2021年1月除外。

5. 截至指数计算日收盘，从符合条件的范围中挑选出证券简称以字母A开头的市值最大的20只股票纳入指数（指数成分股）。

6. 在指数计算日收盘时，指数成分股将被赋予相同权重。

7. 指数成分股的权重将在计算日收盘时转换为股份数。

8. 当成分股存在公司行为时，成分股的股份数将保持不变，而权重将在再平衡日的收盘时进行调整。我们将在第4章详细讨论这一点。

9. 成分股的所有红利将以除息日之前的收盘价，按比例即时再投资到整个指数。

10. 对于指数中某一成分股因各种收购行为（以现金、股票、现金和股票或其他方式）而导致该股票被从指数中剔除的情况，在该股票退市前一天收盘时，其权重将被分配到其余成分股中。其他公司行为将由指数委员会负责解释。

11. （假设的）SWA指数委员会①对指数编制方法具有最终解释权。

12. 价格、股息和所有其他相关的市场数据，包括公司行为，将来自（假设的）SWA数据公司。每个指数成分股的收盘价将在（假设的）SWA证券交易所发布。

13. SWA证券交易所闭市的指数工作日将被视为指数假期，在这些时段里将不会公布指数。

指数文件

一个明确的指数编制方法决定了在任何时间里指数由哪些头寸来构成，ETF投资组合经理必须了解指数文件中包含的所有错

---

① 这里指作者。

综复杂的细节[①]。幸运的是，投资组合经理不需要对指数的变化过程进行计算（尽管我们强烈建议复制指数编制的方法）。但是，指数发起人需要每天"发布"该指数。发布指数主要包括两件事：在收盘时将指数值实时发送给交易所和/或数据传播服务机构，如彭博社（Bloomberg）或路透社（Reuters），并将描述指数情况的文件发送给指数订阅者。对于追踪某一特定指数的 ETF 的投资组合经理来说，订阅该指数显然是必要的。

指数文件是追踪指数的 ETF 投资组合经理的生命线。ETF 投资组合管理的首要规则就是追踪指数。在任何情况下，如果不能对指数有细致的了解，ETF 投资组合经理可能会因为公司行为、股息和指数再平衡而出现对指数的跟踪误差，那么他就无法完成其首要任务。

通过对指数的订阅，ETF 投资组合经理会收到若干文件以协助其自身的工作，包括：

1. 指数收盘和指数开盘的文件。
2. 指数预估收盘和预估开盘文件。
3. 公司行为文件。

我们在本章中讨论指数文件和公司行为文件，在下一章中涉及指数再平衡时，将介绍预估文件。

[①] 在本书中，按照惯例，我们将提及"指数持有"或"头寸"，就好比指数是一个实际的投资组合。在实践中，我们知道虽然投资组合经理会试图跟踪指数，但指数只是一种简单构成，并没有实际持有的头寸。

指数收盘和指数开盘文件

指数收盘和指数开盘文件反映了某一交易日收盘以及在下一个交易日开盘时,指数所包含的内容。这些文件之间的差异将反映两件重要的事情:股息和公司行为。

指数收盘文件

我们从指数收盘文件说起。如表3-2所示,我们展示了SWA指数在2021年1月13日的指数收盘文件。一个常规的指数收盘文件包含了关于指数的信息,例如指数名称、指数信息的参考日期以及指数点位。

表3-2 SWA指数收盘文件

指数	SWA 指数
日期	1/13/2021
指数点位	100.931 7

代码	证券简称	国家	本地价格(美元)	货币	汇率	基准价格(美元)	权重(%)	指数份额	指数价值
US1001	AABA	US	78.83	USD	1	78.83	4.71	0.060 3	4.750 8
US1003	AAQZ	US	67.87	USD	1	67.87	4.68	0.069 6	4.721 2
US1004	AAWL	US	64.10	USD	1	64.10	5.19	0.081 7	5.237 0
US1009	ACBU	US	62.56	USD	1	62.56	4.90	0.079 0	4.942 2
US1010	ACGN	US	39.59	USD	1	39.59	5.14	0.131 1	5.191 1
US1012	ACOP	US	91.22	USD	1	91.22	4.93	0.054 5	4.971 0
US1018	ADXK	US	26.28	USD	1	26.28	4.53	0.173 9	4.570 3
US1019	ADZI	US	29.89	USD	1	29.89	4.58	0.154 6	4.619 5
US1024	AFOJ	US	18.24	USD	1	18.24	4.71	0.260 8	4.757 7
US1026	AGFZ	US	51.99	USD	1	51.99	4.87	0.094 5	4.912 7
US1028	AHBP	US	71.13	USD	1	71.13	5.35	0.075 9	5.397 7

续表

代码	证券简称	国家	本地价格（美元）	货币	汇率	基准价格（美元）	权重（%）	指数份额	指数价值
US1029	AHGG	US	57.16	USD	1	57.16	4.81	0.084 9	4.851 8
US1030	AHJQ	US	78.58	USD	1	78.58	5.66	0.072 7	5.712 1
US1033	AIAD	US	32.14	USD	1	32.14	5.32	0.166 9	5.365 5
US1040	AKMW	US	56.27	USD	1	56.27	4.77	0.085 6	4.817 7
US1042	AKRY	US	98.28	USD	1	98.28	5.11	0.052 4	5.154 2
US1045	AKXI	US	17.88	USD	1	17.88	4.69	0.265 0	4.738 5
US1046	AKZO	US	76.50	USD	1	76.50	5.53	0.072 9	5.576 6
US1049	ALTO	US	82.47	USD	1	82.47	4.99	0.061 1	5.036 9
US1050	AMGP	US	14.78	USD	1	14.78	5.56	0.379 4	5.607 1

此外，指数收盘文件还包含每个成分股的相关信息，包括标识符，如股票代码、美国证券统一辨认号码（CUSIP）和/或国际性的证券辨认号码（ISIN）（我们展示的是假设的 ID）、证券简称、国家和货币信息（对于国际成分股）以及价格[①]。最重要的是，该文件还将包含指数权重（证券在指数中的权重占比）、指数份额（在与指数价值水平相同的组合中，理论上需持有的股票数量）和指数价值（指数份额在指数中的价值）。

设想一下 SWA 的指数收盘文件。在 2021 年 1 月 13 日收盘时，SWA 指数的点位为 100.931 7。该指数由 20 个指数成分股组成。由于指数权重是在指数基准日（2020 年 12 月 31 日）设定的，所以旗下成分股的指数权重尚未大幅偏离 5%。占比最大的

---

① 对于 ETF 投资组合经理来说，标识符可能显得多余，但用于处理指数文件的系统多采用标识符，其通常属于订单管理系统的一部分。

成分股 AHJQ 当前权重为 5.66%，而占比最小的成分股 ADXK 当前权重为 4.53%。

每个指数成分股的收盘价都包含在指数收盘文件里。由于指数中可能包括外国股票（或者更确切地说，包括以不同货币定价的股票），货币信息通常也包括在指数收盘文件中。特别地，该指数文件将标明证券的本地（收盘）价格、本地价格所用的货币、从本地价格转换为指数基础货币的外汇汇率，以及证券在基础货币下的收盘价格。对于国内指数，本地价格和基准价格是相等的。

指数开盘文件

虽然指数收盘文件准确表述了指数及其成分股在指数交易日收盘时的情况，但这种表述只在那一瞬间成立。公司行为、红利处理和收盘后的指数再平衡都会导致指数的变化，从而让指数在下一个指数交易日开盘时失效。因此，指数计算代理商不仅向订阅者发送指数收盘文件，还会发送指数开盘文件，该文件展示了下一个指数交易日开盘时的指数情况。

假设 SWA 指数中的股票 AKRY 在 1 月 14 日除息。宣布的股息是每股 1.549 2 美元。这意味着，只要投资者在 1 月 13 日拥有该股票，就有权获得股息（股息支付日通常在除息日的几天后）。如果一个投资者在除息日开盘时购买了该股票，那么他没有权利获得股息。所以，该股票在除息日的开盘价应低于前一天的收盘价，价格之差应与每股除息金额相同。由于股票在 13 日的收盘价为 98.284 5 美元，因此预计 14 日的开盘价为 96.735 3 美元[①]。

---

① 为了便于阐述，文中的数字都是四舍五入的。

指数是一个假设的投资组合，所以它实际上并没有收到股息，因此指数的价格不应由于指数投资组合中的某一证券除息而下跌。如前所述，指数编制方法通常会讨论在指数中如何处理股息问题。

表 3-3 显示了 2021 年 1 月 14 日指数开盘文件中，SWA 指数是如何处理股息的。首先要注意的是，该指数开盘文件从格式上看，与指数收盘文件几乎完全相同。文件中包含的几乎所有信息都是完全相同的，事实上，这两个文件在没有公司行为或红利处理时是很难区分的。然而 1 月 14 日这天不同于其他时间，请注意 AKRY 的基准价格信息出现了变化。"基准价格"这一栏反映其预期开盘价格是 96.74 美元。

表 3-3 SWA 指数开盘文件

指数　　SWA 指数
日期　　1/14/2021
指数点位　100.931 7

代码	证券简称	基准价格（美元）	权重（%）	指数份额	指数价值
US1001	AABA	78.83	4.71	0.060 4	4.758 3
US1003	AAQZ	67.87	4.68	0.069 7	4.728 6
US1004	AAWL	64.10	5.20	0.081 8	5.245 2
US1009	ACBU	62.56	4.90	0.079 1	4.949 9
US1010	ACGN	39.59	5.15	0.131 3	5.199 2
US1012	ACOP	89.81	4.86	0.054 6	4.902 2
US1018	ADXK	26.28	4.54	0.174 2	4.577 4
US1019	ADZI	29.89	4.58	0.154 8	4.626 8
US1024	AFOJ	18.24	4.72	0.261 3	4.765 1
US1026	AGFZ	51.99	4.88	0.094 6	4.920 4

续表

代码	证券简称	基准价格（美元）	权重（%）	指数份额	指数价值
US1028	AHBP	71.13	5.36	0.0760	5.4061
US1029	AHGG	57.16	4.81	0.0850	4.8594
US1030	AHJQ	78.58	5.67	0.0728	5.7211
US1033	AIAD	32.14	5.32	0.1672	5.3739
US1040	AKMW	56.27	4.78	0.0857	4.8252
US1042	AKRY	96.74	5.03	0.0525	5.0809
US1045	AKXI	17.88	4.70	0.2654	4.7459
US1046	AKZO	76.50	5.53	0.0730	5.5854
US1049	ALTO	82.47	5.00	0.0612	5.0448
US1050	AMGP	14.78	5.56	0.3800	5.6158

由于该指数目前持有 0.0524 股 AKRY（参见表 3-2），以指数点计算的股息总价值约为 0.0812。根据 SWA 指数的指数编制方法，这一股息将按比例重新分配给所有的指数成分股（不仅仅是 AKRY）。因此，我们预计所有其余指数成分股的指数份额将略有增加，而股票 AKRY 的权重将略有下降。

指数开盘文件印证了这个结果。以 AABA 为例，在指数收盘文件中，该指数包含 0.0603 股的指数份额（在指数文件中份额没有被四舍五入处理）。在指数开盘文件中，份额已经增加——现在指数"持有" 0.0604 股。这个股份数是如何计算的呢？以指数点为单位的红利总额除以指数点位，就是按照指数编制方法需要重新分配的指数的百分比。称这个百分比为 α。如表 3-4 所示，每个股票的指数份额被提升了 $1/(1-\alpha)$ 的倍数，即乘数。

表 3-4　计算除息后的开盘指数份额

AKRY 指数份额	0.052 4
每股分红	1.549 2 美元
以指数计算的分红	0.081 2 美元
指数点位	100.931 7
α	0.000 8
乘数	1.000 8
AABA 收盘份额	0.060 3
AABA 开盘份额（收盘份额×乘数）	0.060 4

因此，虽然指数开盘文件中的指数份额可能与指数收盘文件中的份额不同，但指数水平将保持不变。当然，按照比例分配法，除息的股票在指数中占比会降低，因为该股票的部分仓位被再分配到其他股票中。如果指数编制方法规定将股息再投资于支付股息的股票，那么该股票的指数值将保持不变。

公司行为

股息并不是导致指数收盘和开盘文件差异的唯一原因。公司行为也是造成这一差异的主要原因。然而，其对指数开盘文件的影响基本上是相同的：一旦公司行为被确认，指数点位需要保持不变，指数开盘文件将展示公司行为实施后成分股的头寸变化。公司行为包括但不限于：

- 股票拆分
- 供股
- 要约收购
- 被另一个指数成分股收购

- 被指数成分股以外的收购者收购
- 改变股票代码（与 SWA 指数有关）

公司行为文件可能与表 3-5 中的内容相似。一般来说，它包含存在公司行为的证券、公司行为的发生日期、公司行为的类型，以及与公司行为有关的其他细节。举一个企业收购的例子，我们来看看表 3-5 中的第四行。该交易预计在 2021 年 6 月 5 日开盘前完成，该交易是一项现金加股票交易：AABA 的每一股股票将被置换为 24.53 美元的现金和收购方 AAZQ 的 1.27 股股票。

表 3-5 公司行为文件

证券简称	除权日	类型	收购方	收购类型	比例	现金	子价格（美元）	宣布日	现金比例
AABA	4/1/2021/	拆股	—	—	2	0	0	3/24/2021	—
AAQZ	4/19/2021	拆股	—	—	3	0	0	4/13/2021	—
AFOJ	4/29/2021	供股	—	—	0.4	0	15	4/26/2021	—
AABA	5/6/2021	收购	AAQZ	股票	1.27	24.53	0	4/29/2021	50%

公司行为文件还告诉我们，AFOJ 正在向其股票持有人供股，即在 2021 年 4 月 29 日开盘前，股票持有人可以按照 0.40 的比例购买公司的额外股份；股东每持有 5 股股票，就可以以每股 15 美元的认购价格购买 2 股股份。

这些公司行为的影响将在本书第 11 章中详细阐述。

第 4 章

指数再平衡

任何指数都离不开其本质概念，其所要捕捉和衡量的标的会随着时间的推移而发生变化。过去指数中最大的一批公司，在未来不一定是由同样的一批公司组成：小公司可能在成长，大公司可能在衰落。现如今，世界上最大的一批上市公司，比如亚马逊（Amazon），它在第一个 ETF 推出时甚至是不存在的。如果标准普尔 500 指数的构成恒定不变，亚马逊就永远不会进入该指数。更重要的是，如果指数保持不变，许多最初入选标准普尔 500 指数的公司如今已经消失，再将其称为标准普尔"500"也不合适了。

指数构成如何变动是指数再平衡的核心。指数编制方法提供了一系列的规则，其中规定了如何对指数构成周期性地进行更新。这通常涉及计算日（确定组成和权重）和再平衡日（实施变动）。跟踪指数的投资组合经理必须想办法获知这些变化，因为前面所述的指数文件只是描述了当前指数的特征。投资组合经理需要一套不同的文件来描述指数在再平衡日的情况，以确定在投资组合中需要进行哪些交易来跟踪指数①。

预估文件

预估文件（也称为"前瞻文"）对投资组合经理有着重要作用。预估文件通常与相关指数文件看起来相似，但预估文件中所反映的指数权重和构成不同于指数文件，它通常会展示在再平衡等规则生效后指数的相关情况。预估文件的生成从计算日一直持续到再平衡日（包括再平衡日），并像指数文件一样会针对股息和公司行为进行调整。

预估收盘文件

下面我们来看看 2021 年第一季度末 SWA 指数的指数再平衡过程。在计算日 3 月 31 日收盘时，指数收于 97.700 2 的点位，指数收盘文件显示了指数的构成情况（见表 4-1）。

表 4-1 SWA 指数收盘文件

指数　　SWA 指数
日期　　3/31/2021
指数点位　97.700 2

代码	证券简称	基准价格（美元）	权重（%）	指数份额	指数价值
US1001	AABA	94.35	5.879 4	0.060 9	5.744 2
US1003	AAQZ	62.27	4.478 8	0.070 3	4.375 8

---

① 当我们开始讨论指数再平衡的机制时，重要的是以投资组合经理的视角来阅读这份材料。在阅读时，不妨问问自己，指数再平衡将如何影响投资组合的管理方式？在这一章中，我们会介绍指数是如何演变的，以及其中发生了哪些变化；在第 13 章中，我们会将重点放在 ETF 组合和投资组合经理在跟踪指数时须采取的必要步骤上，因为这是他们的主要任务。

续表

代码	证券简称	基准价格（美元）	权重（%）	指数份额	指数价值
US1004	AAWL	52.55	4.439 6	0.082 5	4.337 5
US1009	ACBU	80.89	6.607 2	0.079 8	6.455 2
US1010	ACGN	39.48	5.352 8	0.132 5	5.229 7
US1012	ACOP	91.98	5.183 1	0.055 1	5.063 9
US1018	ADXK	23.82	4.282 6	0.175 7	4.184 1
US1019	ADZI	31.72	5.069 7	0.156 2	4.953 1
US1024	AFOJ	20.74	5.593 9	0.263 5	5.465 3
US1026	AGFZ	44.17	4.315 8	0.095 5	4.216 5
US1028	AHBP	73.54	5.770 2	0.076 7	5.637 5
US1029	AHGG	54.30	4.765 8	0.085 8	4.656 2
US1030	AHJQ	67.75	5.092 1	0.073 4	4.974 9
US1033	AIAD	27.90	4.816 9	0.168 7	4.706 1
US1040	AKMW	31.77	2.812 6	0.086 5	2.747 9
US1042	AKRY	72.52	3.932 4	0.053 0	3.842 0
US1045	AKXI	16.44	4.504 5	0.267 7	4.400 9
US1046	AKZO	76.72	5.783 2	0.073 6	5.650 2
US1049	ALTO	101.62	6.418 0	0.061 7	6.270 4
US1050	AMGP	12.49	4.901 3	0.383 3	4.788 6

回顾一下，SWA指数编制方法规定，在计算日收盘时，股票代码以字母A开头的、按市值计算排名前20的股票将被纳入该指数。3月31日，该名单包括的股票见表4-2。

表4-2 A开头股票的市值排名（3/31/2021）

名次	证券简称	市值（美元）	名次	证券简称	市值（美元）
1	ACBU	60 025 484 770	6	ALTO	46 056 620 488
2	AABA	54 503 589 693	7	AFOJ	45 777 963 814
3	AHBP	50 311 476 754	8	AHJQ	45 442 987 850
4	ACOP	48 571 897 597	9	AMGP	44 240 541 992
5	ACGN	48 321 577 044	10	ADZI	42 177 957 869

续表

名次	证券简称	市值（美元）	名次	证券简称	市值（美元）
11	AAQZ	40 323 822 566	16	AKZO	38 506 773 892
12	AHGG	40 298 875 597	17	AKEK	36 822 094 536
13	AGFZ	39 672 315 391	18	AKXI	36 112 831 524
14	ADXK	39 627 488 113	19	AKRY	34 714 371 527
15	AIAD	39 014 253 031	20	AAXX	33 226 243 093

我们比较表4-1和表4-2会发现，AAWL和AKMW出现在指数收盘文件中，但没有出现在股票代码以A开头的最高市值股票列表中。而在最高市值列表中出现了两只新的股票：AAXX和AKEK。这很正常：公司在不断成长和衰落，指数发展也正是出于这个原因。在这种情况下，AAWL和AKMW相对于符合条件的其他公司而言，其价值似乎已经缩水，这意味着有机会让两家新的公司进入指数。在指数再平衡时，该指数将不再纳入AAWL和AKMW，它们由AAXX和AKEK取代。

仅知道指数中的公司会被替换是远远不够的，我们还需要知道这些股票如何被替换：在季末，出现在再平衡日投资组合中的股票将被等权处理。仓位将被转换为相应的股份，除公司行为外，权重将在再平衡日持续变动。

为了方便大家在再平衡日跟踪指数，指数发行商通常会提供一个指数文件，用以反映指数再平衡日的预估投资组合。这是一份指数预估文件，在计算日收盘时，该预估文件反映了同等权重的投资组合，如表4-3所示。

表 4-3 SWA 指数预估收盘文件

指数　　SWA 指数
日期　　3/31/2021
预估点位　97.700 2

代码	证券简称	基准价格（美元）	权重（%）	指数份额	指数价值
US1001	AABA	94.35	5.00	0.051 8	4.885 0
US1003	AAQZ	62.27	5.00	0.078 4	4.885 0
US1005	AAXX	31.80	5.00	0.153 6	4.885 0
US1009	ACBU	80.89	5.00	0.060 4	4.885 0
US1010	ACGN	39.48	5.00	0.123 7	4.885 0
US1012	ACOP	91.98	5.00	0.053 1	4.885 0
US1018	ADXK	23.82	5.00	0.205 1	4.885 0
US1019	ADZI	31.72	5.00	0.154 0	4.885 0
US1024	AFOJ	20.74	5.00	0.235 5	4.885 0
US1026	AGFZ	44.17	5.00	0.110 6	4.885 0
US1028	AHBP	73.54	5.00	0.066 4	4.885 0
US1029	AHGG	54.30	5.00	0.090 0	4.885 0
US1030	AHJQ	67.75	5.00	0.072 1	4.885 0
US1033	AIAD	27.90	5.00	0.175 1	4.885 0
US1038	AKEK	96.70	5.00	0.050 5	4.885 0
US1042	AKRY	72.52	5.00	0.067 4	4.885 0
US1045	AKXI	16.44	5.00	0.297 2	4.885 0
US1046	AKZO	76.72	5.00	0.063 7	4.885 0
US1049	ALTO	101.62	5.00	0.048 1	4.885 0
US1050	AMGP	12.49	5.00	0.391 0	4.885 0

　　值得一提的是，指数收盘文件和预估收盘文件在计算日是"共存"的（正如我们将在随后几天看到的情况）。预估组合代表的是一个不同但相关的指数：在再平衡日取代当前的指数。

　　虽然在计算日，指数收盘文件和预估收盘文件中的成分股并不匹配，但在计算日的指数点位是匹配的[①]。预估收盘文件的其他内容看上去与指数收盘文件相似，但我们构建的这个影子指数是根据指数编制方法规则进行的再平衡。

预估开盘文件

既然我们已经建立了预估指数来作为反映指数在再平衡日状态的影子指数，那么预估开盘文件与指数开盘文件发挥相同的功能也就不足为奇了：预估开盘文件是前一天晚上预估收盘文件调整公司行为和股息后的版本。表 4-4 展示了 2021 年 4 月 1 日计算日得出的次日早上的预估开盘文件。

表 4-4 SWA 指数预估开盘文件

指数　　SWA 指数
日期　　4/1/2021
预估点位　97.700 2

代码	证券简称	基准价格（美元）	权重（%）	指数份额	指数价值
US1001	AABA	47.17	5.00	0.103 6	4.885 0
US1003	AAQZ	62.27	5.00	0.078 4	4.885 0
US1005	AAXX	31.80	5.00	0.153 6	4.885 0
US1009	ACBU	80.89	5.00	0.060 4	4.885 0
US1010	ACGN	39.48	5.00	0.123 7	4.885 0
US1012	ACOP	91.98	5.00	0.053 1	4.885 0
US1018	ADXK	23.82	5.00	0.205 1	4.885 0
US1019	ADZI	31.72	5.00	0.154 0	4.885 0
US1024	AFOJ	20.74	5.00	0.235 5	4.885 0
US1026	AGFZ	44.17	5.00	0.110 6	4.885 0

---

① 这不是必要的，也不一定总是如此。

续表

代码	证券简称	基准价格（美元）	权重（%）	指数份额	指数价值
US1028	AHBP	73.54	5.00	0.066 4	4.885 0
US1029	AHGG	54.30	5.00	0.090 0	4.885 0
US1030	AHJQ	67.75	5.00	0.072 1	4.885 0
US1033	AIAD	27.90	5.00	0.175 1	4.885 0
US1038	AKEK	96.70	5.00	0.050 5	4.885 0
US1042	AKRY	72.52	5.00	0.067 4	4.885 0
US1045	AKXI	16.44	5.00	0.297 2	4.885 0
US1046	AKZO	76.72	5.00	0.063 7	4.885 0
US1049	ALTO	101.62	5.00	0.048 1	4.885 0
US1050	AMGP	12.49	5.00	0.391 0	4.885 0

虽然我们没有正式处理公司行为，但我们在此注意到，AABA 宣布进行 1 比 2 的股票分拆，除权日期为 2021 年 4 月 1 日，这意味着在 4 月 1 日之前股东每持有 1 股 AABA 股票，就会收到 2 股 AABA 股票。持仓价值保持不变，意味着为了抵消增加的股票数量，股票价格将减半。看一下预估开盘文件，我们发现 AABA 仍然有 5% 的权重，只是现在该股票的份额数量增加了 1 倍，预期开盘价格（47.17 美元）是前一晚预估收盘价格（94.35 美元）的一半。

计算日和再平衡日期间的预估文件

预估收盘文件是对新的投资组合在指数中的表现情况进行的首次展示，但更值得关注的是在再平衡日之前几天公布的指数预估文件。让我们回顾一下指数,尤其是假设的 SWA 指数,我们只在计算日固定了指数权重,一旦权重被转换为股份,那么这些股份数量将决定其未来一天的走势[①]。因此,在指数再平衡日之前,股价持续变动,虽然股份数量不变(我们假设期间无公司行为影响),但是权重将会发生变化。表 4-5 显示了 2021 年 4 月 1 日的预估收盘文件。

表 4-5 SWA 指数预估收盘文件

指数　　SWA 指数
日期　　4/1/2021
预估点位　97.019 2

代码	证券简称	基准价格(美元)	权重(%)	指数份额	指数价值
US1001	AABA	45.03	4.81	0.103 6	4.662 9
US1003	AAQZ	60.17	4.87	0.078 4	4.720 0
US1005	AAXX	30.67	4.86	0.153 6	4.711 6
US1009	ACBU	82.28	5.12	0.060 4	4.968 8
US1010	ACGN	38.22	4.87	0.123 7	4.728 8
US1012	ACOP	92.29	5.05	0.053 1	4.901 3
US1018	ADXK	24.60	5.20	0.205 1	5.045 5
US1019	ADZI	31.36	4.98	0.154 0	4.830 4
US1024	AFOJ	21.83	5.30	0.235 5	5.140 8
US1026	AGFZ	43.14	4.92	0.110 6	4.771 0
US1028	AHBP	73.07	5.00	0.066 4	4.853 7
US1029	AHGG	54.13	5.02	0.090 0	4.869 6

---

① 并非所有的指数都由固定的股票份额构建。有些指数构建的权重是在再平衡日而不是在计算日固定下来,然后再转换为股份。因此,它们的预估文件也将有根本性的不同,即在每个交易日,指数份额的调整是为了使投资组合的权重等于再平衡日收盘时的目标权重。这是一个不常见的例子,但一些以等权重产品为宣传亮点的 ETF 产品会跟随这种结构的指数。

续表

代码	证券简称	基准价格（美元）	权重（%）	指数份额	指数价值
US1030	AHJQ	70.47	5.24	0.072 1	5.081 2
US1033	AIAD	27.61	4.98	0.175 1	4.834 1
US1038	AKEK	95.16	4.96	0.050 5	4.807 7
US1042	AKRY	67.69	4.70	0.067 4	4.559 7
US1045	AKXI	16.09	4.93	0.297 2	4.780 9
US1046	AKZO	76.36	5.01	0.063 7	4.861 8
US1049	ALTO	108.49	5.38	0.048 1	5.215 1
S1050	AMGP	11.95	4.82	0.391 0	4.674 3

如表 4-6 所示，预估点位和指数点位也不同。

表 4-6　收盘的指数点位与预估点位之间的差异

指数	SWA 指数
日期	4/1/2021
指数点位	97.476 5
预估点位	97.019 2

然而，尽管指数和成分股存在差异，当再平衡日收盘时，指数必须以某种方式反映出预估文件中的指数构成，而不是反映当前的指数文件。这就是指数再平衡的关键。

指数再平衡基础知识

对于被动型 ETF 投资组合经理来说，一年中最重要的日子是指数再平衡日。在再平衡日，指数的构成将在一天结束时发生变化。正如我们在本章和前一章所述，ETF 投资组合经理并不是在盲目行动，而是通过指数和预估文件获取信息来管理指数再平衡。

指数的基本再平衡"交易"

根据指数编制方法，SWA 指数在每个计算日（即日历季度的最后一个工作日）后第五个交易日进行再平衡。由于 2021 年 3 月 31 日是一个计算日，2021 年 4 月 8 日是一个再平衡日[①]。表 4-7 显示了在再平衡日每只股票的指数份额的变化情况。

表 4-7 指数"交易"

指数日期 指数点位	SWA 指数 4/8/2021 97.418 8	指数日期 预估点位	SWA 指数 4/8/2021 96.752 9	指数日期 指数点位	SWA 指数 4/8/2021 97.418 8		
证券简称	指数份额	证券简称	指数份额	证券简称	指数份额	指数"交易"	
AABA	0.121 9	AABA	0.103 6	AABA	0.104 4	−0.017 5	
AAQZ	0.070 3	AAQZ	0.078 5	AAQZ	0.079 0	0.008 7	
AAWL	0.082 6	AAWL	0.000 0	AAWL	0.000 0	−0.082 6	
AAXX	0.000 0	AAXX	0.153 7	AAXX	0.154 8	0.154 8	
ACBU	0.079 9	ACBU	0.060 4	ACBU	0.060 9	−0.019 0	
ACGN	0.132 5	ACGN	0.123 8	ACGN	0.124 7	−0.007 9	
ACOP	0.055 1	ACOP	0.053 2	ACOP	0.053 5	−0.001 6	
ADXK	0.175 8	ADXK	0.205 3	ADXK	0.206 7	0.030 9	
ADZI	0.156 3	ADZI	0.154 1	ADZI	0.155 2	−0.001 1	
AFOJ	0.263 7	AFOJ	0.235 7	AFOJ	0.237 3	−0.026 4	
AGFZ	0.095 5	AGFZ	0.110 7	AGFZ	0.111 4	0.015 9	
AHBP	0.076 7	AHBP	0.066 5	AHBP	0.066 9	−0.009 8	
AHGG	0.085 8	AHGG	0.090 0	AHGG	0.090 7	0.004 8	

---

① 译者注：因 2021 年 4 月 2 日星期五为美国假期。

续表

证券简称	指数份额	证券简称	指数份额	证券简称	指数份额	指数"交易"
AHJQ	0.073 5	AHJQ	0.072 2	AHJQ	0.072 7	−0.000 8
AIAD	0.168 8	AIAD	0.175 2	AIAD	0.176 4	0.007 6
AKEK	0.000 0	AKEK	0.050 6	AKEK	0.050 9	0.050 9
AKMW	0.086 5	AKMW	0.000 0	AKMW	0.000 0	−0.086 5
AKRY	0.053 0	AKRY	0.067 4	AKRY	0.067 9	0.014 9
AKXI	0.267 9	AKXI	0.297 4	AKXI	0.299 4	0.031 5
AKZO	0.073 7	AKZO	0.063 7	AKZO	0.064 2	−0.009 5
ALTO	0.061 7	ALTO	0.048 1	ALTO	0.048 4	−0.013 3
AMGP	0.383 6	AMGP	0.391 3	AMGP	0.394 0	0.010 4

从左到右看上表，我们观察到再平衡前指数份额的收盘情况，再平衡日收盘时来自预估文件的指数份额情况，以及再平衡后来自指数收盘文件的指数份额情况。再平衡前在指数中持有的证券清单会和预估文件中的证券清单不同。表中显示，AAWL 和 AKMW 这两只股票在再平衡前是被纳入指数中的，但不在预估指数收盘文件中；在再平衡日收盘时，这些股票的权重将变为零。上表还显示，AAXX 和 AKEK 在再平衡之前没有被纳入指数中，但在预估指数收盘文件中是占有权重的；在再平衡日收盘时，这些股票将被纳入指数中，取代因剔除 AAWL 和 AKMW 后失去的指数权重。

除了指数份额有所差异，预估点位与指数点位也并不匹配。这是计算日后常见的情况：因为两套指数的成分股是不同的，所以我们不能期望篮子的整体估值自计算日以来保持同步。在表 4-7 中，预估点位是 96.752 9，而指数点位在再平衡日收于 97.418 8。这意味着预估点位的指数份额需要放大一定的比例，以便在价值上与篮子指数份额价值相等。对于每 1 个预估指数份额，我们需要 97.418 8/96.752 9 股的实际指数份额，也就是 1.006 9 股。因此，AAQZ 的实际指数份额为 0.078 5 股，而不是 0.079 0 股。由于 AAQZ 最初的指数份额是 0.070 3 股，经过指数再平衡需要"购入" 0.008 7 股，正如表中最右边一栏，以及再平衡日收盘时的最终指数份额所罗列的。指数"交易"需要完全将 AAWL 和 AKMW 清仓，交易金额正好等于所持的股份。

除了为取代被剔除股票而新纳入的股票外，还有许多其他股票仍保留在指数中，但指数在再平衡后的份额数与再平衡前不同。这意味着指数再平衡中也会包括这部分股票的"交易"。我们所说的"交易"是有引号的，因为指数并不实际持有股票，它们反映的是某个时间点下假设性的投资组合。如果这是一个实际的投资组合，我们可以计算出再平衡所需的每只股票的详细交易情况。我们在第 13 章将讨论 ETF 投资组合经理在实际投资组合中的再平衡交易。

投资组合经理在收盘时对投资组合进行再平衡与指数发行商在收盘时对指数进行再平衡之间有一个细微但重要的区别：指数发行商通过完整的信息更新成分股。也就是说，指数发行商知道再平衡发生时旧（指数）和新（预估）投资组合中所有成分股的收盘价。相比之下，投资组合经理对跟踪该指数的真实投资组合只能通过收盘之前的信息来进行再平衡，所以交易中无疑会存在误差。我们将在第 7 章讨论这种不完全信息的影响。

THE COMPLETE GUIDE TO
ETF PORTFOLIO
MANAGEMENT

第3部分
一级市场与ETF发行

因豁免权而出现的特定结构，令 ETF 领域的两种交易方式得以发展壮大：一级市场交易和二级市场交易。ETF 在一级市场交易是发生在授权参与人和基金之间的交易，而二级市场交易则涵盖了以市场为基础的投资组合中的证券交易（也包括以市场为基础的 ETF 的股票交易）。

在第 5 章，我们将详细描述一级市场的交易是如何发生的，我们的注意力将集中在交易结构及其对投资组合的影响上。在第 6 章中，我们将以理论上的投资组合经理的视角来"发行"一只 ETF。

第 5 章

ETF 与一级市场

一级市场和二级市场在金融上存在区别,这在 ETF 市场中有着至关重要的作用。一级市场上的交易是将金融证券引入市场或将金融证券从市场中移除的交易;二级市场上的交易是将这些证券从一个投资者手中转移到另一个投资者手中的交易(当然是以某一个价格成交)。相较于共同基金,ETF 最吸引人的特点之一是可以在交易所的二级市场上实时交易,而共同基金只能在一天结束时以其单位资产净值进行交易;ETF 在所有的交易时间都有出价和报价(这是对每个 ETF 的主要做市商的要求)。

然而,ETF 的大部分魔力发生在一级市场。当投资者赎回一只传统的共同基金时,共同基金发行人将收到赎回指令,并卖出投资组合中足够多的证券,以兑现投资者的赎回,其卖出的证券会与投资组合的持仓相匹配,使得抛售可以有效地成为相对整个投资组合的一部分。同样地,当收到申购共同基金的交易指令时,发行人将使用投资者的申购现金去购买与投资组合构成相匹配的证券。

当投资者寻求购买或出售 ETF 的份额时,可以在二级市场上进行交易，做市商将为买卖双方的交易提供便利。大多数的ETF交易不涉及一级市场，因此，虽然ETF全天都在交易，但ETF投资组合经理不需要做任何事情——唯一改变的是终端投资者。

对于大型ETF交易来说，交易会发生在一级市场。然而，ETF一级市场的交易机制与共同基金有很大不同。在本章中，我们将阐述在一级市场中通常被业内称为"创设"（买入）或"赎回"（卖出）的交易是如何发生的。

创设和赎回

在二级市场交易的每一个份额都必须先在一级市场进行创设。但这个创设/赎回（C/R）过程是如何进行的呢？[①] ETF发行商一般会以固定数量的份额进行创设和赎回，这个数量通常是5万份或10万份，也称为一个创设单位（creation unit，CU）。只有指定的对象可以对份额进行创设，这些对象称为授权参与人（AP）。授权参与人也是做市商，他们或以第三方身份来创设份额，或者创设一些份额来为未来客户购买ETF预留库存。

更高水平的操作是，授权参与人（通过分销商）通知创设份额的ETF发行商其所需的单位数量。ETF发行商向授权参与人交付ETF份额，而作为回报，授权参与人支付在交易日与ETF份额的资产净值相等的一篮子证券和/或现金。证券的转让也称

[①] 关于份额的创设/赎回过程，请参阅Rochelle Antoniewicz and Jane Heinrichs, "Understanding Exchange-Traded Funds: How ETFs Work," *ICI Research Perspective* 20, no. 5 (September 2014)。

为"实物交易",图 5-1 对证券转让这一操作进行了直观描述。

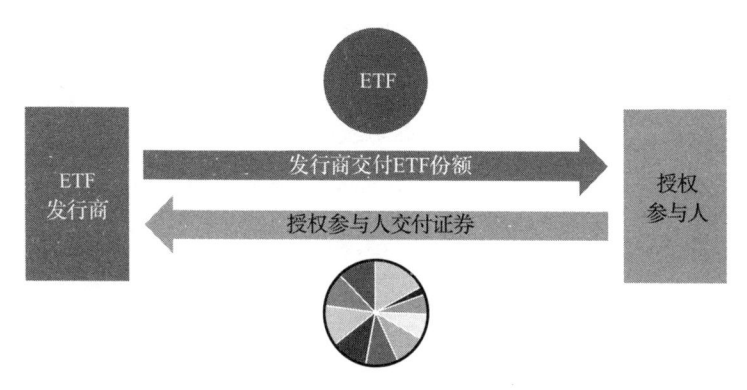

图 5-1　一级市场创设

根据定义,这种交易是一种"公平"的交易:交换的证券的价值是完全匹配的。类似地,当授权参与人希望赎回份额时,不会像 ETF 基金管理人那样出售份额来兑现给投资者(如上文所述的共同基金案例),ETF 发行商会将与 ETF 份额价值相同的证券和/或现金转让给授权参与人,授权参与人再将这些证券出售,从而形成赎回 ETF 份额后的现金头寸(见图 5-2)。

图 5-2　一级市场赎回

这一过程在 ETF 生态系统中发挥着关键作用：使二级市场价格与 ETF 净值保持一致。一篮子证券的价值与 ETF 份额的净值相等，但不一定会与在份额二级市场上的价格相同。但如果二级市场的价格高于份额的净值，授权参与人可以按净值创设份额，并将其在二级市场出售来获利。反之，如果二级市场的价格低于资产净值，授权参与人可以在二级市场上购买份额，然后将份额在 ETF 发行人那里以资产净值进行赎回。因此，考虑到交易成本上的损耗，二级市场的价格通常不会大幅偏离单位资产净值水平[①]。图 5-3 显示了 2020 年 5 月 SPY 的资产净值和收盘价。请注意，二级市场的价格（收盘价）是紧紧围绕其资产净值（初始市场价格）波动的。因为绝对值非常接近，所以很难看到两者之间的差异。图 5-3 中的右轴展示了资产净值的溢价/折价水平。

图 5-3 SPY 收盘价和单位资产净值（2020 年 5 月）
资料来源：Bloomberg Finance L. P.

---

① 当然也有例外情况，我们将在第 18 章讨论。

正如我们在第 2 章中了解到的，日内参考净值一般会在全天以每 15 秒报价一次的频率公布。做市商可以查看二级市场的价格是否与日内参考净值计算水平相一致①。

授权参与人及其创设和赎回份额的能力至关重要。授权参与人的交付和接收是整个交易的起点。这些过程听上去很简单，但细节并不容易。

申购赎回清单文件

正如我们在第 3 章和第 4 章中了解到的指数文件和预估文件，它们为指数订阅者提供了所需了解的关于指数的所有信息。这些文件对促进 ETF 在一级市场交易发挥了关键作用，而一级市场交易是 ETF 交易的基础。对于希望在 ETF 中进行交易的授权参与人来说，申购赎回清单文件（portfolio composition file，PCF）是其主要的资源：它可以被认为是 ETF 发行商指定的与 ETF 份额单元有关的成分股清单。当授权参与人向 ETF 发行商提请份额创设时，ETF 发行商应收到 PCF 中创设的相关内容；当提请赎回时，授权参与人应收到 PCF 中赎回的相关内容。PCF 规定了一篮子证券的股份和对应的金额。实质上，这为授权参与人提供了与 ETF 发行商在一级市场上进行交易的确切指导。

---

① 我们将在第 18 章中发现，日内参考净值并不总是 ETF 指示性价值的一个好的来源。此外，日内交易可能要到下一个工作日才会计入资产净值。

构建 PCF

构建 PCF 是 ETF 管理中重要的工作之一。授权参与人可以根据 PCF 提交创设或赎回交易指令。显然,构建 PCF 类似于对日常交易进行构建。因此,正确把握 PCF 是一项重要的工作。

每只 ETF 必须提交一份准确反映投资组合持有情况的 PCF[①]。在跟踪指数的 ETF 中,这一文件要尽可能反映指数波动,这就相当于提交一个反映指数的文件。我们将介绍两种构建 PCF 的方法:一种基于投资组合的持股情况,另一种基于指数文件或预估文件。

基于持股情况创建的 PCF

在 2021 年 1 月 29 日交易结束时,投资组合的持股情况如表 5-1 所示。该表展示了投资组合的现金、已宣布但尚未收到的股息所产生的应计金额,以及投资组合中每只证券的股数及市值。目前 ETF 的流通份额为 400 000 份。一个创设单位包括 50 000 份,换句话说,流通的共有 8 个创设单位。在 2021 年 1 月 29 日收盘时,ETF 的资产净值为 25.38 美元,那么 1 个创设单位的资产净值就是 50 000×25.38 美元,即 1 269 168 美元(四舍五入)。调整为四舍五入的股份和整数手后[②],具有代表意义的"一份"投资组合也就是一个创设单位,相当于全部投资组合的八分之一。

---

① 从技术上讲,提交的投资组合列表文件(portfolio listing file,PLF)中应包括证券和头寸大小。然后,PLF 依据给定的价格和资产净值等,被转换为 PCF。
② 在这个例子中,手数是以单位递增的,但对于国际投资组合,手数是 100 的倍数(见第 14 章)。

表 5-1　SWA 组合持仓

指数　　　SWA 组合
NAV　　　25.38 美元
份额　　　400 000 份
资产规模　10 153 350 美元

证券简称	股数	本地价格（美元）	市值（美元）	组合权重（%）
现金	(2 249 52)	1.00	(2 249.52)	−0.02
其他应计项	16 868.90	1.00	16 868.90	0.17
AABA	6 049	80.81	488 844.28	4.81
AAQZ	6 982	73.91	516 057.92	5.08
AAWL	8 201	60.21	493 781.63	4.86
ACBU	7 929	64.58	512 050.67	5.04
ACGN	13 160	43.97	578 618.18	5.70
ACOP	5 470	90.92	497 332.76	4.90
ADXK	17 455	28.77	502 203.51	4.95
ADZI	15 515	30.24	469 111.78	4.62
AFOJ	26 182	16.16	423 014.50	4.17
AGFZ	9 485	53.52	507 651.02	5.00
AHBP	7 617	75.26	573 262.53	5.65
AHGG	8 520	58.40	497 606.99	4.90
AHJQ	7 296	66.27	483 538.19	4.76
AIAD	16 757	31.56	528 780.71	5.21
AKMW	8 593	55.83	479 779.78	4.73
AKRY	5 264	83.73	440 729.18	4.34
AKXI	26 598	17.23	458 225.89	4.51
AKZO	7 317	75.79	554 530.48	5.46
ALTO	6 130	84.74	519 446.99	5.12
AMGP	38 083	16.13	614 160.56	6.05

在表 5-2 和 5-3 中，我们依据组合的持股情况，列出了 2021 年 2 月 1 日的 PCF 的两个部分。第一部分（见表 5-2）包括投资

组合层面的信息,其中包括 ETF 整体的信息和现金管理的信息,详细说明了现金在授权参与人和基金之间如何流动①。

表 5-2 基于持仓-组合层面的 SWA PCF 的相关细节 (2/1/2021)

SWA ETF			
交易日期	2/1/2021	实际现金替代(美元)	—
结算日	T+2	实际现金差额(美元)	2 182.46
创设单位份	50 000	市值基准(美元)	1 266 234.84
NAV(美元)	25.38	篮子份额	31 067
NAV/创设单位(美元)	1 269 168.37	预估现金替代(美元)	—
总份额(份)	400 000	预估现金差额(美元)	2 933.53
总净资产(美元)	10 153 346.95	预估股息(美元)	707.10

在 PCF 的第二部分(见表 5-3)中,列出了篮子中每只证券的相关信息。一般来说,文件通常包含证券识别码(如 ISIN、CUSIP、代码等)、股数、市场价值和权重、价格、手数以及现金替代。对于股票投资组合,将包括篮子股票中的每只股票相关的股息估算(如果交易日正好是该股票的除息日)。对于固定收益投资组合,一些与利息有关的不同信息也将包含在内(我们将在第 16 章讨论)。

表 5-3 基于持仓-证券层面的 SWA PCF 的相关细节 (2/1/2021)

代码	证券简称	股数	基准价格(美元)	市值基准(美元)	权重(%)	现金替代
US1001	AABA	756	79.88	60 388.33	4.77	否
US1003	AAQZ	872	73.91	64 451.81	5.09	否

---

① 为便于阐述,这一部分内容已被压缩,投资组合经理可能会看到 PCF 中的一些附加内容。我们将在第 16 章中探讨一些与固定收益部分相关的内容。

续表

代码	证券简称	股数	基准价格（美元）	市值基准（美元）	权重（%）	现金替代
US1004	AAWL	1 025	60.21	61 715.18	4.87	否
US1009	ACBU	991	64.58	63 998.26	5.05	否
US1010	ACGN	1 644	43.97	72 283.30	5.71	否
US1012	ACOP	683	90.92	62 098.40	4.90	否
US1018	ADXK	2 181	28.77	62 750.26	4.96	否
US1019	ADZI	1 939	30.24	58 627.63	4.63	否
US1024	AFOJ	3 272	16.16	52 864.69	4.18	否
US1026	AGFZ	1 185	53.52	63 422.93	5.01	否
US1028	AHBP	952	75.26	71 648.41	5.66	否
US1029	AHGG	1 065	58.40	62 200.87	4.91	否
US1030	AHJQ	912	66.27	60 442.27	4.77	否
US1033	AIAD	2 094	31.56	66 077.87	5.22	否
US1040	AKMW	1 074	55.83	59 965.49	4.74	否
US1042	AKRY	658	83.73	55 091.15	4.35	否
US1045	AKXI	3 324	17.23	57 265.32	4.52	否
US1046	AKZO	914	75.79	69 268.94	5.47	否
US1049	ALTO	766	84.74	64 909.69	5.13	否
US1050	AMGP	4 760	16.13	76 764.02	6.06	否

预估现金差额与实际现金差额

表5-2中投资组合层面的信息大部分是不言而喻的，包括资产净值、总净资产等，但表中关于现金管理的信息值得我们关注。回顾一下，投资组合的持仓资产包括现金，以及由组合证券和现金构成的基金的资产净值，由于凑整的原因，篮子中证券的价值不会完全与创设单位的总资产净值相等，因此必须包含现金来对交易的总价值进行灵活增减，以保证交易的公平。PCF将反

映前一个交易日中创设或赎回的实际金额（实际现金差额），部分字段用于计算在当前交易日中预计将被用于交易的现金数额（预估现金差额）。

现金计算的一部分涉及"现金替代"，我们将在本书的其他章节中花更多时间讨论它。我们注意到，发行商可以将证券的等价现金纳入PCF。有些原因可能促使授权参与人希望使用现金来代替某只证券（例如，授权参与人对该证券的交易受限）。PCF的现金管理部分包括关于现金替代和股息（或固定收益篮子中的利息）的信息，这就是整体的现金计算[①]。

- 实际现金替代：前一个交易日执行交易的篮子中现金替代的确切数额。
- 实际现金差额：前一日篮子里的实际现金差额数额。
- 市值基准：篮子里的证券的市场价值。
- 预估现金替代：当日篮子里的预估现金替代。
- 预估现金差额：当日篮子里的预估现金差额。
- 预估股息或利息：这一金额取决于篮子里的基础证券。

根据定义，PCF是有前瞻性的：它描述的是在创设或赎回交易当天，收盘时可能发生的交易情况。因此，交易的全部信息细节是未知的，因为发布PCF时，市场的收盘价格还没有确定。由于文件中的股票数量是固定的，而股票的价格是波动的，因此

[①] 虽然在这里我们没有把它们作为PCF的一部分进行介绍，但相关费用包括在PCF中。包括创设和赎回的固定费用，这是授权参与人因交易支付给转让代理商的。浮动的创设和赎回费用，发生在以现金为基础的创设或赎回中，是授权参与人向基金支付的费用。这些费用旨在补偿面对现金赎回时，基金使用现金或出售证券时产生的交易成本。

ETF的资产净值也是波动的。任何创设或赎回的首要规则是，一篮子股票和现金必须与交易中ETF份额的资产净值价值相等。固定的股票数量和波动的市场价格在这个等式中只留下一个"自由度"——现金。

一旦市场收盘价和ETF的资产净值被确定，就可以直接计算出如何进行交易了：只需调整交易所需的现金金额。然而，PCF不会体现交易所需的实际现金差额水平，它报告的是根据收盘价和基于前一个交易日收盘的资产净值预估的现金差额水平。为了记录创设或赎回的完整交易，PCF也将包括前一个工作日的现金差额，即使一篮子证券和现金与ETF份额（按资产净值）的价值相等。

让我们浏览表5-2中的PCF，2021年1月29日收盘的资产净值为25.38美元。根据市场收盘价和2021年1月29日的资产净值，创设或赎回的预估现金差额部分为2 933.53美元。这个数字将包括PCF在使用收盘价时产生的预估红利。一旦某只证券除息，其股价就会下降，现金就需要来弥补差额。PCF中一篮子证券的市场价值，将在PCF生效的一天之中发生变化。根据PCF，一篮子证券的市值（基于2021年2月1日的预期开盘价）为1 266 234.84美元，但实际收盘价下的市场价值为1 265 076.66美元。2021年1月29日的资产净值为25.38美元，但2021年2月1日的实际资产净值为25.36美元。因此，预估现金差额为2 933.53美元，而交易中的实际现金差额为2 879.13美元（见表5-4）。这一数字将出现在下一日的PCF中。实际现金差额和预估现金差额通常会有所不同，但要注意的是，二者没有可比性，因为它们不代表同一天的现金交易。

表 5-4 实际现金差额与预估现金差额的差别

现金计算			
原有 NAV（1/29/2021）（美元）	25.38	NAV（2/1/2021）（美元）	25.36
申赎单位的份额	50 000	申赎单位的份额	50 000
申赎单位的资产净值（美元）	1 269 168.37	申赎单位的资产净值（实际）（美元）	1 267 955.80
开盘市值（2/1/2021）（美元）	1 266 234.84	收盘市值（2/1/2021）（美元）	1 265 076.66
股息（美元）	707.10	股息（美元）	707.10
预估现金差额（美元）	2 933.53	实际现金差额（美元）	2 879.13
		申赎单位的差异（美元）	1 212.57
		市值的差异（美元）	1 158.18
		现金的差异（美元）	54.39

基于持股情况创建的 PCF 的相关注意事项

根据投资组合的持股情况来构建 PCF 的方法存在一些潜在缺陷。投资组合中的证券可能会在构建文件完成后的第二天发生公司行为，例如某家公司在第二天早上会被收购。这种情况下，投资组合经理需要处理因接受收购公司股票或将份额兑现带来的影响。当证券在经历某些公司行为时，将其标记为现金替代，可以使投资组合经理减轻受到这类情况的冲击。

更重要的是，投资组合可能会在第二天收盘时进行再平衡，而这一天 PCF 将是有效的。如果 PCF 代表了当前组合的一部分，就会出现问题。在份额创设时，投资组合会被错误地配置，而在份额赎回时,投资组合经理可能被要求交付不在投资组合持仓的证券。这两个问题都可以通过使用前瞻性的方法来解决,即预估投资组合在次日收盘时的情况,包括公司行为和任何可能的再平衡。正如我们在构建 PCF 的第二种方法中所展示的,这种具有前瞻性的系统已经由基于指数的 ETF 进行了指数处理。基于指数的 ETF 可以发送基于指数文件和预估文件的 PCF,而非基于投资组合持股情况的 PCF。

根据指数文件和预估文件而来的 PCF

从第 3 章中可以看出,有几个文件来自指数计算代理商,包括指数开盘文件和预估开盘文件。指数开盘文件(index open file,IOF)反映了指数在下一个交易日开盘时的情况。由于对公司行为进行了处理,所以这一文件与指数收盘文件(index close file,ICF)不同。指数开盘文件反映了当前的投资组合持股文件所不具备的投资组合复制方式。如果一只股票将要拆分,指数开盘文件会将其考虑在内,而投资组合持股文件则不会。可以想象,基于持股情况的 PCF 对这一特定股票会出现 2 或 3 倍甚至更多的偏差。在面对创设或赎回指令时,这会给投资组合经理带来麻烦。

指数开盘文件解决了这个问题。在非指数再平衡日,由指数开盘文件计算 PCF 的流程如下。

1. 计算创设单位的资产净值。
2. 将指数开盘文件中的各样本股的指数权重与创设单位的资产净值相乘,再除以指数开盘文件中每只证券的（除息后的）价格，创建样本股股份数的向量。

3. 将每只股票的股份数凑整到以标准手数为单位的股份数。为确保现金为正，将股份数向下凑整。

4. 计算出这组股票的价值。用凑整股份数乘以股价，并将其加总。

5. 如果篮子价值超过了创设单位的资产净值。篮子将存在"负现金"，这意味着授权参与人在提交创设交易指令收到份额时，还将收到一部分现金（反之亦然）。如果篮子的价值低于创设单位的资产净值，那么篮子会包括预期的"正现金"。也就是说，授权参与人在提交创设交易指令时，需要提交现金及股票；在赎回份额时，将会收到现金和股票。

表 5-5 和表 5-6 列出了基于指数开盘文件的 PCF。

表 5-5 基于指数文件-组合层面的 SWA PCF 的相关细节（2/1/2021）

SWA ETF			
交易日期	2/1/2021	实际现金替代（美元）	—
清算日	T+2	实际现金差额（美元）	649.24
创设单位（份）	50 000	市值基准（美元）	1 268 765.57
NAV（美元）	25.38	篮子份额	31 130
NAV/创设单位（美元）	1 269 168.37	预估现金替代（美元）	—
总份额（份）	400 000	预估现金差额（美元）	402.80
总净资产（美元）	10 153 346.95	预估股息（美元）	708.04

表 5-6 基于指数文件-证券层面的 SWA PCF 的相关细节（2/1/2021）

SWA ETF

代码	证券简称	股数	基准价格（美元）	市值基准（美元）	权重(%)	现金替代
US1001	AABA	757	79.88	60 468.21	4.77	否
US1003	AAQZ	874	73.91	64 599.63	5.09	否
US1004	AAWL	1 027	60.21	61 835.60	4.87	否
US1009	ACBU	993	64.58	64 127.42	5.05	否
US1010	ACGN	1 648	43.97	72 459.18	5.71	否
US1012	ACOP	685	90.92	62 280.25	4.91	否
US1018	ADXK	2 186	28.77	62 894.12	4.96	否
US1019	ADZI	1 943	30.24	58 748.58	4.63	否
US1024	AFOJ	3 279	16.16	52 977.79	4.18	否
US1026	AGFZ	1 188	53.52	63 583.49	5.01	否
US1028	AHBP	954	75.26	71 798.93	5.66	否
US1029	AHGG	1 067	58.40	62 317.68	4.91	否
US1030	AHJQ	913	66.27	60 508.55	4.77	否
US1033	AIAD	2 098	31.56	66 204.09	5.22	否
US1040	AKMW	1 076	55.83	60 077.16	4.74	否
US1042	AKRY	659	83.73	55 174.87	4.35	否
US1045	AKXI	3 331	17.23	57 385.91	4.52	否
US1046	AKZO	916	75.79	69 420.52	5.47	否
US1049	ALTO	767	84.74	64 994.43	5.12	否
US1050	AMGP	4 769	16.13	76 909.16	6.06	否

以上流程与再平衡日是完全相同的，只不过指数开盘文件被预估收盘文件所取代，因为该文件反映了在再平衡日（收盘时）组合重新被平衡后的情况。

PCF 和停牌证券

事先知晓的公司行为可以在 PCF 中进行处理。正如我们在此前描述的,把这些证券标记为现金替代。然而,市场有时会出现意想不到的消息。为了维护市场秩序,某只证券可能会被停止交易,这意味着它不再被允许在交易所购买或出售。证券的停牌短则持续数分钟,长则持续多个交易时段。

当某一证券被停止交易,希望按照 PCF 的规定来创建标准篮子的授权参与人可能无法获得构建篮子所需的证券。同样地,授权参与人也不希望在赎回份额时收到正在停牌的证券,因为授权参与人将无法在市场上出售该证券以完成 ETF 份额的赎回交易。已经通过 NSCC 的程序提交的 PCF 需要在日终进行处理,以让被停牌的证券在当天交易指令中通过现金替代。

在跟踪的证券发生停牌情况时,投资组合经理需要关注后续交易指令对投资组合中股票权重的影响。如果某只证券停牌,一个大的创设交易指令中这只停牌证券将被现金所替代,那么这只证券在投资组合中的权重可能会降低,从而导致基金中的配置短暂失衡。投资组合经理必须考虑如何配置这些替代的现金,他可以通过避免购买证券来保持现金头寸,也可以投资于其他可能与停牌证券同向波动的证券。我们将在第 7 章讨论跟踪误差并在介绍第 19 章的代表性抽样时做进一步说明。

NSCC 的时间安排和文件传输

一般来说,PCF 是由 ETF 发行商(通常是通过其托管人)

生成的，并在美国东部时间的中午 12 点前将文件及相关交易数据提交给 NSCC[①]。并不是所有的 PCF 都能通过 NSCC，其中的证券需具有通过清算公司的资格[②]。一旦 PCF 通过 NSCC 程序发布，授权参与人就可以看到，并通过其了解组合篮子的情况。

交易指令时间和文件传输

NSCC 程序的截止时间与交易指令创建截止时间不同。交易指令截止时间是指 ETF 分销商必须收到授权参与人要求创设或赎回交易指令通知的时间。通常情况下，对于实物篮子（即由证券和少量现金组成）和国内投资组合来说，这一截止时间与一般交易日的结束时间同步：都是美国东部时间的下午 4 点。然而，对于非实物篮子（即显著规模的现金替代）和/或国际投资组合，交易指令截止时间将更早，甚至可以是前一天（尤其是对于国际投资组合而言）。设想一个接受现金替代篮子的国内投资组合，它意味着授权参与人将支付全部现金用于创设并接收所有赎回的现金。在这两种情况下，为了使投资组合与要跟踪的指数相匹配，需要在收盘前进行交易：要么需要用授权参与人创设的现金购买证券，要么需要出售证券以得到赎回所需的现金。将交易指令截止时间提前到交易日结束前，以上交易就得以实现。

当交易指令截止时间在 NSCC 的截止时间之前，就会产生一

---

① 一般来说，最初的 PCF 将在前一天晚上发送。如果需要修改文件，可在美国东部时间中午 12 点前进行。

② 有些证券可以从 PCF 中剔除并被现金所替代，使不符合资格的一篮子证券有资格通过 NSCC。

个有趣的问题：授权参与人如何才能知晓 PCF 呢？答案是授权参与人不会知道。除非在当日有指数的再平衡，否则授权参与人将只能从前一天的 PCF 了解投资组合的情况。这将使授权参与人提前开始交易，在创设份额的情况下购买必要的一篮子证券，或在赎回的情况下卖出将收到的一篮子证券。

定制实物篮子

在有些情况下，ETF 投资组合经理希望创设或赎回的组合与目前的投资组合或指数构造有很大的不同，投资组合经理甚至希望对一个预期下的组合进行构建和再平衡。创设和赎回活动是 ETF 投资组合中进行税收管理的主要驱动力之一。在第 9 章，我们将讨论这一活动对投资组合中证券交易成本的影响以及对组合中交易的资本利得/资本亏损的影响。对"定制篮子"特殊投资组合的构建，类似于创设和赎回的运作机制，但对税收管理会产生重大影响，我们将在第 12 章中讨论。

对 ETF 生态系统的说明

在第 2 章中，我们概述了投资组合经理在 ETF 结构中的作用，以及在更大的 ETF 生态系统中不同主体的作用。这个生态系统的各部分在本章所述的一级市场交易中发挥着支持作用：NSCC 处理 PCF；授权参与人创设并赎回份额；ETF 代理商公布资产净值以决定组合篮子的价值及现金，并持续处理托管因交易而流入、流出的新增份额。正因为有如此多的主体参与，ETF的上市过程才会非常顺利。管理这些主体超出了投资组合经理的能力，但重要的是，投资组合经理必须对所有围绕一级市场的活动进行监控，以确保投资组合的进出是符合预期的，整个生态系统都在按部就班地运转。这一切甚至开始于基金挂牌上市之前，在下一章中，我们将介绍投资组合经理如何在首日启动基金。

第 6 章

发行基金

交响乐团准备演奏交响乐，指挥家走上台并举起指挥棒，演奏家们准备在指挥棒落下时演奏第一个音符。这是一个令人期待和兴奋的时刻，但更重要的是它是一个需要协作的时刻：如果小提琴提前开始，如果大提琴错过了一个节拍，整个交响乐演奏会从一开始就出现问题。

发行 ETF 也是如此。这是一个需要协作的过程，推出 ETF 的工作是有节奏的，多条工作线同时工作，其中涉及交易所、监管机构、基金管理部门、授权参与人/主要做市商等方面，也就是我们在第 2 章所提到的各个参与方。ETF 最初发行阶段对 ETF 投资组合经理来说是最关键（同样也是最伤脑筋）的时候。基金顺利发行是最重要的，如果在开始阶段出现小插曲，就像交响乐中的一个错误的节拍，对基金来说不是个好兆头。然而如果进程顺利，基金在其发行当日就能挂牌上市，并可能会有好的发展态势。

在本书中，我们把重点放在 ETF 基金发行的工作机制上。

虽然其他机制同样重要，但它们不是我们讨论的重点。投资组合经理的关键问题是：

1. 如何将初始资金配置到投资组合中？
2. 如何确定基金初始的资产净值？
3. 在基金发行时需要做哪些交易决策？

种子资金

种子资金是指基金份额的初始交易资金。基金需要达到交易所的最低份额要求才可以上市，这是交易所的挂牌要求①。因为基金需要达到最低资本要求才可以获准挂牌，所以需要在推出ETF之前确保锁定融资规模。基金发行商可以自己为ETF提供资金，将自己的资本投入到产品中，或者寻求与其他公司合作，比如基金的授权参与人，用其资金为产品"播种"，因此这类资金被称为"种子资金"。

无论谁投入资金，最初的交易必须通过授权参与人完成，就像ETF的其他创设交易一样。如果种子资金是由授权参与人提供的，授权参与人将以自己的账户下单；反之，授权参与人将为基金发行商或其他负责种子资金的人这样做。

---

① 例如，可参见 https://listingcenter.nasdaq.com/assets/ETP_Listing_Guide.pdf。通常基金的单份额发行价格在 25 美元或以上，最小资本金通常为 250 万美元左右。

初始交易和初始资产净值

正如我们在第 5 章所了解到的，ETF 的标准创设和赎回指令与 PCF 有关，PCF 概述了交易中要交付或接收的组合篮子里有什么。我们需要输入相关内容以构建 PCF。对于跟踪指数的 ETF 来说，大多数 PCF 反映了指数文件所规定的指数构成情况（如果发生再平衡，则为预估文件）。此外，PCF 还包含反映 ETF 份额价值的资产净值。

但这里有一个问题：尚未发行的基金不存在资产净值。但为了发行，基金需要在 PCF 中输入资产净值。此外，如果投资组合经理计划使用基金持股情况而不是指数作为 PCF 的基础，那么在基金发行前，投资组合中将没有任何资产。

在下文中，我们将介绍三种用来解决这个问题的方法，所有这些方法都有利于基金的顺利推出：固定资产净值法、浮动资产净值法和零现金资产净值法。无论采用哪种方法，投资组合经理、基金发行商、托管人以及作为授权参与人的主做市商（lead market maker，LMM）都必须进行有效的沟通，以了解所采用的方法、PCF 以及在首个交易日需向基金交付的物品。

固定资产净值法

固定资产净值模式建立的前提是，基金发行商需要确定基金在第一个交易日收盘时的单位资产净值，在这里我们用 T(0) 日表示第一个交易。为此，发起人将在前一天，也就是 T(−1) 日设定一个假设的单位资产净值，比如每份 25 美元。发行商须提前与主做市商共同商定将创设多少 ETF 单位来发行基金。假设每个单位是 50 000 份，基金发行时有 8 单位。那么基金的发行量就是 1 000 万美元。

50 000 份/单位×8 单位×25 美元/份＝1 000 万美元

每个创设单位的价值为 125 万美元，T(0) 日的 PCF 将根据单位价值来计算。

回顾第 5 章，PCF 规定了授权参与人为创设 ETF 份额而需要交付的股份数量。股份数量是四舍五入计算的，这意味着通常也会包含现金部分。如果使用开盘价（即调整公司行为后的收盘价）对所有股票进行估值，然后从 PCF 中加上或减去预估现金差额，该篮子证券的价值将完全等于一个申赎单位的价值。在以下的例子中，假设价值 25 美元的单位资产净值中有 24 美元是证券，1 美元是现金（见图 6-1）。

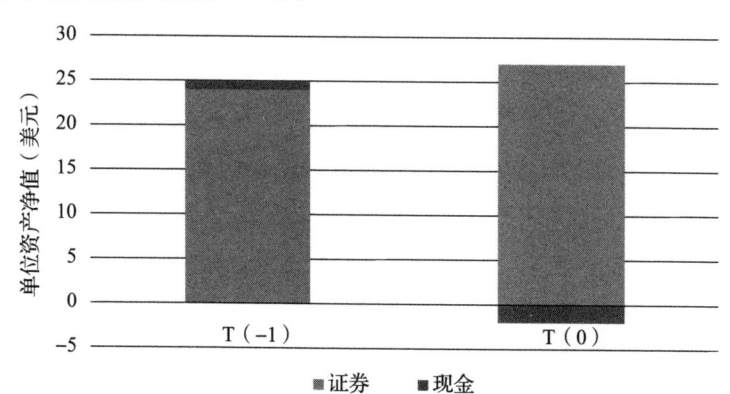

图 6-1 发行时的固定单位净值

有了以上信息，我们就可以了解授权参与人在固定资产净值模型中的交付情况：在 T(0) 日收盘时，授权参与人将交付 PCF 中规定的份额乘以确定数量的申赎单位。然而，这些份额的价值在清算后才会知道，并且可能会在盘中发生变化。一旦收盘价确定，一篮子证券才可以被估值。如果证券的价值低于 ETF 份额价值，授权参与人会以现金的形式将差额交付给基金发行商。但如果证券的价值高于 ETF 份额的价值，则基金发行商会将现金交付授权参与人（图 6-1 中描述为现金亏损）。无论哪种方式，在本例中从授权参与人转移到基金的总价值都与预先确定的发行价值完全一致，即 1 000 万美元。从结构上看，T(0) 日的资产净值是固定的，等于 T(-1) 日的资产净值。

从 T(0) 日开始，基金的净值每天都会公布。有些基金可能在 T(0) 日和 T(-1) 日公布资产净值。如果这两个数值相同，那么很有可能发行商在基金发行时采用了固定资产净值法。

浮动资产净值法

浮动资产净值法与固定资产净值法没有太大区别。初始结构相同，都是指定 T(-1) 日资产净值、每个创设单位的份额数以及与授权参与人协商确定的单位数。PCF 按照先前所述，以开盘价格计算，而单位份额的数量也以四舍五入计算。

关键的区别在于 T(0) 日收盘时交易的现金。如前所述，PCF 明确了在创设或赎回一个单位时的预估现金差额。在上述固定资产净值法中，预估现金差额没有被使用：证券被转让，T(0) 日的资产净值在经过预估现金差额计算后，使其等于 T(-1) 日的资产净值。在浮动资产净值法中，现金被视为一种证券。将现金视为若干数量价值为1美元的证券。因此，由于允许存在一部分现金份额，PCF包括一个完全匹配单位份额价值的完整投资组合。继续之前的例子，组合篮子证券的市场价值是120万美元，而一个创设单位的价值是125万美元。这意味着，为了使交易公平，授权参与人必须在创设（每个单位）中包括5万美元的现金。把这部分现金考虑成50 000份单位价值为1美元的证券。

这对T(0)日的资产净值有什么影响呢？现在，授权参与人确切地知道每个单位应向基金交付什么：按PCF计算的确切股数和50 000份/美元的现金。一旦知道了证券的收盘价，就可以计算出篮子和现金的总市值，而基金的T(0)日单位资产净值就是用市值除以份额总数。在上面的例子中，我们将证券标价为135万美元，叠加现金部分，一个创设单位的价值为140万美元，则基金的单位资产净值为28美元（见图6-2）。注意与固定资产净值法的情况不同，现在的单位资产净值从T(-1)日浮动到T(0)日，并将继续浮动下去。

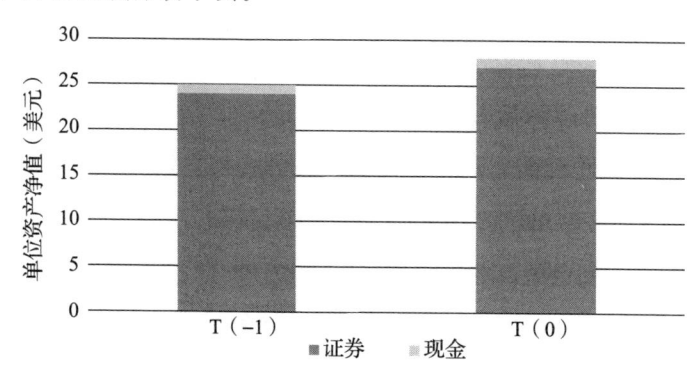

图6-2 发行时的浮动单位资产净值

零现金资产净值法

避免初始篮子中出现错综复杂的现金的方法之一是采用零现金资产净值法。零现金资产净值法就和它听上去一样——发行商和授权参与人之间没有现金转手。这个过程是以指定一个临时的 T(-1) 日单位资产净值开始,但要注意,这个临时的单位资产净值不是对外公布的单位资产净值。从这个假设的资产净值开始,我们构建 PCF,并指定篮子中每只证券的股份数量。通常情况下,我们会计算出预估现金差额,以使创设单位得到估值,从而使股份价值恰好等于资产净值。但在这里,我们将现金归零,仅仅根据 PCF 中证券的市值来重新计算单位资产净值。一般来说,计算的单位资产净值不会等于临时资产净值,但这个计算的单位资产净值会被公布。在 T(0) 日收盘时,授权参与人交付了指定的篮子(零现金),T(0) 日的单位资产净值反映了 T(0) 日组合篮子的价值,如图 6-3 所示。

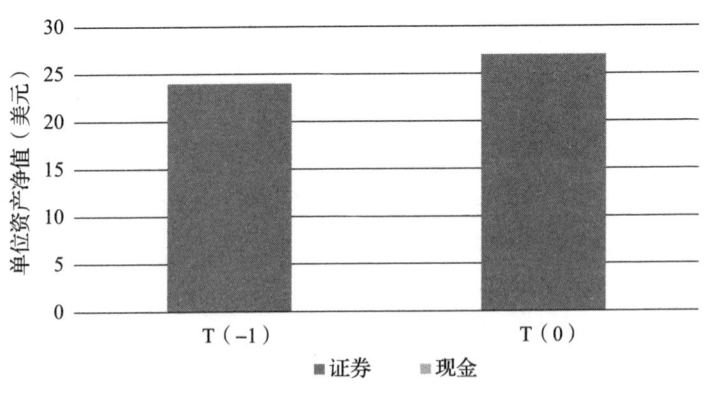

图 6-3 发行时的零现金

发行 SWA ETF

为形象说明上述内容，我们将发行 SWA ETF（见表 6-1）。我们在 2021 年 1 月 11 日，采用浮动资产净值法发行基金。为了方便解释，我们把这个日期定为 T(0) 日。我们安排在发行时创设 8 个单位，每个单位相当于 50 000 份 ETF。T(−1) 日的单位资产净值设定为 25 美元。

表 6-1 AAAA ETF 发行概况

发行细节	
发行日期	1/11/2021
申赎单位数量	8
单位资产净值结构	浮动型
T(−1) 日单位资产净值（美元）	25.00
对标指数	SWA 指数
费率（基点）	50
PCF 结构	基于指数

在表 6-2 中，我们显示了来自 SWA 指数提供商的指数开盘文件。回顾第 3 章的内容，该指数持有股票代码以字母 A 开头的价值最大的 20 只股票，这些股票在再平衡时权重相等。请注意，因为指数在 2020 年 12 月 31 日的起始时间等权重，表 6-2 中的个股指数权重都在 5% 左右的范围。

表 6-2 SWA 指数开盘文件

指数　　　SWA 指数
日期　　　1/11/2021
指数点位　99.778 5

代码	证券简称	基准价格（美元）	权重（%）	指数份额	指数价值
US1001	AABA	85.93	5.19	0.060 2	5.173 8
US1003	AAQZ	69.02	4.81	0.069 5	4.796 4
US1004	AAWL	60.17	4.92	0.081 6	4.911 1
US1009	ACBU	59.42	4.70	0.078 9	4.689 3
US1010	ACGN	40.78	5.35	0.131 0	5.341 3
US1012	ACOP	89.70	4.89	0.054 4	4.883 6
US1018	ADXK	25.89	4.51	0.173 7	4.498 0
US1019	ADZI	30.70	4.75	0.154 4	4.740 7
US1024	AFOJ	18.07	4.72	0.260 6	4.708 5
US1026	AGFZ	50.33	4.76	0.094 4	4.751 4
US1028	AHBP	67.30	5.11	0.075 8	5.101 8
US1029	AHGG	55.95	4.76	0.084 8	4.744 7
US1030	AHJQ	75.97	5.53	0.072 6	5.516 5
US1033	AIAD	31.67	5.29	0.166 8	5.282 7
US1040	AKMW	55.35	4.74	0.085 5	4.734 3
US1042	AKRY	104.97	5.51	0.052 4	5.499 4
US1045	AKXI	17.47	4.64	0.264 7	4.625 4
US1046	AKZO	72.95	5.33	0.072 8	5.313 2
US1049	ALTO	84.58	5.17	0.061 0	5.161 0
US1050	AMGP	14.00	5.32	0.379 0	5.305 5

表 6-3 和表 6-4 显示了 PCF 的相关细节，注意成分股的股份数是经过四舍五入的，一篮子证券的市场价值等于 1 249 474.82 美元。由于 T(-1) 日的单位基金净值固定为 25 美元，每个单位有 50 000 份，因此一个创设单位的价值预计为 125 万美元。由于证券的价值低于这个数字，将有 525.18 美元的预估现金来弥补这个差额。

表6-3 基于指数-组合层面的 SWA PCF 的相关细节（1/11/2021）

SWA ETF

交易日期	1/11/2021	实际现金替代（美元）	—
清算日	T+2	实际现金差额（美元）	1 250 000.00
创设单位（份）	50 000	市值基准（美元）	1 249 474.82
NAV（美元）	25.00	篮子份额	30 988
NAV/创设单位（美元）	1 250 000.00	预估现金替代（美元）	—
总份额（份）	400 000	预估现金差额（美元）	525.18
总净资产（美元）	10 000 000.00	预估股息（美元）	—

表6-4 基于指数-证券层面的 SWA PCF 的相关细节（1/11/2021）

代码	证券简称	股数	基准价格（美元）	市值基准	权重（%）	现金替代
US1001	AABA	754	85.93	64 791.47	5.19	否
US1003	AAQZ	870	69.02	60 048.47	4.81	否
US1004	AAWL	1 022	60.17	61 493.33	4.92	否
US1009	ACBU	988	59.42	58 707.90	4.70	否
US1010	ACGN	1 640	40.78	66 878.77	5.35	否
US1012	ACOP	682	89.70	61 176.13	4.90	否
US1018	ADXK	2 176	25.89	56 338.76	4.51	否
US1019	ADZI	1 934	30.70	59 371.88	4.75	否
US1024	AFOJ	3 264	18.07	58 975.92	4.72	否
US1026	AGFZ	1 182	50.33	59 490.76	4.76	否
US1028	AHBP	949	67.30	63 866.39	5.11	否
US1029	AHGG	1 062	55.95	59 418.73	4.76	否
US1030	AHJQ	909	75.97	69 053.57	5.53	否
US1033	AIAD	2 089	31.67	66 168.69	5.30	否
US1040	AKMW	1 071	55.35	59 283.62	4.74	否
US1042	AKRY	656	104.97	68 858.42	5.51	否

续表

代码	证券简称	股数	基准价格（美元）	市值基准	权重（%）	现金替代
US1045	AKXI	3 316	17.47	57 937.57	4.64	否
US1046	AKZO	912	72.95	66 534.62	5.33	否
US1049	ALTO	764	84.58	64 621.72	5.17	否
US1050	AMGP	4 748	14.00	66 458.10	5.32	否

如上所述，浮动资产净值法将现金视为证券。在这种情况下，我们的篮子包括 525.18 "股"现金，价值为 1 美元。通过这种方法，我们的篮子是完全指定的。

我们的投资组合在 T(0) 日收盘时是什么样子呢？主做市商已经交付了 8 个单位，这意味着我们收到了 8 倍于指定 ETF 篮子的股数和 8 倍于 PCF 中指定的"预估现金差额"的现金数量（经过四舍五入后）。我们的投资组合展示在表 6-5 中。使用每只证券在 T(0) 日的收盘价，投资组合的价值为 9 946 901.00 美元，换算成单位资产净值（除以 400 000 份）为 24.87 美元。

表 6-5 SWA 在收盘时的组合持仓

日期　　　　　1/11/2021
单位资产净值　24.87 美元
份额　　　　　400 000
资产规模　　　9 946 901.00 美元

证券简称	股数	本地价格（美元）	市值（美元）	组合权重（%）
现金	4 201.42	1.00	4 201.42	0.04
其他应计项	—	1.00	—	0.00
AABA	6 032	81.63	492 393.56	4.95
AAQZ	6 960	67.31	468 456.88	4.71

续表

证券简称	股数	本地价格（美元）	市值（美元）	组合权重（%）
AAWL	8 176	58.10	475 060.18	4.78
ACBU	7 904	61.58	486 758.44	4.89
ACGN	13 120	40.88	536 306.63	5.39
ACOP	5 456	91.66	500 120.51	5.03
ADXK	17 408	25.48	443 552.50	4.46
ADZI	15 472	30.41	470 569.17	4.73
AFOJ	26 112	18.40	480 578.32	4.83
AGFZ	9 456	51.10	483 194.72	4.86
AHBP	7 592	67.18	510 035.89	5.13
AHGG	8 496	55.67	472 970.56	4.76
AHJQ	7 272	76.75	558 138.07	5.61
AIAD	16 712	32.13	536 929.16	5.40
AKMW	8 568	53.76	460 656.36	4.63
AKRY	5 248	103.81	544 811.89	5.48
AKXI	26 528	17.60	466 808.91	4.69
AKZO	7 296	74.40	542 831.90	5.46
ALTO	6 112	79.95	488 653.15	4.91
AMGP	37 984	13.79	523 872.74	5.27

一般来说，由此产生的投资组合会非常接近指数文件所规定的理想组合。那我们能不能更接近理想的股数呢？也许可以。通过在第二天早上对投资组合进行"调整"，投资组合经理可以使某些证券的数量进一步匹配指数文件所规定的理想的投资组合。但也许因对一只证券进行了除息，导致现金头寸较高并需要再投资。此时出现的错配主要是由发起日当天的市场变动以及 PCF 中证券的四舍五入导致的，并在经过多个单位的创设后得到了放大。

关于发行的思考

关于发行,最后有几点值得我们注意。第一,虽然我们在后面的章节中会讨论公司行为和股息问题,但投资组合经理也应考虑这些问题可能会对发起过程产生何种影响。投资组合经理最好在发起前几天开始接收指数文件和公司行为文件,以便处理来自指数提供商的任何通知,并为发行日做好准备。

第二,墨菲定律体现了发行过程的部分本质,即坏情况如果可能出现就一定会出现。因此,计划在周中(而不是在节假日前)发行是明智的,这样能够在第二天短时间内解决任何可能出现的问题。如果最坏的情况出现而不得不推迟发行计划,这样就可以尽量只推迟一天而不是好几天。

第三,主做市商是发行中的重要一环。交易所将在产品上市前一天晚上将产品加载到其系统中,产品将在盘前阶段显示处于停牌状态的证券。在开盘后,主做市商可以报出买卖双边对手盘,交易所将解除该证券的停牌状态。因此,确保主做市商在证券上市前准备好报价工作十分重要,不成功的上市将被归咎于主做市商,而非基金发行商或投资顾问等。

第四,你可能希望向 ETF 挂牌的交易所申请在上市首日的早上敲钟。但如果会有不可预见的问题导致上市时间推后,那就最好不要这样做,因为这会使你面临的困境雪上加霜。相反,你完全可以选择在上市几天后,待所有事情趋于明朗再要求敲钟。

THE COMPLETE GUIDE TO
ETF PORTFOLIO
MANAGEMENT

第4部分
三个T和三个C

在接下来的三章中,我们将专门讨论管理 ETF 的三个目标:三个 T。

- 最大限度地减少跟踪误差(tracking error)
- 最大限度地降低交易成本(transaction costs)
- 最大限度地减少资本利得税(taxes on capital gains)

每一个目标都值得我们仔细关注,但在讨论每一个目标的过程中,投资组合经理需要牢记这三个目标是紧密相连的,不能为了尽量减少跟踪误差而不考虑交易成本对投资组合的影响。以牺牲其他一切为代价来减少跟踪指数的误差,可能会给基金带来巨大的资本利得,但如果投资组合经理管理基金仅以减少或推迟纳税为投资目标,反而可能导致对指数的跟踪误差增大。每个 ETF 投资组合经理都认同最大的挑战是有效地管理这三个目标,并清楚何时应把一个目标置于其他目标之上。在下面的内容中,我们将更深入地探究每个目标,以便为项目管理人员提供决策框架,从而满足份额持有人的最佳利益[1]。

下面,我们把注意力放到三个 C 要素上。

- 现金(cash)
- 公司行为(corporate actions)
- 定制实物篮子(custom in-kind baskets)

如果不考虑三个 C,我们就无法掌握三个 T。本书第 10 章会提到在每笔交易中扮演重要角色的现金,我们会了解到,现金进出

---

[1] 请注意,这些话题都是交织在一起的,讨论一个不可能不顾及其余两个。因此,在某一章中介绍的一些主题可能会在随后一章中再次涉及,这样也便于为读者提供充分的背景,来了解目前讨论的主题。

投资组合的时间和方式是投资组合管理的关键。第 11 章涉及公司行为，这可能是对投资组合产生重要影响的外生事件，也会影响到所有的 T，尤其是跟踪误差和税收管理。在第 12 章中，我们介绍定制实物篮子，即 CIB，这是对 ETF 税收效率有深远影响的一级市场交易。

鉴于第 7 章至第 12 章都在强调再平衡，我们在第 4 部分的最后一章专门讨论了投资组合的再平衡过程。虽然我们在第 4 章中介绍了指数的再平衡，但在第 13 章中，我们重点讲述了指数如何在理论上对投资组合进行再平衡（指数并不实际持有证券），以及为何 ETF 投资组合经理必须对其组合进行再平衡。我们的重点将放在操作过程上，即 ETF 投资组合经理应该怎样分析、在何时分析相关信息以有效地构建再平衡交易。整个过程将取决于三个 T 和三个 C。

第 7 章

跟踪误差

假设你最喜爱的厨师在网上发布了他最出名的食谱，你想按照食谱来做晚餐。但在迅速浏览配料后，你发现其中一样东西不仅不在你的橱柜里，而且在当地杂货店也很难买到。你安慰自己说不用担心，然后把它排除在外。然后你又注意到，你缺少这个食谱所需的某个特殊工具——例如筛子。你再次对自己说没关系，可以用干酪布代替。就这样，你照着食谱做下去，最后发现你做出来的饭菜非常接近你最喜欢的餐馆里的食物，但就是有些不一样。

这如同管理指数型 ETF 的情况。被动型 ETF 投资组合经理的目标是为投资者提供他所跟踪的指数的费后回报。理想情况下，投资组合经理每日的投资组合在权重方面与指数本身的结构完全相同。由于指数的权重，即"成分"，是每天公布的，理论上这不应该是一项困难的任务。但实际情况却像那些初出茅庐的厨师面临的情况一样，任务充满挑战：从相对简单的情况，例如，指数通常使用收盘价，而投资组合经理以买卖报价进行交易；到更复杂的情况，例如如何在指数和投资组合中处理公司行为。在这里，我们不可能列出导致投资组合构成与指数构成相偏离的所有可能事件，但敏锐地理解差异所在以及如何衡量差异是ETF投资组合管理的一个重要部分。

指数表现与投资组合表现之间的差异是显而易见的，这种差异通常称为跟踪误差（tracking error，TE）。必须牢记，跟踪误差不仅是一种衡量标准，而且是ETF投资组合经理可以管理，但不能完全消除的。

在本章中，我们将继续关注基于指数的产品。我们将在第15章讨论主动管理和与其对应的跟踪误差。

根据不同的情况，跟踪误差可以指以下两种中的任一种。

1. 在特定的时间段内，一个投资组合和它试图跟踪的指数之间的业绩差异。

2. 一个投资组合和它试图跟踪的指数之间，每日业绩差异的标准差或波动性。

大多数情况下跟踪误差是指投资组合和指数之间每日业绩差异的标准差。两个不同定义之间的一个明显区别是，在第一种情况下，该数值可正可负，而在第二种情况下，它只能是正数。为了区分我们的用法，我们用"落后指数"和"超越指数"来指代上述第一种情况，仅对第二种情况保留"跟踪误差"这一术语。

单位资产净值或收盘价

跟踪误差或业绩差异必须依托于对投资组合的价值衡量，以便将投资组合与对标指数的回报进行比较。对于 ETF 来说，收盘价和收盘资产净值是可以获得的。回顾一下，收盘价反映了 ETF 在二级市场的价值，而单位资产净值反映了投资组合中持有的一揽子证券的价值。考虑到这一点，投资组合经理只能控制这两个价值中的一个：单位资产净值。如果一笔交易使得 ETF 的收盘价与单位资产净值相去甚远，那么基于收盘价的业绩分析显然会偏离实际。在本书中，我们将讨论限定在对 ETF 单位资产净值与其跟踪指数之间的业绩差异和跟踪误差的范畴内。

举 例

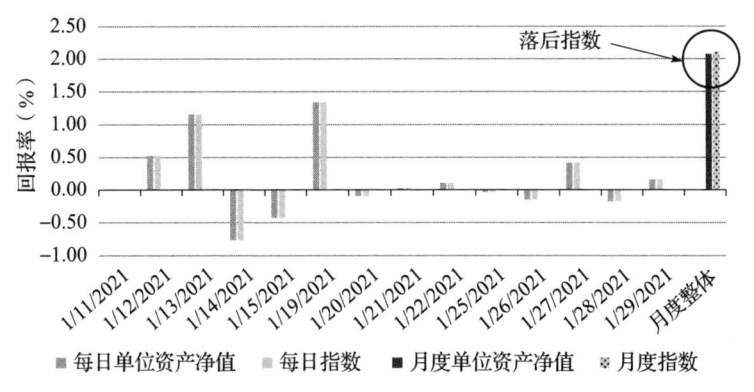

在图 7-1 和表 7-1 中，我们分别展示了 2021 年 1 月，每日

图 7-1　每日超越或落后指数表现情况（2021 年 1 月）

的 SWA ETF 的单位资产净值和 SWA 指数回报。我们看到它们的回报率非常接近，这一现象也体现在它们的月度表现上。

表 7-1 超越或落后指数表现情况及跟踪误差（2021 年 1 月）

日期	单位资产净值	指数点位	净值收益率（%）	指数收益率（%）	表现差异（%）
1/11/2021	24.87	99.25			
1/12/2021	25.00	99.78	0.529	0.531	−0.002
1/13/2021	25.29	100.93	1.156	1.159	−0.003
1/14/2021	25.09	100.16	−0.766	−0.765	−0.001
1/15/2021	24.99	99.73	−0.426	−0.424	−0.001
1/19/2021	25.32	101.07	1.338	1.343	−0.006
1/20/2021	25.30	100.98	0.096	0.094	−0.001
1/21/2021	25.30	101.00	0.024	0.025	−0.001
1/22/2021	25.33	101.11	0.104	0.105	−0.001
1/25/2021	25.32	101.08	−0.038	−0.034	−0.004
1/26/2021	25.28	100.93	0.150	0.149	−0.001
1/27/2021	25.39	101.35	0.418	0.420	−0.002
1/28/2021	25.34	101.17	−0.175	−0.174	−0.001
1/29/2021	25.38	101.34	0.159	0.160	−0.002
总回报率（%）	2.075	2.104	年化跟踪误差（%）		0.021
落后指数（%）		0.028	零均值化跟踪误差（%）		0.041

注：本书中此表格及其他表格的数据由于凑整原因看起来可能计算得不够精准。

数据显示，投资组合的期间回报率为 2.075%，而指数同期回报率为 2.104%。投资组合的表现落后于指数大约 3 个基点。

每日业绩差异的标准差（年化）——跟踪误差——是 2.1 个基点[①]。

这个例子中投资组合跟踪指数的效率是相当高的，但也一定会看到单位资产净值与指数表现之间出现差异。什么会导致表现上的差异呢？下面的清单罗列了通常情况下（但绝不是全部的）投资组合跟踪指数发生偏离的原因，并简要说明了这些原因对业绩表现或跟踪误差的影响。其中有几个问题非常重要，值得我们在本书中（甚至在专门的章节中）进行更深入的研究。

交易成本

许多指数会假设发生交易的价格处于"中间"水平，或为买卖报价价差的中间价。有些指数会假设交易是以交易发生当天的证券收盘价定价的。在这两种情况下，价格没有区别，但取决于主动交易的行为是买入还是卖出。在现实中，买入行为通常更接近卖出价，而卖出行为则是以买入价进行的。此外，交易通常需要向经纪商支付佣金费用。因此，无论买入还是卖出证券，都会产生额外的费用。

在指数背景下，买卖报价差价和佣金是被忽略的，指数相当于以零成本进行交易，任何试图模仿指数的投资组合都会受到交易成本的影响。结果必然是，投资组合的表现落后于指数。虽然有一些指数将交易成本纳入指数本身，但这种情况并不常见。尽

[①] 在本章的附录中，我们讨论了计算跟踪误差的不同方法，这取决于系列的平均值是否被设定为零。在表 7-1 中，我们展示了两种方法下的跟踪误差值。

量减少交易成本（我们将在第 8 章中讨论）是所有 ETF 投资组合经理的重要目标，因为这可以帮助他们减少跟踪误差，提高业绩。

费用

ETF 业务每天都会收取费用，这也对每日业绩表现产生一定的负面影响。指数通常没有内在的费用。即使是在每一个方面都完美跟踪指数的 ETF，每年也要收取 25 个基点的费用，这也将是其最终表现落后于指数的幅度。一般来说，ETF 的费用是按日计算的，将年化费用除以 365 应用于计算每日（通常周末累计三天的费用）基金的业绩表现。因此，如果一个指数在过去一年中持续上涨，以每日收盘价计算的 ETF 累计费用会比当前标明的费用低；反之，如果指数在一年中持续下跌，跟踪指数的 ETF 费用也会下降。

融券业务

融券业务（也称证券出借或股票借贷）是投资组合借出其证券的过程，目的是让另一个投资者对该证券进行卖空操作。ETF 投资组合经理的关键是，如果 ETF 允许证券出借，借用证券的投资者将向基金支付一定的费用。根据每只证券的情况，年化费用从数个基点到数百个基点不等。

现在想象一下，ETF 投资组合中有几只证券是"难以出借"的，即融券价格很高的证券，这可以为投资组合带来可观的融券收入，例如融券收入可能足以抵消 ETF 的年费。融券业务对基金来说是一个利好，在同等情况下，相比跟踪指数，融券业务可能为 ETF 获取到罕见的超额业绩。

税收

我们后面会用专门的一章来讨论税收管理，因为这是 ETF 投资组合经理工作的一个重要部分。指数不会反映其交易和持仓的税收影响，因此任何跟踪该指数的投资组合表现都一定落后于指数。此外，ETF 投资组合经理可能以对投资者最优税收效果的方式进行交易（例如用投资损失节税），但这可能导致指数偏离。这些策略都会导致 ETF 的跟踪误差。

手数凑整

指数权重的数字通常极为精确，例如精确到小数点后第八位。但对于跟踪指数的投资组合来说，不可能获得同样的精确性，因为价格一般都是到小数点后两位。即使投资组合经理能够以单股为手数单位进行交易，投资组合进行全额投资时，也会有一些现金余额。有时投资组合经理为了凑整，可能会有轻微的过度投资，这就会导致一个现金缺口。有些证券只能以整数为手数单位进行交易，例如 100 股或 1 000 股为一手。因此，对投资组合经理来说，要与指数的权重相匹配是具有挑战性的。

假设对于 SWA ETF，我们不允许以单股为单位手数，而是增加投资组合中所有股票的单位手数的股数。在图 7-2 中，我们比较了指数在 2021 年 1 月 11 日到 3 月 31 日期间，不同手数单位的基金与其对应的单位资产净值。很明显，手数单位限制的增加也限制了投资组合经理密切跟踪指数的能力。

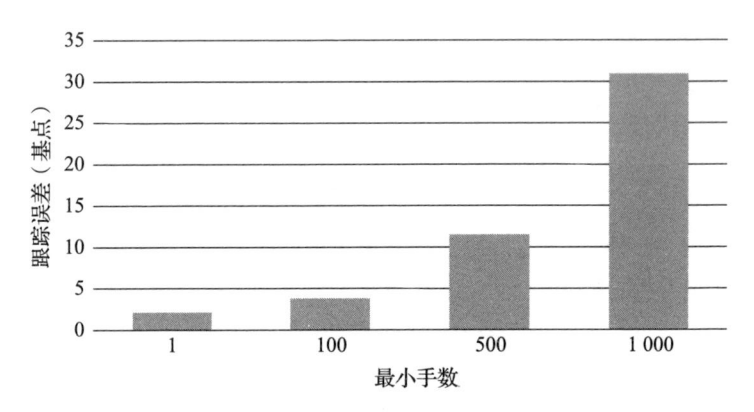

图 7-2 跟踪误差随最小手数限制的增加而增加（2021 年一季度）

现金管理

正如我们将在第 10 章看到的，现金作为三个 C 之一，是 ETF 投资组合管理中的一个重要部分。ETF 投资组合总是持有现金头寸。如上所述，在最基本的层面上，指数权重很少与精确的份额相对应。因此，投资组合中的现金要么略多，要么略少。再加上费用、股息、息票支付、应计费用、国际投资组合的外汇结算等等，现金对投资组合与指数的表现造成一些偏差就不足为奇了。

股息再投资

指数一般会以股息的即时再投资为假设前提。这包括股息即时再投资于分红派息的公司或即时再投资于整个投资组合。无论哪种方式，股息的即时再投资都与现实相背离。在现实中，因为投资组合经理从上市公司收到股息存在一定的滞后性，所以将股息精准地再投资于整个组合也是不现实或不可能的。虽然投资组合将把股息作为其估值的一部分，但股息的再投资和收到股息的延迟将会导致投资组合的跟踪误差。

公司行为

虽然大多数公司行为（第 11 章的重点）没有产生什么影响，但仍有些公司行为可能会增加 ETF 的跟踪误差。

计算日和再平衡日之间没有滞后性

当指数发行商允许指数的计算日和再平衡日之间存在滞后期时，就能使投资组合经理来得及去接收决定指数在再平衡日如何变动的预估文件，从而为即将到来的变动做好准备。然而，有些指数不允许这两个时间之间存在滞后期：在再平衡日收盘后进行再平衡计算，并立即生效。由于指数并不实际持有或交易证券，所以新的指数成分或权重可以在市场收盘时被纳入指数。

然而，投资组合经理需要知道在临近交易日收盘时该做什么，他必须尽可能地接近预期的目标，这对他来说将是一个挑战。在某些情境下，这称为"收市击打"。我们将第 17 章中的杠杆基金和反向基金中看到这种情况；这也会在没有再平衡滞后的跟踪等权指数的基金中出现。对于这些指数来说，只要知道成分股，那么仅仅知道再平衡日期，就可以在交易日结束时告诉投资组合经理，将证券进行等权调整，预估文件不会增加多少有用的信息。但是，如果无法实现在收盘前夕做调整，将会导致一些跟踪误差。

交易暂停和定价差异

交易暂停可能由各种原因引发：关于证券的重大新闻，或者由于停电而导致暂停。我们已经看到交易暂停会影响 PCF（在第 5 章）；交易暂停还可能会让投资组合经理不能参与交易，而指数实际上可能还在运行。

基金的单位资产净值也可能与指数发行商使用的价格不同。通常指数发行商会使用最新交易价格或最新收盘价格，而 ETF 发行商则由定价委员会来规定它们所认定证券的"公允价值"。这些价格差异可能会导致在某一天出现虚假的业绩过高或过低的情况（如果价格重新调整，这种情况在随后的交易日里会消失），这是因为 ETF 发行商决定的价格将被用于计算单位资产净值。

我们将在第 11 章关于公司行为的讨论中提供更详细的例子，用以说明交易暂停和定价差异的影响。

集中度限制

基金公司、监管机构、交易所可以对投资组合的持仓予以限制。[①] 如果相关证券的估值在基金持仓中占据很大比重，投资组合持有该证券的数量可能会被限制。由于持仓集中度限制导致与指数权重存在的任何差异，都会成为跟踪误差的来源。

显然，以上是一个很长但又并不详尽的清单。投资组合经理可能有意让投资组合在一段时间内偏离指数，以更好地管理税收，或

---

① 指数构成通常也会受制于这些限制。

者为再平衡做准备等。本书中也列举了这种行为的几个例子。

解开落后指数和超越指数的奥秘

跟踪指数实际要比看上去难得多。掌握规避跟踪误差的方法是 ETF 投资组合经理的职责所在。经过一段时间对已知信息的运用，ETF 投资组合经理可以掌握关于跟踪误差更详尽的情况，并了解哪里有潜在的改进空间。这就是我们所说的归因。

我们一开始可以问几个简单的问题。

1. 从投资组合中剔除了多少支付给 ETF 发行商的费用？
2. 业绩表现落后的指数有多少是因交易成本造成的（以基点计算）？
3. ETF 发行商收到了多少融券费用？

表现落后指数和超越指数通常很容易理解和统计。如上所述，费用通常从每日业绩中扣除，交易成本应该由基金会计或投资组合经理使用的交易指令管理系统记录，而融券业务（如果适用）由托管人记录（并由负责融券项目的机构，比如一家投资银行，向基金发行商报告）。

还有其他对跟踪误差来源的解释，特别是现金拖累和错配。

现金拖累

相对于将现金按比例分配给投资组合的其他资产或指数而

言,现金拖累是持有现金对投资组合产生的积极或消极影响。现金拖累的基本假设是,投资组合的资产应尽可能按照指数进行投资。当投资组合经理持有现金(或缺乏现金)时,(正或负)现金头寸可以以与投资资产相同的方式来使用。为了计算某一天的现金拖累,我们将现金头寸计算为基金资产管理规模的一个百分比,然后乘以投资组合或指数的表现与现金表现之间的差值。

例如,设想一个拥有 40 万流通份额的 ETF,其单位资产净值为 25 美元,该基金价值为 1 000 万美元,ETF 投资组合经理的现金头寸为 10 个基点,即 1 万美元。现金的无风险年化利率为 2%,因此在某一天,这部分现金收益为:

$$现金回报 = \frac{0.02}{365} \times 10\,000 \text{ 美元} = 0.55 \text{ 美元}$$

假设剩余的 999 万美元的投资头寸在当天的收益为 20 个基点。如果这些现金与投资组合的其他部分一起投资,这些现金可以获得的收益为:

$$投资的现金回报 = 0.2\% \times 10\,000 \text{ 美元} = 20 \text{ 美元}$$

如果不投资这部分现金,对投资组合的拖累是 19.45 美元,或 0.000 194 5%。这看起来不是一个大数目,但如果每天的现金拖累都是这个数目,现金拖累对基金表现的影响将是巨大的。

错配

在讨论完现金拖累和其他几项跟踪误差的来源后,我们把最重要的内容留到了最后:错配。投资组合经理每天都会在投资组合中寻求完全模拟指数的配置方式。但这个目标是非常理想化且不可能实现的。无论是整数手、四舍五入的价格、公司行为、指数再平衡，还是本章列出的其他因素，都会导致投资组合的权重与指数权重不同。当投资组合不能持有理想的权重时，这对跟踪误差有什么影响？

成分股权重偏离指数权重的配置通常称为"错配"。错配是指投资组合经理相对于指数进行过高和过低的成分股权重配置。错配或"超配/欠配"报告对基于指数的 ETF 投资组合经理而言至关重要。根据定义，错配的总和必须为零，在成分股的错配上总是有正有负，这也为投资组合经理提供了观察相对于指数表现的视角[1]。

表 7-2 显示了 SWA ETF 组合相对于 SWA 指数在 2021 年 3 月 31 日的错配情况，如前所述，假设交易最小手数单位的股数提高（在这个例子中为 100）。我们看到错配并不是非常明显，多数组合成分股的错配比例只有几个基点，而不是几个百分点。如果我们把标准手数设为 1 股，错配比例将会更小。通常来讲，如果错配大于几个基点，就需要投资组合经理进行调查以及纠正。

表 7-2　SWA 组合相对于指数的错配

指数　SWA 指数
组合　SWA ETF 组合
日期　3/31/2021

代码	证券简称	组合权重（%）	指数权重（%）	差值（%）
	现金	0.13	0.00	0.13
	其他应计项	0.07	0.00	0.07

---

[1] 当然，假设现金也是一种错配。如果投资组合的成分股权重均欠配，那么根据定义，它持有的未投资现金过高；如果投资组合的成分股权重都超配，则现金仓位投资过多。

续表

代码	证券简称	组合权重（%）	指数权重（%）	差值（%）
US1001	AABA	5.88	5.88	0.00
US1003	AAQZ	4.46	4.48	−0.02
US1004	AAWL	4.40	4.44	−0.04
US1009	ACBU	6.61	6.61	0.01
US1010	ACGN	5.33	5.35	−0.03
US1012	ACOP	5.17	5.18	−0.01
US1018	ADXK	4.28	4.28	0.00
US1019	ADZI	5.06	5.07	−0.01
US1024	AFOJ	5.57	5.59	−0.02
US1026	AGFZ	4.29	4.32	−0.03
US1028	AHBP	5.79	5.77	0.02
US1029	AHGG	4.77	4.77	0.01
US1030	AHJQ	5.05	5.09	−0.04
US1033	AIAD	4.79	4.82	−0.03
US1040	AKMW	2.79	2.81	−0.02
US1042	AKRY	3.93	3.93	0.00
US1045	AKXI	4.49	4.50	−0.02
US1046	AKZO	5.80	5.78	0.02
US1049	ALTO	6.44	6.42	0.02
US1050	AMGP	4.89	4.90	−0.01

考虑错配对投资组合的影响，如果欠配的资产表现优异，那么投资组合将落后于指数，反之亦然。正如我们在讨论现金拖累时指出的，一天的差异可能很细微，但如果差异每天都在发生，那么由此产生的业绩表现不佳和跟踪误差可能会很严重。

在本章的附录中，我们描述了将表现优异和表现不佳归因于现金拖累、错配和其他问题的数学方法。

把它们放在一起

一段时间后，投资组合经理能逐渐发现之前可能没意识到的行为模式正在频繁地发生。如果一位投资组合经理得知，某一天的现金拖累小于 1/10 个基点，我们非常确定这位投资组合经理不会担心这个问题。然而如果这个经理被告知，现金拖累将导致全年业绩落后 25 个基点，那投资组合经理会更为担心。因此，投资组合管理的最佳做法是将归因以一定的频率进行汇总，频率可以是每季度甚至每月。在不同阶段进行汇总，并对上述表现不佳和表现优异的各种形式进行分类，是投资组合经理了解投资组合情况的最佳方式[1]。

在表 7-3 中，我们展示了 2021 年第一季度 SWA 组合的季度归因报告。我们最初预计该投资组合会表现不佳：产品费用会自动令产品相对于指数处于不利的地位，而且我们没有将融券业务列入投资组合的收入来源。对于一个费率为 50 个基点的产品，人们自然会预期产品每季度的业绩表现会落后大约 12.5 个基点[2]。

表 7-3 SWA 组合归因报告

基金	SWA ETF
起始日期	1/11/2021
结束日期	3/31/2021

---

[1] 对算术更感兴趣的读者会认识到，将这些类别合在一起可能会导致计算中出现一些四舍五入的误差。

[2] 我们还注意到，由于 2021 年第一季度没有再平衡，交易成本相当低。

续表

指数收益率（％）	−1.560 0
费率（％）	−0.111 3
交易成本（％）	−0.000 3
错配（％）	0.002 7
现金拖累（％）	0.001 6
线性误差/凑整舍入（％）	−0.000 1
净值收益率（％）	−1.667 3

附 录

在这一章，我们讨论了非数学框架中跟踪误差的要素。我们在此为更倾向于采用分析性方法的读者提供了更具数学严谨性的练习。

将某一天的指数表现定义为：

$$r_t^I = \sum_i w_{it}^I r_{it}$$

将投资组合在某一天的表现定义为：

$$r_t^P = \sum_i w_{it}^P r_{it} + (1 - w_{it}^{*P}) r_t^f + \varepsilon_t$$

并将某一天的超额收益定义为：

$$\alpha_t = \sum_i w_{it}^P r_{it} + (1 - w_{it}^{*P}) r_t^f - \sum_i w_{it}^I r_{it} + \varepsilon_t$$

其中：

$w_{it}^P = i$ 证券在 t 时间的投资组合中的权重

$r_{it} = i$ 证券在 t 时间的回报

$w_{it}^{*P} =$ 投资组合中的权重之和（由于存在现金，权重之和可能不是 100%）

$r_t^f =$ 在 t 时间的现金回报

$w_{it}^I = i$ 证券在 t 时间的指数中的权重

$\varepsilon_t = -fee_t + SL_t - TC_t$，例如日费、证券借贷收入和交易成本（均为基点）

$i \in M$，代表指数中的证券

将证券的投资组合权重归一，使其加起来为 100%，我们有：

$$\alpha_t = w_{it}^{*P} \sum_i \frac{w_{it}^P}{w_{it}^{*P}} r_{it} + (1 - w_{it}^{*P}) r_t^f - \sum_i w_{it}^I r_{it} + \varepsilon_t$$

或者，将 $\dfrac{w_{it}^P}{w_{it}^{*P}}$ 替换为 $\widetilde{w}_{it}^P$，则有：

$$\alpha_t = w_{it}^{*P} \sum_i \widetilde{w}_{it}^P r_{it} + (1 - w_{it}^{*P}) r_t^f - \sum_i w_{it}^I r_{it} + \varepsilon_t$$

因为

$$w_{it}^{*P} \sum_i \widetilde{w}_{it}^P r_{it} = \sum_i \widetilde{w}_{it}^P r_{it} - (1 - w_{it}^{*P}) r_t^f \sum_i \widetilde{w}_{it}^P r_{it}$$

我们得到：

$$\alpha_t = \sum_i \widetilde{w}_{it}^P r_{it} - (1 - w_{it}^{*P}) \sum_i \widetilde{w}_{it}^P r_{it} + (1 - w_{it}^{*P}) r_t^f - \sum_i w_{it}^I r_{it} + \varepsilon_t$$

合并同类项，得到：

$$\alpha_t = \sum_i \widetilde{w}_{it}^P r_{it} + (1-w_{it}^{*P})\left(r_t^f - \sum_i \widetilde{w}_{it}^P r_{it}\right) - \sum_i w_{it}^I r_{it} + \varepsilon_t$$

重新排序后，得到：

$$\alpha_t = \sum_i \widetilde{w}_{it}^P r_{it} - \sum_i w_{it}^I r_{it} + (1-w_{it}^{*P})\left(r_t^f - \sum_i \widetilde{w}_{it}^P r_{it}\right) + \varepsilon_t$$

或者

$$\alpha_t = \sum_i (\widetilde{w}_{it}^P - w_{it}^I) r_{it} + (1-w_{it}^{*P})\left(r_t^f - \sum_i \widetilde{w}_{it}^P r_{it}\right) + \varepsilon_t$$

公式中第一项反映错配，第二项反映现金拖累。请注意，第二项是相对于投资组合权重，基于无风险利率表现的函数，而不是相对于指数权重的函数。或者，我们可以按以下方式表述：

$$\alpha_t = w_{it}^{*P} \sum_i \widetilde{w}_{it}^P r_{it} + (1-w_{it}^{*P}) r_t^f - \sum_i w_{it}^I r_{it} + \varepsilon_t$$

$$\alpha_t = w_{it}^{*P} \sum_i \widetilde{w}_{it}^P r_{it} + (1-w_{it}^{*P}) r_t^f - (1-w_{it}^{*P}) \sum_i w_{it}^I r_{it} - w_{it}^{*P} \sum_i w_{it}^I r_{it} + \varepsilon_t$$

或者

$$\alpha_t = w_{it}^{*P} \left[\sum_i (\widetilde{w}_{it}^P - w_{it}^I) r_{it}\right] + (1-w_{it}^{*P})\left(r_t^f - \sum_i w_{it}^I r_{it}\right) + \varepsilon_t$$

换句话说，超额收益是指数错配和指数现金拖累的加权总和。

预期的每日超额收益是 $E[\alpha_t]$，虽然通常所说的超额收益是在某一交易时段中各交易日的加总。

在这种结构下,跟踪误差是超额收益的标准差,通过乘以252的平方根得到年化值(因为方差是线性缩放的)。跟踪误差也可以通过假设均值为零来计算。如果一个投资组合每天的表现都持续低于指数 1 个基点,那么其超额收益的标准差为零,因为每天的情况是一样的。然而,很明显,大多数人会认为这样的投资组合存在跟踪误差,因为只需用零替换均值就能达到这个效果。

第 8 章

交易成本

在我儿子年龄还很小，刚对金钱有概念的时候，他问我可否在网上购买一张特殊的足球交易卡。我问他是否研究过这张卡的价值并找到了最优惠的价格，他骄傲地给予我肯定的答复，告诉我这张卡片的价格是 12 美元，还问我可否用他自己的零花钱来购买。在得到我的同意后我们就一起去网购了。卡片的标价确实是 12 美元，但当我们把它加入购物车时，才得知运费是 20 美元！合计的总价是 32 美元。这是我儿子第一次以如此痛苦的感受认识到了交易成本。

交易成本对任何投资组合经理而言都是不可避免的麻烦，本章的目的是讨论交易成本对投资组合产生的影响，以及为实现最有效的投资组合应如何尽可能减少交易成本。我们在一开始就提到，ETF 工具已经带来了一定程度的成本效益，其中一点就是交易成本。基金结构内发生的许多交易是授权参与人在一级市场上完成的，而在共同基金中，许多活动是在基金内部完成的。这就像你网购交易卡免运费一样。对于那些在基金结构层面的交易，

ETF 投资组合经理需要尽可能地减少交易成本。

当指数改变其构成时，负责跟踪指数的被动型 ETF 的投资组合经理需要采取行动，否则其投资组合的构成不会改变。但是"行动"就要有包括佣金和价差在内的成本花费，因此基金的表现会相对落后于指数。主动型 ETF 的投资组合经理（我们将在第 15 章讨论）无疑也会对投资组合进行调整，在此过程中也会支付佣金和价差。与其他导致跟踪误差的因素（比如错配或现金拖累）不同，交易成本通常只会有一种影响：它只能导致组合表现不佳，而不是表现优异。唯一一个例外情况是，指数明确包含了交易成本因素，投资组合经理可以更有效地进行交易[①]。

如果交易成本是不可避免的，投资组合经理在管理交易成本时，很大程度上能做的就是寻求最佳的执行价格并尽可能降低交易的频率。这两种策略都能带来边际收益的提高。事实上，投资组合经理可以权衡不交易的"代价"和执行交易的成本，以决定是否进行交易。

最佳执行和市场影响

根据美国证券交易委员会的说法：

> 1940 年《投资顾问法》为投资顾问制定了联邦信托标准。作为受托人，投资顾问有责任去选择经纪商并执

[①] 纳入交易成本的指数是例外，而不是常态。

行客户交易,投资顾问有义务在考虑特定交易的情况时,为客户寻求交易的"最佳执行"。投资顾问为客户执行证券交易时,必须使客户每笔交易中的总成本或收益在当时情况下是最有利的[1]。

这似乎是一个显而易见的标准——交易理应对交易的利益相关者以最有利方式进行,但获得最佳方式执行并不像它看起来那样简单。

最佳执行不仅仅是将交易成本降到最低;它还涉及设计交易以使交易对市场的影响降到最低。市场影响是指买入或卖出某项资产的交易指令对该资产价格的影响。设想两只股票,目前的交易价格都是 100 美元/股。股票 A 的流动性非常好,每天都有数百万股的交易,买卖价差很低。股票 B 的流动性极差,有时甚至全天无任何股票交易。如果投资组合经理在投资组合中持有这两只股票,并希望各加仓 100 股,哪只股票的价格可能会因为这个交易指令而发生变化?很明显,是股票 B。因此,与该经理合作的交易执行台可能会将股票 B 的交易指令分散在几天内,或通过特定经纪商寻求流动资金。一般来说,较大的交易指令会有较大的市场影响,日均交易量较低的证券对市场的影响较大。

了解清楚指数型 ETF 的最佳执行及其市场影响,对我们来说十分重要。回顾一下第 7 章,跟踪指数的投资组合经理试图将跟踪误差降到最低,考虑到导致指数表现不佳的阻力因素(比如费用、公司行为等),当投资组合经理因错配或现金拖累而导致 ETF 表现为超越指数时,这对投资组合经理来说似乎是一个利好。然而，以最大限度减少对指数的跟踪误差而不使股东受益的方式进行交易，与最佳执行和受托责任的概念背道而驰。

如果在一个投资组合收盘时向其中增加一个流动性较差的证券头寸，那么可以减少对指数的错配。交易执行台的模型显示，执行台可以通过在收盘前提前开始进行交易，将交易指令持续"运作"到收盘，从而减少市场影响。当然，还可以放置一个收盘市价交易指令（market-on-close，MOC），以保证（不考虑交易成本）交易价格是该证券的收盘价，巧合的是，这也是指数在评估指数份额时使用的价格。鉴于该证券流动性较差，第二种方法可能会推高其收盘价。如果投资组合经理想减少跟踪误差，那么在收盘时进行交易可以达到这个目的。但如果有机会让股东以较低的价格购买股票，即使可能会产生额外的跟踪误差，也符合基金的最佳利益。以降低整体业绩表现为代价来提高相对于指数的业绩表现并不是投资组合经理应该权衡的事情，相反，他应该把更好的执行方式放在优先位置，即使这意味着会产生更高的跟踪误差。

交易频率与优化

通常 ETF 投资组合经理跟踪的指数可能在每季度进行一次再平衡。在再平衡期间，一定比例的样本股将从指数中剔除，而这些样本股将被指数中新的样本股取代。指数（及随后的组合）中的变化量通常被称为指数的"换手率"。为明确起见，我们将"单边换手率"定义为投资组合变化的百分比。将其与"双边换手率"区别开来，后者是前者的两倍，反映了投资组合再平衡所需的交易量（包括买入和卖出）。

在表4-7中，我们描述了SWA指数的指数"交易"。暂时假设投资组合完全复制了指数。在这种情况下，我们可以把所有的买入（指数中权重上升）和所有的卖出（指数中权重下降）加起来。如表8-1所示，这次再平衡的双边换手率为28.03%[①]。如果这反映了每个季度预期的再平衡，那么年度双边换手率将至少为112%，而其他交易活动（由于公司行为、现金再投资等）可能会进一步增加这一数字。

表8-1 双边交易换手计算

指数　　SWA指数
日期　　4/8/2021
指数点位　97.418 8

证券简称	指数份额	指数"交易"	收盘价（美元）	权重变化（%）
AABA	0.104 4	−0.017 51	42.22	−0.76
AAQZ	0.079 0	0.008 73	62.20	0.56
AAWL	0.000 0	−0.082 60	56.90	−4.82
AAXX	0.154 8	0.154 80	29.35	4.66
ACBU	0.060 9	−0.019 01	88.24	−1.72
ACGN	0.124 7	−0.007 88	38.15	−0.31
ACOP	0.053 5	−0.001 58	84.52	−0.14
ADXK	0.206 7	0.030 87	24.89	0.79
ADZI	0.155 2	−0.001 08	29.65	−0.03
AFOJ	0.237 3	−0.026 36	20.92	−0.57

---

① 这里使用预估方法，因为换手率通常在再平衡之前计算，以作为投资组合经理的一个指标。当然，也可以计算再平衡后的换手率。

续表

证券简称	指数份额	指数"交易"	收盘价（美元）	权重变化（%）
AGFZ	0.111 4	0.015 91	47.20	0.77
AHBP	0.066 9	−0.009 78	70.16	−0.70
AHGG	0.090 7	0.004 84	57.94	0.29
AHJQ	0.072 7	−0.000 83	69.32	−0.06
AIAD	0.176 4	0.007 63	27.65	0.22
AKEK	0.050 9	0.050 91	95.35	4.98
AKMW	0.000 0	−0.086 55	31.11	−2.76
AKRY	0.067 9	0.014 86	72.47	1.11
AKXI	0.299 4	0.031 53	15.89	0.51
AKZO	0.064 2	−0.009 54	74.32	−0.73
ALTO	0.048 4	−0.013 31	103.41	−1.41
AMGP	0.394 0	0.010 44	12.09	0.13
合计买入（%）				14.02
合计卖出（%）				−14.02
双边合计（%）				28.03

换手率可以特指某次的再平衡过程，也可以指一段时间内的总和，通常以一年为基准。基金通常的做法是报告基金一个财务年度的投资组合换手率，因为这可以向投资者（和潜在投资者）说明基金在一年中有多少交易行为（以及由此产生的交易成本）。有些基金的年换手率可以低于10%，而有些基金的年换手率则超过100%，这意味着基金在一年中平均要改变整个投资组合一次以上。

一方面，指数内部的再平衡方式和再平衡的频率将决定指数和跟踪组合的换手率。如果样本股的公司市值在季度间没有剧烈的波动，那么市值加权的指数可能不会有太高的换手率。另一方面，基本面加权指数、波动率加权指数，或者高波动的成分股等加权指数，可能会在年度基础上表现出极高的换手率。例如，如果交易成本为每笔交易 1 个基点，在其他条件相同的情况下，一个年（双边）换手率为 200% 的投资组合将比指数低 2 个基点，而一个换手率为 25% 的基金相比之下仅会低于指数 1/4 个基点。

完美复制与交易成本

如果目标是对每一瞬间的完美复制，那我们真的没意义再做讨论了：指数提供商发布指数调整的信息，而投资组合经理每天都要尽力模拟组合构成。但是，如果完美复制并非最佳策略呢？

看看下面这个例子，假设发生了公司收购。我们将在第 11 章中详细讨论公司行为，在这里我们仅通过收购来说明一件事，即由于交易成本，投资组合经理不一定必须跟踪指数。SWA 指数被设定在 2021 年 4 月 8 日进行再平衡，相关计算将在 2021 年 3 月 31 日完成，发送给指数订阅客户的预估文件显示，截至 2021 年 4 月 8 日收盘时 AKEK 的组合仓位是 5%。2021 年 4 月 6 日，AKEK 宣布了一项全现金收购，即 AKEK 将在 2021 年 4 月 9 日收盘时被 BDAC 收购，董事会已经通过了本项交易。正如我们从 SWA 的指数编制方法中了解的那样（见第 3 章），一旦一只股票不被指数中的成分股收购，该股票的权重就会从指数中剔除，权重也会重新分配给指数中的其余成分股。在下一次再平衡前，通常包括 20 只样本股的 SWA 指数，将只包括 19 只成分股。

AKEK 在这天不是样本股（当然 BDAC 也不是）。投资组合经理现在要做一个决定，可以在 2021 年 4 月 8 日购买 AKEK 作为指数再平衡的一部分，然后在 4 月 9 日收盘时卖出这只股票，为其余指数样本股的权重再分配提供购买资金；或者在 2021 年 4 月 8 日不购买 AKEK，以避免在下一个工作日后卖出，只使用再平衡的现金，即在 4 月 9 日收盘时，使用再平衡的现金（即未用于购买 AKEK 的现金）来购买其余样本股的额外股份。

投资组合经理应该怎样做？

在第一种情况下，投资组合经理要为 AKEK 的头寸承担往返费用。他将在 2021 年 4 月 8 日收盘时买入（可能是收盘市价交易指令），并在 2021 年 4 月 9 日收盘时卖出（同样是收盘市价交易指令）。根据预估文件，考虑到基金的规模，投资组合经理将购买 5 076 股。如果每股的佣金/差价成本是 1 美分，那么买卖的总交易成本是 101.52 美元。在收购前的两天，可能股票已经以收购价进行交易，所以可能不会有预期的头寸增值。

在第二种情况下，投资组合经理只持有现金，不需要支付第一种情况的交易费用（因为 AKEK 没有交易）。事实上，投资组合经理可以从现金中获得潜在的回报，尽管在低利率情况下和很短的期限内，现金收益会很少。

在上面的例子中，很明显的是，在无任何交易风险和给定价格情况下，投资组合经理的最佳策略是采取第二种情况，即持有暂时偏离指数的组合。更少的交易导致其与指数联系更紧密。在一些情况下，这种表现可能更细微。如果董事会尚未批准交易，交易预计在 2021 年 4 月 9 日获批，而收购结束日被推迟到 2021 年 4 月 12 日，情况又会怎样呢？在这种情况下，如果存在交易失败的风险，溢价可能会消失，那么当前股票价格有可能低于收购价格。在这期间持有该股票可能意味着该股票存在上涨空间，根据定义，该指数也会受益于该股票上涨，但选择持有现金而不是 AKEK 的投资组合经理则不会获取到同步收益。相反，如果组合出现相应的风险，比如收购交易最终被董事会否决，股票可能会反向波动。

关于收盘价交易的说明

在投资组合执行交易时，投资组合经理（或交易执行台）通常会使用收盘价类型的交易指令。与下单时以当前最佳价格成交的市价订单不同，收盘价交易指令旨在以证券的收盘价执行。由于指数是用成分股的收盘价来计算的，因此投资组合经理可以利用收盘价交易指令来更紧密地跟踪指数。然而，投资组合与指数不同——投资组合经理需要在收盘前设置交易指令，而指数可以随收盘价自动更新。因此，虽然收盘价交易指令保证了交易最终以收盘价成交（不考虑交易成本），但使用收盘价的定单可能出现与实际所需的头寸大小不完全一致的情况。我们可以想象以下情景：从美国东部时间下午 3:45 到下午 4:00，股市大幅下跌，但由于收盘价交易指令是在下午 3:40 设置的，因此设置的数量可能会低于按收盘价实际应购买的数量。在这种情况下，投资组合经理可能需要在第二天早上进行调整交易，以使头寸更接近理想的持有量。虽然这不是传统意义上的交易"成本"(当然,佣金本该是成本),但像这里描述的交易摩擦存在一个隐含的成本:在交易后的一段时间存在错配和跟踪误差。

注 释

1. https://www.sec.gov/files/OCIE%20Risk%20Alert%20-%20IA%20Best%20 Execution.pdf.

第 9 章

税 收

在前两章中，我们讨论了跟踪误差和交易成本，这是ETF投资组合管理中的两个T。在本章中，我们将注意力转向税收，即最后一个T。本杰明·富兰克林（Benjamin Franklin）曾经说过，除了死亡和税收，没有什么是确定的事情。谈到投资活动中的税收，通常投资者要为增值的证券缴税。这导致了一个矛盾——投资者希望他们持有的证券上涨，但他们又希望尽量减少所付税款。这就像你支持自己最喜欢的橄榄球队：你希望球队表现优异并赢得超级碗，但如果梦想实现了，在明年的选秀中它只能获得末位选秀权；而当球队表现不佳时，你可能转而期待它的优先选秀权。所以说，明智的税收管理可以帮助投资者实现业绩，并帮他们在出售ETF份额前延迟纳税；这就像帮助球队赢得超级碗的同时，也得到了不错的选秀权。

从表面上看，高于买入价出售证券会产生收益——政府会对其征税，而低于买入价出售会产生损失，这会抵消收益（以及政府的征税）。但是，当涉及与ETF有关的税收时，许多情况会使交易在税收计算方面从简单走向复杂，每一种情况都会使 ETF 在财务年度末报告的收益和损失之间产生差别。我们将在本章中进一步讨论这些内容。税收管理对 ETF 投资组合的重要性不言而喻。

投资组合经理的免责声明

虽然 ETF 投资组合经理有责任了解税收管理的基础知识（以及一些高级主题），但我们必须认识到，ETF 投资组合经理的工作不是成为一位税务专家——这主要是会计师的工作[①]。正如我们在第 2 章中看到的，基金会计的职能是支持 ETF 顺利运作，它是基金管理的基础建设的一部分。投资组合经理不应该承担他们所管理的基金的相关会计责任。在采取会导致税收后果的行动（或不采取行动）前，强烈建议他们对存在的任何不确定因素都与税务专家进行沟通[②]。同样重要的是要认识到，有一些 ETF 可能存在于非征税账户中。我们这里假设投资组合经理管理基金就像投资者在可征税账户中持有产品一样。

基本定义

税收管理的基本原理是相当简单的。证券是在某一特定日期以某一价格被买入，这一日期称为"基准日期"，这一价格称为

---

① 可以是基金会计、内部税务会计或其他税务专家。
② 作者并非会计师，本章的材料并不构成任何税务建议。管理投资组合的读者在进行任何交易前应咨询其会计师。

"成本基准"。购买过程中产生的任何交易成本都包括在成本基准中。然而，成本基准和基准日期有可能被调整，我们将在下面概述发生调整的情况。不过一般来说，你可以把成本基准和基准日期看作政府在计算税收时认定的你为证券支付的价格和你购买证券的日期。

在某些时候，证券可能会被出售。在该次出售中收到的金额（除交易成本外）是"出售所得"，出售所得会在出售日（或同意并在稍后日期支付）收到。出售所得与证券成本基准之间的差异将决定是否有资本利得或资本损失：如果所得超过成本基准，则是资本利得；如果成本基准超过所得，则有资本损失。由于税率的变化取决于持有时间，如果从基准日到出售日之间的时间为一年或更短，则资本利得和损失被视为短期的；否则，资本利得或损失就是长期的。

只有在出售证券时，收益和损失才会在投资组合中实现。如果以 100 美元购买证券，而该证券目前的交易价格为 80 美元，购买者还没有产生任何已实现的资本损失，那么持有人必须在损失实现之前完成交易。当前购买者在该头寸上存在 20 美元的未实现的资本损失，如果他以当前价格卖出了证券，他会产生 20 美元的已实现的资本损失。正如我们很快就会看到的，已实现和未实现的资本利得和损失之间的重要区别，驱动了 ETF 投资组合经理在组合上的许多操作决策。

税收文件

每当投资组合经理购买证券，一条有关该交易的记录就会被创建并存放在 ETF 托管人处。就像指数文件一样，预估文件和公司行为文件像是 ETF 投资组合经理跟踪指数的信息高速通道。无论是指数型基金还是主动管理型基金，税收文件都是 ETF 税收管理的命脉。

税收文件可以有不同的形式，在此我们重点讨论对 ETF 投资组合经理至关重要的两组信息。第一组信息是从税收角度对已构建的投资组合的完整描述。我们通常称其为"税批"（tax lot）文件。税批本质上是一个独特的标识，它将某一特定交易中购买的所有证券相互联系起来。例如，ETF 投资组合经理可能持有 1 000 股特定股票，但有 500 股可能是在 1 月 7 日以 10 美元/股的价格购买的。而另外 500 股可能是在 7 月 25 日以 8 美元/股的价格购买的。显然，这些股票在税务上必须以不同的方式处理。在特定日期以特定价格购买的证券被归入所谓的"批次"。直到股票被卖出前，该批次中的每一股都被分配了与该股票相关的同一标识符。

税批文件可能有大量的字段，但关键要素包括：
- 交易中的证券的标识符。
- 交易的批号。
- 该批次中的股票数量。
- 该交易的成本基准。
- 交易的基准日期。
- 该批证券当前未实现的收益/亏损。

表 9-1 罗列了 SWA 投资组合在 2021 年 4 月 15 日的部分假设的税批文件。回顾一下，虽然投资组合一般有 20 只股票，但

股票在不同的时间进入投资组合——经由购买、再平衡、创设等——最终，在税批文件中通常会有特定股票的多个条目。

表 9-1　SWA 组合的税批文件（4/15/2021）

证券简称	批次	股数	基准价格（美元）	基准日期	股价（美元）	未实现金额（美元）
AABA	AABA1001	10 341	40.82	1/11/2021	38.48	(24 153.32)
AABA	AABA1002	34	39.42	1/14/2021	38.48	(31.96)
AABA	AABA1003	30	40.02	2/3/2021	38.48	(46.27)
AABA	AABA1004	26	43.24	2/22/2021	38.48	(123.68)
AABA	AABA1006	14	42.23	4/9/2021	38.48	(52.56)
AABA	AABA1007	28	39.33	4/15/2021	38.48	(23.69)
AAQZ	AAQZ1001	6 960	67.31	1/11/2021	54.62	(88 314.63)
AAQZ	AAQZ1002	22	67.88	1/14/2021	54.62	(291.84)
AAQZ	AAQZ1003	17	71.24	2/3/2021	54.62	(282.51)
AAQZ	AAQZ1004	14	68.40	2/22/2021	54.62	(192.90)
AAQZ	AAQZ1005	18	72.49	3/24/2021	54.62	(321.77)
AAQZ	AAQZ1006	851	62.21	4/8/2021	54.62	(6 464.30)
AAQZ	AAQZ1007	30	62.21	4/9/2021	54.62	(227.88)
AAQZ	AAQZ1008	22	55.73	4/15/2021	54.62	(24.53)

表 9-1 中显示，AABA 有超过 24 000 美元的未实现损失。AAQZ 有超过 96 000 美元的未实现损失。注意，2021 年 4 月 15 日 AABA 和 AAQZ 的相应收盘价，分别为 38.48 美元和 54.62 美元，低于各自股票所有批次的购买价格。

已实现的收益/损失

除了税批文件，基金管理人可能会提供第二套关于已实现收益和损失的信息，这将包括两种文件：一种是交易文件，告诉投资组合经理哪些批次已经售出，这些批次的已实现收益和损失是多少；另一种是概述文件，将投资组合在任意纳税年度的短期和长期已实现收益和损失进行细分。税收管理的核心原则之一是在特定的财务年度，用损失抵消收益。此外，以前财务年度的损失也可以结转到本财务年度，以抵消该年度的收益。由于这些规则，每个投资组合经理都应掌握基金的应纳税状况，不仅仅是在当前财务年度进行的交易，还有此前损失的结转情况。这也是基金管理人报告损失结转的原因。

创设/赎回活动及其对税收的影响

掌握了税收文件，投资组合经理就可以了解任何交易对基金税收的影响。然而，并不是所有的交易都被同等对待。就 ETF 的税收管理而言，比如在一级市场上的份额创设和赎回就与二级市场交易的处理方式不同。当 ETF 份额被创设时，通过授权参与人进行实物交易，证券被纳入投资组合，其成本基准等于交易日的收盘价。当赎回指令出现时，以实物形式赎回而从投资组合中移除的证券，在计算资本利得和损失时不视为出售。证券从组合中移除不会对基金产生税收影响[1]。

---

[1] 更具体地说，收益豁免属于税法第 852（b）（6）条，而损失豁免则属于第 311（a）条。

想一想，如果投资组合经理出售证券，基金将承担二级市场交易的税收后果。但是，如果投资组合经理将该证券纳入赎回篮子，则被视为一级市场交易，无论该证券在赎回时以何种价格被剔除，都不会对基金造成税收后果。

这也是 ETF 比共同基金更省税的重要原因之一。当共同基金收到赎回指令时，它通常会在二级市场上出售投资组合的一部分，从而产生收益或损失，这些收益或损失归属于共同基金的所有持有人（见图 9-1）。共同基金无法利用授权参与人来进行一级市场的交易，因此需要不断地在二级市场上进行交易以满足交易指令。他们可能与大的份额持有人以实物形式促成赎回，但这不是一种通行的交易模式。ETF 投资组合经理在运营一个不发生公司行为和再平衡的投资组合时，可能不需要进行任何二级市场交易，因为虽然基金一直在进行创设和赎回活动，但它们是通过授权参与人交易"实物"证券，而这些证券的买卖对基金来说不属于应纳税事件（见图 9-2）。

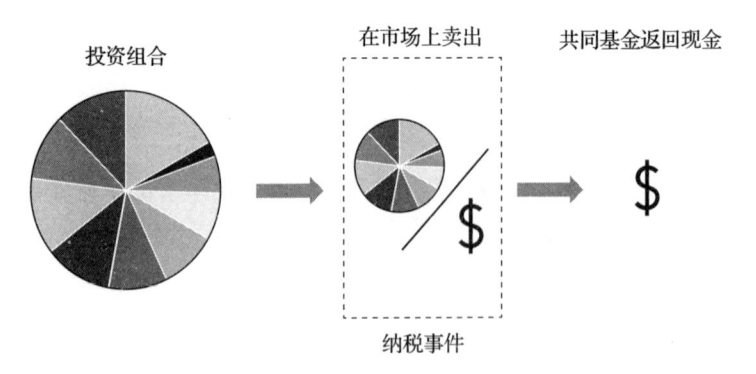

图 9-1　共同基金的赎回

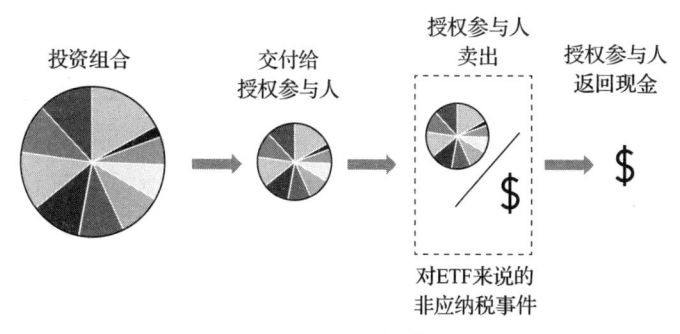

图 9-2 ETF 的赎回

此外，基金接到赎回指令时，托管人将在赎回篮子中纳入成本基准最低的批次。这意味着未实现最大收益的批次可以在还未实现收益的情况下从投资组合中取出。当 ETF 投资组合经理在二级市场进行正常交易时，托管人将纳入最高成本基准的证券批次，使投资组合经理能够实现特定证券的损失最大。表 9-2 显示了 2021 年 4 月 15 日与持股 ACBU 有关的税批文件。ACBU1001 和 ACBU1007 批次处于盈利状态，而 ACBU1006 批次处于亏损状态。

表 9-2 成本基准和 ETF 赎回

证券简称	批次	股数	基准（美元）	基准日期	股价（美元）	未实现金额（美元）	每股未实现金额（美元）
ACBU	ACBU1001	6 068	61.58	1/11/2021	87.14	155 088.55	25.56
ACBU	ACBU1006	23	88.25	4/9/2021	87.14	(25.45)	(1.11)
ACBU	ACBU1007	17	86.28	4/15/2021	87.14	14.65	0.86

如果发生市场抛售①，基金将首先出售 ACBU1006 批次的股

---

① 此处我们暂时忽略洗售的情况，在本章后面会涉及这个问题。

票来实现损失。如果发生赎回,将从 ACBU1001 批次中提取股份。

这些核算方法对 ETF 是有利的,而且我们很快就能意识到越来越多的创设和赎回活动带来的影响。表 9-3 描述了这种现象。在 SWA 投资组合中创设和赎回活动的证券"循环",导致其相比没有创设/赎回活动的基金,投资组合中的未实现损失增加,未实现收益减少。表中展示了创设和赎回活动对单一证券的影响,假设每个单位每个批次包含 1 股。即使没有任何股价变动,在 T+1 日创设,在 T+2 日赎回,我们也会看到在 T+2 日,投资组合的未实现收益由于一级市场的活动而下降。

表 9-3 创设/赎回活动对未实现收益/损失的影响

日期	T	日期	T+1	日期	T+2
价格(美元)	100	价格(美元)	100	价格(美元)	100
批次	成本基准(美元)	批次	成本基准(美元)	批次	成本基准(美元)
1001	90	1001	90	剔除最低的成本基准	
1002	95	1002	95	1002	95
		1003	100	1003	100
未实现金额(美元)	1 500	未实现金额(美元)	1 500	未实现金额(美元)	500

图 9-3 和图 9-4 展示了这种循环活动的总体效果。我们展示了最初发行时没有创设/赎回活动的 SWA 投资组合,并与在奇数日创设一个单位、在偶数日赎回一个单位的情况进行比较。图 9-3 显示了该基金的流通份额,在创设/赎回的方案下,流通份额日复一日地上升和下降。在图 9-4 中,我们显示了每种情况

下未实现的收益/损失。根据设计,增加创设/赎回活动相比没有这一活动的情况,创造了更多的未实现损失(或减少了更多的未实现收益)。即使在一个普遍上涨的市场环境中,从资本利得和损失的角度来看,创设/赎回活动也能使一个投资组合处于负值区域。彭博行业研究(Bloomberg Intelligence)显示,仅有6%的ETF支付资本利得,而在共同基金中这一比例高达55%[1]。

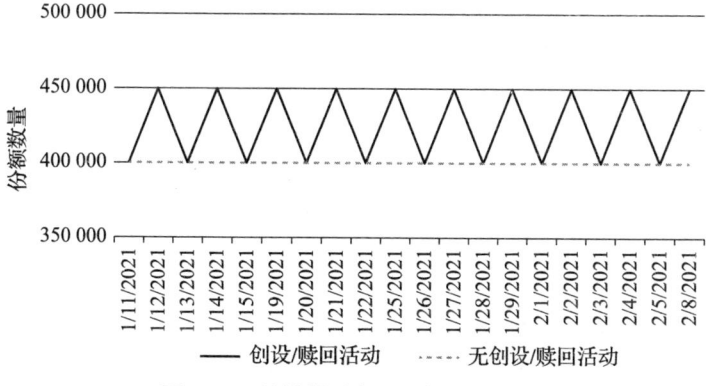

图9-3 总份额随创设/赎回活动波动

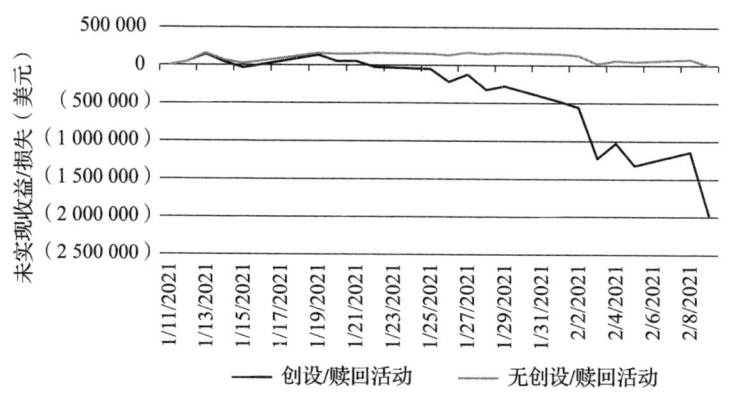

图9-4 创设/赎回活动对盈利/损失的影响

现金替代和税收管理

在第 5 章中，我们注意到投资组合经理可以在 PCF 中对证券进行"现金替代"标记。这说明授权参与人将交付（在创设的情况下）或接收（在赎回的情况下）现金而非证券实物。将证券标记为现金替代可以成为一种有利税收的策略。

想象一下，一家基金在某种证券上有大规模的头寸。该证券的所有股份都是以相同的价格购买的，随着时间的推移，该证券已积累了大量的未实现损失。如果将该证券纳入申赎清单，投资组合经理就有可能使这些损失因从投资组合的账面上消失而无法实现，因为这些交易是通过实物机制推给授权参与人的。通常情况下，一个证券会有一些批次盈利和一些批次亏损，所以存在损失可能不是一个问题，但在这个例子中，所有的证券都承受了同样幅度的下跌。此外，如果投资组合经理在申赎清单中将该证券标记为现金替代，那么他需要交付与该证券在投资组合中价值相等的现金。这对投资组合经理来说是可取的，因为在二级市场上出售该证券将把未实现损失变成已实现损失（受洗售影响）。如果这时刚好有一个创设，那么该证券也需要由投资组合经理用现金购买。这就是投资组合经理在标记这些证券为现金替代时所做出的权衡。

调整基准：一个简单的例子

虽然成本基准和基准日期是最初购买证券的价格和日期，但为了政府计算税收,它们实际上是可以改变的。考虑一个简单的股票拆分情况。假设你在 1 月 19 日以每股 100 美元购买了 100 股 XYZ 股票。你在交易中支付了 10 美元佣金,这时该股票的总成本基准是 10 010 美元,即每股 100.10 美元。1 月 21 日,该股票上涨 10%,收盘于 110 美元。你寻求在 21 日以收盘价卖出一半的头寸,你的卖出指令包括 10 美元的交易费。那么卖出 50 股你就能收到 5 490 美元,即每股 109.8 美元。你在交易中的资本利得(短期)是每股 9.7 美元,即总共 485 美元。

现在,假设 XYZ 公司宣布从 1 月 20 日起进行二比一的股票拆分。现在每股价格(假设没有价格波动)为 50 美元,股票持有者每持有一股,就会多获得一股。1 月 21 日,就像之前的例子一样,股票上涨了 10%,收盘于每股 55 美元。你想在 21 日收盘时卖出你一半的头寸(现在是 100 股),你的卖出指令包括 10 美元的交易费。你最终收到 5 490 美元,或者说每股 54.9 美元。你在这次交易中的收益或损失是多少?

你的原始成本基准是每股 100.1 美元,但股票拆分肯定不会导致每股 45.2 美元(100.1—54.9 美元)的资本损失。股票拆分没有直接影响经济价值:你不会仅仅因为拆分而失去或得到金钱。我们需要调整成本基准以反映拆分。因此拆分的成本基准不是每股 100.1 美元,而是按拆分比例调整后的新的成本基准,即 50.05 美元。这个新调整的成本基准将反映在税批文件中。事实上,在股票拆分后,投资组合中持有的每一批股票都会被调整,目的是将各批股票调整为相应数量的股票以抵消股价的调整。现在,我们可以看到,看似未调整情况下的资本损失,变成了每股

4.85 美元的资本利得,即 485 美元的总收益,这与我们在 XYZ 没有拆分的情况下计算的数字相同。

在第 3 章中,我们介绍了公司行为文件,在那里我们看到 AAQZ 有一个三比一的股票分拆,除权日期为 2021 年 4 月 19 日。在表 9-4 中,我们展示了在 4 月 16 日收盘和 4 月 19 日开盘时的纳税批次。请注意,所有批次的股数都变为之前的 3 倍,而成本基准是原成本基准的 1/3,总成本保持不变。

表 9-4 股票分拆的基本信息更新(4/19/2021)

批次	4/16/2021 收盘			4/19/2021 开盘		
	股数	成本基准(美元)	总成本(美元)	股数	成本基准(美元)	总成本(美元)
AAQZ1001	6 960	67.31	468 456.88	20 880	22.44	468 456.88
AAQZ1002	22	67.88	1 493.44	66	22.63	1 493.44
AAQZ1003	17	71.24	1 211.02	51	23.75	1 211.02
AAQZ1004	14	68.40	957.56	42	22.80	957.56
AAQZ1005	18	72.49	1 304.90	54	24.16	1 304.90
AAQZ1006	851	62.21	52 944.33	2 553	20.74	52 944.33
AAQZ1007	30	62.21	1 866.43	90	20.74	1 866.43
AAQZ1008	22	55.73	1 226.12	66	18.58	1 226.12

交易的基准日期也可以改变,我们将在下面关于洗售的内容说明。

洗 售

洗售的监管规定是为了防止投资者通过卖出证券来将未实现的损失锁定为已实现的损失,然后再直接买回证券并持有。在类似的情况下，投资者先购买新的股票，然后再将此前未实现损失的同一只股票出售，这样当他们出售旧的股票时，他们仍然保持着他们想要的头寸。这种类型的交易称为"洗售"，这让投资者创造税收利益（即实现损失）的同时，不对投资组合进行实质性改变。美国税法在"洗售规定"[2]中谈及了这一类型的交易。

从表面上看，洗售规则似乎是简单明了的。根据该规则：

当纳税人在购买日的前后30天内反复出售或购买同一只股票或证券出现了亏损，将被认为是洗售：

1. 买入基本相同的股票或证券。

2. 在完全应纳税的交易中获得基本相同的股票或证券。

3. 获得购买基本相同的股票或证券的合约或期权。

4. 为个人退休账户（individual retirement account，IRA）获得基本相同的股票。

这里我们不用深究"基本相同"的含义，简而言之就是：投资者在出售前或出售后的30天内，不能重复购入因损失而出售的证券。听上去很简单，但这个由几十个字概括的规则，在执行或解释上却颇具挑战性。关于洗售规定的复杂性，可以写很长篇幅的内容。我们先抓住几个重点，让投资组合经理了解它对投资组合的影响。

洗售规则对ETF投资组合经理而言很重要。ETF投资组合经理可以为其投资者做得最有价值的事情之一，是在投资者持有该产品时不向这些投资者分配任何资本收益，而将他们的税单推迟到他们处置 ETF 份额时。如果 ETF 分配资本收益，那么即使投资者没有将 ETF 出售，投资者也要支付税单。这可能使投资者被迫出售其他证券（或 ETF）来支付税款。这也是为什么 ETF 的结构相对于共同基金而言对投资者更有利。

如果 ETF 投资组合经理利用实物交易，就不必通过二级市场来出售证券，但公司行为和指数再平衡会迫使投资组合经理在市场上出售证券。如果其中一些交易产生了收益，在基金的财务年度结束之前，投资组合经理就需要通过另外一些损失交易来进行抵消。但是，如果产生亏损的抵消交易受制于洗售规则而被递延，那么收益可能就不会被抵消，ETF 最终也须申报收益。

避免这种情况出现需要注意两个方面：了解洗售规则及其对每笔交易的影响；尽可能避免在洗售窗口期内进行交易。避免窗口期其实很容易：如果投资组合经理已经卖出了一个证券并录得亏损，那么在未来 30 天内，该证券应该被标记出来。投资组合经理可以决定在窗口期内交易该证券，但他应该知道这会带来什么影响。如果已经购买了某只证券，那么在购买后 30 天内想要通过卖出该证券并录得亏损，可能会受限于洗售规则，投资组合经理可以等到窗口期过后再进行抛售。

了解和/或解读规则可能是一个相当大的挑战。在洗售规则方面，投资组合经理需要了解三个重要原则。

    1. 受洗售规则约束的已实现的损失并不会消失，而是会被递延。

2. 为了捕捉递延，每笔交易（潜在的）都会逐批更新证券的成本基准并逐批更新证券的基准日期。我们会在下面提供一个例子以说明情况。

3. 符合洗售规则的亏损交易必须"附带"有在洗售窗口期内购买的剩余股票。

前两点是简单明了的。对于违反了洗售规则的亏损，投资组合仍有机会确认该损失，只是在洗售规则窗口期之外的一个较晚时间。为了保持对该损失的正确核算，会计人员需要调整交易的成本基准和基准日期。

例如，在2021年4月15日，SWA ETF需要追加一个交易，因为持仓股分派股息而使现金头寸增加。因此，投资组合经理购买了14股ACOP（见表9-5）。由于在2021年4月8日，作为指数再平衡的一部分，投资组合经理刚刚卖出了部分ACOP股票并录得亏损。在2021年4月8日卖出147股的亏损额是901.08美元。而4月15日的购买行为算作发生在亏损卖出后的30天内，这个购买行为违反了洗售规则，因此会有一个基准调整。首先请注意，如果没有基准调整，ACOP1001中的股票和新股票的加权平均基准成本将是91.6468美元（5330股股票价格在91.6644美元，14股股票价格在84.9401美元）。然而，2021年4月8日卖出的10.2%的股票被买回来了，所以9.5%的损失因洗售规则而不被计入。不过，这些损失并未消失，它被加回了成本基准。ACOP中85.82美元的损失被重新加到新购买股票的成本基准上，使其成本基准从未经调整的84.94美元提高到调整后的

91.07 美元，进而使平均值从未经洗售的 91.646 8 美元提高到调整后的 91.662 8 美元。当这些股票在洗售窗口期之外被出售时，损失将再次实现。这就是为什么税收会被递延。

表 9-5 基于洗售规则的基本信息更新（4/15/2021）

ACOP	
现有股票 ACOP1001 的成本基准（美元）	91.664 4
现有股票 ACOP1001 数量	5 330
在 4/15/2021 买入的股数	14
在 4/15/2021 买入的价格（美元）	84.940 1
在 4/8/2021 卖出的股数（在洗售窗口期内）	147
卖出的股票占比（%）	9.5
在 4/8/2021 卖出股票的损失（美元）	(901.08)
转化为基准的损失（美元）	(85.82)
股票 ACOP1001 的最新持股数量	5 344
股票 ACOP1001 的最新基准（美元）	91.662 8
无洗售的最新基准（加权平均基准）（美元）	91.646 8

此外，股票的基准日恢复到 ACOP1001 批次的初始购买日期，在这种情况下，这一日期是 2021 年 1 月 11 日（初始篮子的一部分）。如果出售股票的行为发生在 2022 年 1 月 11 日至 4 月 15 日之间，那么可能会有这样的影响：因为初始股票的基准日期是 2021 年 1 月 11 日，所以此次出售将被视为长期出售。

关于洗售规则的第三点"附带"值得进一步解释。因为洗售规则是防止为了实现亏损而进行过近的买入和卖出行为，计算洗售产生的影响的关键因素之一是"分配"剩余的股票以对应已实现的损失；换句话说，如果投资组合经理已经从未实现的损失中产生了已实现的损失，而已实现的损失又受制于洗售规则，它们必须重新记到未实现损失。但要做到这一点，它们必须对应投资组合中仍持有的特定股份的未实现损失。现在未实现的损失与这些股份是"绑定"的。

在实践中，许多情况并不像这里的例子一样清晰。可能股票存在多个批次，有不同的成本基准。每笔交易都有大量的情况需要考虑，这就对基金会计提出了很高的要求。

关于洗售的最后一点是，投资组合中每个头寸的资本利得、损失和基准信息到达投资组合经理时可能是延迟的，这会让投资组合经理感到非常沮丧。作为投资组合管理过程的一部分，在内部建立一个洗售系统和/或投资建立一个更实时的系统，对一丝不苟的投资组合经理来说是非常值得的。

洗售规则的豁免

实物创设和赎回交易机制除了赋予 ETF 优势外，这种机制还将导致洗售规则的豁免。设想一下，如果 ETF 最近卖出了某一特定成分股的部分股份，录得了亏损，然后在 30 天内收到了一个创设交易指令。如果基金收到了创设的现金，投资组合经理将不得不购买投资组合中的每一只股票，包括最近卖出的股票。这就导致触发洗售规则，近期出售所录得的亏损也将被递延。理论上，不依赖投资组合经理，这种情况下资本利得和损失就可以令基金取得正收益，而如果投资组合经理将购买该特定成分股的时间推迟到洗售窗口期外，则还需要承担跟踪误差。

这是不太理想的情况。创设定单是投资组合经理的立身之本：因为它可以带来更多的资产管理规模。交易指令任何时候都不应该造成税收方面的不确定性。而实物创设交易指令解决了这个问题。正如我们在第 5 章中讨论的实物交易，一篮子证券被交付给投资组合，新的份额被发行给授权参与人，而授权参与人交付的股票在对应损失时不会列入洗售税法中规定的购买情形。

为什么是税收最小化而不是避税

到目前为止，我们一直使用税收最小化这一术语，就像我们在描述围绕跟踪误差和交易成本的努力时使用了"最小化"一词一样。然而，税收最小化并不是一个完全正确的术语。税收在很大程度上是不可避免的，在 ETF 投资组合管理方面，值得深入研究税收最小化的含义。

假如有一名 ETF 投资者在 2020 年 3 月 15 日，即基金成立的首日以每股 25 美元的价格购买了一只 ETF 的份额。该基金没有资本利得或损失，基金的财务年度在 3 月 29 日结束。当天收盘时，基金进行了再平衡，基金中的每只证券都恰好上涨了 10％（不存在分红情况），ETF 收盘价为 27.5 美元。投资组合经理将投资组合的 20％在市场上换手，导致投资组合的资本利得为 0.5 美元。下一个工作日，即 4 月 1 日，价格从 27.5 美元跌回 25 美元，投资组合中的每只证券都下跌了约 9.1％（27.5 美元的损失为 2.5 美元），并在今年余下的时间里保持在这一价格。在年底，投资者卖出了他持有的份额。

在我们的例子中，投资者买入 ETF 并以同样的价格——25

美元卖出 ETF。然而，由于该基金在该财务年度通过二级市场交易获取了资本利得，因此 ETF 投资者需要支付资本利得税。

考虑一个反例，即所有的股票首先出现损失，然后恢复价值。这种情况下，在第一次再平衡中基金将录得亏损，基金将申报零资本利得。在第二年，该基金将产生收益，但这些收益将被第一年的结转损失所抵消，最终实现的收益为零。因此，该基金的投资者将不会支付任何资本利得税（假设没有进一步的价格变动）：不会通过基金，也不会通过出售其份额支付，因为出售的价格（忽略交易成本）与成本基准完全匹配。

当我们说投资组合经理在"最小化资本利得"时，我们的意思是，无论 ETF 投资者做什么交易，基金的资本利得税都被最小化并有可能被递延。当然，税收递延也可能发生在其他的金融产品中，比如退休账户。

投资组合经理有几种方法可以尽量减少以基金应税头寸形式出现的税款。这里我们介绍三种方法。首先，我们提到了成本基准的调整取决于交易是在二级市场发生还是在创设或赎回期间通过授权参与人交易进行，后者可节税。其次，投资经理可以通过投资损失节税，这是下一小节的主题。最后，投资经理可以使用定制的实物篮子节税，这是第 12 章的主题。

投资损失节税

投资者不希望支付其持有的 ETF 的相关税款，特别是在投资者尚未卖出头寸的时候。如此前所述，将资本利得设法归零是

ETF 投资组合经理提供的一项服务，它可以将投资者为其头寸增值支付的税款推迟到投资者退出头寸时。利用税收文件中的信息，精明的投资组合经理可以识别出已累积大量未实现亏损的头寸。投资组合经理就可以以交易成本和跟踪误差为代价，通过卖出这些头寸来实现损失，这称为"投资损失节税"。

从形式上看，税收损失节税是指投资组合经理认识到对投资组合中头寸的出售将导致资本损失，进而减少基金的资本利得甚至使之降为负数。想象一下，一个基金有 10 万美元的资本利得，但它在投资组合中有一个现价值 100 万美元、以 110 万美元的成本基准购买的头寸。如果该头寸被卖出（假设无交易成本），那么投资组合将确认 10 万美元的已实现损失，正好抵消了此前的资本利得。

这种出售对投资组合会有重大的影响：除了发生交易成本外，投资组合持有 100 万美元头寸很可能是有原因的——比如对于指数基金来说它可能是所跟踪的指数权重，对于主动管理的基金来说它可能是其理想持股，而在出售该头寸后，投资组合在该证券上会发生相较预期的错配。结果，投资组合经理故意将基金错配；那么，投资组合经理面对的问题是，这是否符合 ETF 股东的最佳利益。除了交易成本外，还有几件事情影响着这一决定——出售后出现现金替代头寸，出售对税收的影响和出售的具体时机。

重新部署现金头寸

平衡投资者的税收递延利益和成本代价可能是一个复杂的过程，这个过程往往要依靠量化模型来权衡成本效益分析。过程中关键因素是投资组合经理计划如何处理因出售而获得的资金。想象一下，在一个投资组合中，几乎所有的证券都是高度相关的，并且具有相似的波动特征。投资组合经理持有一个大幅损失的头寸，而其他的头寸则有收益，这可能因为投资组合经理买入该头寸的时机与其他头寸不同，或者由于指数的再平衡导致了各头寸在不同时间形成。无论是哪种情况，一旦投资组合经理在亏损时卖出该头寸，他都可以将变现的资金重新投资于一种或多种资产。由于这些资产的风险状况相似，投资组合因此产生的跟踪误差可能会相当小。

现在想象一下，如果投资组合中有少量高度不相关的资产，投资组合经理要如何处理这些变现的资金呢？投资组合中没有其他资产与他所变现的头寸的价格路径相同，投资组合经理可以考虑投资组合外的其他标的，这取决于他是否使用了代表性抽样技术（见第19章）。然而对于基于指数的ETF，投资组合经理的投资范围将被限制于指数样本股中的证券，相比存在高度相关的替代标的情况，其选择将会少很多。在2021年4月15日，税批文件还包括表9-6中所示的AKRY的头寸。

表9-6 AKRY输入的税批文件（4/15/2021）

证券简称	批次	股数	基准（美元）	基准日期	股价（美元）	未实现金额（美元）
AKRY	AKRY1001	5 248	103.81	1/11/2021	70.19	(176 438.14)

AKRY1001的未实现损失为176 438.14美元。表9-7展示了AKRY和投资组合中其他股票之间的相关性。显然，从最小

化跟踪误差的角度来看，将资产重新部署到 ACBU 和 ACGN 可能比将资产重新部署到 AKXI 或 AKZO 更有利。

表 9-7　AKRY 与其他股票的相关性

ACBU	93%
ACGN	87%
AGFZ	42%
AKXI	−10%
AKZO	−20%

税收影响——划算

投资组合经理还需要考虑利用投资损失节税的机会将哪部分头寸进行变现。税批文件显示，在 2021 年 4 月 15 日，AKRY 是投资组合中最大的未实现损失的头寸，损失超过 176 000 美元。更为重要的是，我们要清楚投资在该头寸的每一美元带来的损失是多少。换句话说，如果卖出 1 美元，我们会有多少损失。这个问题的答案在于"划算"，在 AKRY1001 的情况下，是 0.48 美元（见表 9-8）。如果我们用这个指标对每一批次进行排名，我们会发现并不是所有的 AKRY 批次在实现损失方面都是最有效的。除了 AKRY1001 和 AKRY1002 之外，在效率上排名稍后的批次是 AAQZ1005。如果投资组合经理要考虑通过损失节税，那么最有效的批次将是初始头寸。低效率的批次会导致卖出过多有必要持有的投资组合，从而导致过大的跟踪误差（在第 12 章讨论如何构建自定义篮子时，我们会回到划算这个概念）。

表 9-8 划算的交易 (4/15/2021)

证券简称	批次	股数	基准（美元）	基准日期	股价（美元）	未实现金额（美元）	持仓价值（美元）	划算金额（美元）
AKRY	AKRY1001	5 248	103.81	1/11/2021	70.19	(176 438.14)	368 373.75	(0.48)
AKRY	AKRY1002	16	96.75	1/14/2021	70.19	(424.83)	1 123.09	(0.38)
AAQZ	AAQZ1005	18	72.49	3/24/2021	54.62	(321.77)	983.13	(0.33)
AGFZ	AGFZ1004	20	53.71	2/22/2021	40.88	(256.66)	817.54	(0.31)
AAQZ	AAQZ1003	17	71.24	2/3/2021	54.62	(282.51)	928.51	(0.30)
AGFZ	AGFZ1003	23	53.19	2/3/2021	40.88	(283.28)	940.17	(0.30)
AMGP	AMGP1003	93	15.82	2/3/2021	12.17	(338.95)	1 132.26	(0.30)
AGFZ	AGFZ1002	29	52.00	1/14/2021	40.88	(322.55)	1 185.43	(0.27)
AAQZ	AAQZ1004	14	68.40	2/22/2021	54.62	(192.90)	764.65	(0.25)
AGFZ	AGFZ1001	9 456	51.10	1/11/2021	40.88	(96 661.98)	386 532.74	(0.25)

时机风险

如果投资组合经理发生了疏忽,税收损失收获可能会给投资组合带来意想不到的后果。有两个特别的风险是关于时机的。第一个时机风险是本章中已经讨论过的:洗售。投资组合经理必须要准确地了解在何时以及在多长时间内实施投资损失节税交易。错过了洗售的期限,很可能意味着在年度财报上,基金需要申报资本利得。

第二个时机风险是指数型 ETF 的再平衡。如果在未来 30 天内进行再平衡,那么卖出头寸并为即将到来的再平衡保持灵活性的能力就会受到影响。有可能即将到来的指数再平衡需要增加部分证券的规模,而投资组合经理为通过损失节税而缩减了证券的规模,这意味着在决定收割该特定证券之前不再适用任何风险分析。如果投资组合经理认为无关紧要,他可以选择将收割的头寸持有至再平衡之后再进行获取,但这需要进一步分析投资者对风险回报的承受能力。过早地买回头寸会使亏损适用于洗售规则。当然,从另一方面讲,再平衡事实上对投资组合经理可能是有利的:如果节税的证券在即将到来的指数重组中具有较低的权重,那么提前卖出该证券意味着无论如何它都会成为即将到来的再平衡中的一部分。

大多数 ETF 投资组合经理将采用某种形式的定量分析,将所有因素纳入考虑以做出投资损失节税的决策。替换头寸的波动性和相关性可能决定跟踪误差。资本利得递延的收益可能被假定为全额资本利得或视为投资者预计持有期内的某个函数。对于投资损失节税并没有一套分析标准，但本质是投资组合经理要基于符合股东最佳利益的方式做出决策。

注 释

1. "Non-Transparent ETFs May Trail in Tax Efficiency," Bloomberg Intelligence，May 28，2020.

2. Section 26 USC § 1091.

第 10 章

现　金

俗话说"现金为王"。这个说法强调了现金流在商业中的重要性，或者说拥有的现金为短期商业运作提供了灵活性。在 ETF 投资组合管理业务中，我们的目标实际上是尽量减少投资组合的现金头寸，使现金配置尽可能接近零，同时仍然保持在必要时为某些交易提供资金的能力。

ETF 投资组合经理在任何时候都必须对自己的现金头寸完全了解，就像 ETF 投资组合经理在任何时候都应知道指数基金的投资组合状况以及是否有超配或欠配一样。不管是被动型基金还是主动型基金，现金的透明度都是通过现金进出投资组合的情况来反映的。对于指数类产品来说，它能改善基金对指数的跟踪效果，对于主动型产品来说，它也能提升配置效率。在接下来的内容中，我们将继续关注指数类产品，然后在第 15 章中讨论主动型产品的现金管理。

现金对投资组合的影响

为什么持有现金头寸会对 ETF 投资组合经理产生影响？简而言之，如果要跟踪的对标指数没有现金构成，那么 ETF 经理也不应该持有任何现金。任何偏离零现金头寸的行为都会直接导致基金的跟踪误差。由于现金头寸导致的跟踪误差称为"现金拖累"，这个术语曾在第 7 章介绍过。通俗来讲，假设对标指数表现优于借款利率，现金被视为投资组合相对于要跟踪的对标指数表现不佳的影响因素。当然，在现实中，情况并不总是如此，现金的表现会在某一阶段优于所跟踪的指数的表现。

在这里，我们将像前面那样定义现金拖累：相对于将现金按比例进行配置，持有现金对投资组合会产生积极或消极影响。换句话说，如果一个投资组合的 $X\%$ 是现金，理论上，现金拖累的基本假设是，现金可以重新分配到投资组合的剩余部分（$1-X$）$\%$ 中，从而形成一个 100% 投资的投资组合。请注意，这个定义并不假定现金是投资于对标指数，而是投资于投资组合的持仓，但正如我们在第 7 章的附录中所做的那样，我们可以用相对于指数的表现来定义现金拖累。

现金流入的来源和管理

一些交易可以导致投资组合经理的投资组合中的现金增加，这包括：

- 出售证券。
- 收购上市公司的交易条款中包含现金成分，例如，以部分股票和部分现金收购上市公司证券的交易。
- 证券出借费用。
- 现有现金头寸支付的利息。
- 创设中包含的现金替代。
- 税收返还。
- 投资组合中持有股票支付的股息。
- 创设过程中的现金部分为正。

现金与应计项目

以上是现金进入投资组合的主要情况。然而，在某些情况下，现金不会立即进入投资组合的持仓中。相反，现金是"应计"的，这意味着它应该被收到，但还未收到。

在下面的例子中，如果投资组合中所持股票出现以现金支付股息的情况，当股票除息（此时交易已无股息获得权）时，记录在案的股东不会立即收到每股红利。每次股息指定的支付日期是在股票除息的几天后，甚至可能是在除息日的几周后。在这段时间内，股票以除息后的调整价格进行交易（比含权的交易价格低）。如果投资者对其股票头寸以调整价进行估值，其实是低估的。为了弥补在这期间的差额，股息被记为应计项目，即在派息日将转换为支付的现金。基于从除息日到支付日没有出现股价变化的假设，图 10-1 描述了这个过程。

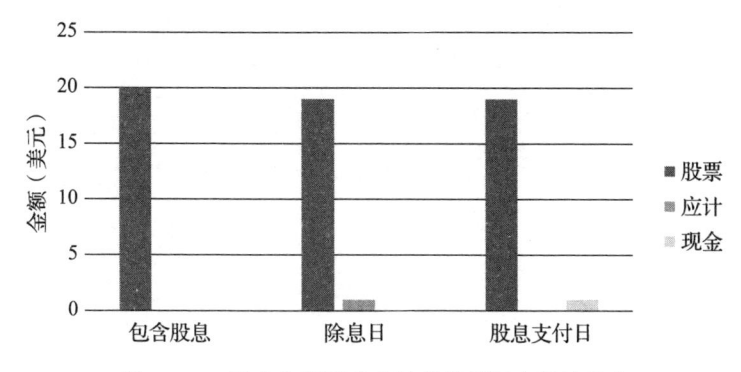

图 10-1 股息先被列为应计收益后再支付给基金

应计项目可能导致投资组合中的现金头寸不足。假设某股票在 1 月 13 日宣布派发股息。该股票除息日在 1 月 20 日，股息支付日在 1 月 27 日，以该股票为成分股的指数会立即将股息支付的收益进行再投资。因此在 20 日开盘时，该指数是完全投资的（假设该指数不持有现金）。然而，投资组合尚未收到可投资的现金，因为此时距离股息支付还有一个星期。

在这种情况下，ETF 投资组合经理会怎么做呢？这里有两个选择。

1. 什么都不做，让股息支付保留在应计账户中，并计入基金净值。保持股息不投资的状态。

2. 以与相关指数编制方法规定相同的方式投资该股息。

在第一种情况下，基金将产生跟踪误差。因为指数是完全无现金头寸进行配置的，而投资组合却有尚未收到的股息现金。在第二种情况下,假设投资组合在 1 月 19 日收盘时是全额投资,再投资意味着购买股票却无现金来对交易进行结算。所以基金不得不借入现金来为购买行为提供资金,基金的现金头寸为负。投资组合中的现金可以进行投资(通常是投资于隔夜存款或其他短期工具)。但负的现金头寸(或借款)需要得到融资。资金成本可能与基于伦敦同业拆借利率(London Inter Bank Offered Rate,LIBOR)的利率挂钩(比如 LIBOR+50 个基点),这通常由基金托管人提供帮助。因此,负现金是有成本的,这可以看作应计股息期间因提供资金产生的交易成本。股票交易结算通常为 T+2 日,所以借贷期间只需要覆盖股票从结算到收到红利的时间。图 10-2 描述了第二种现金短缺的情况。

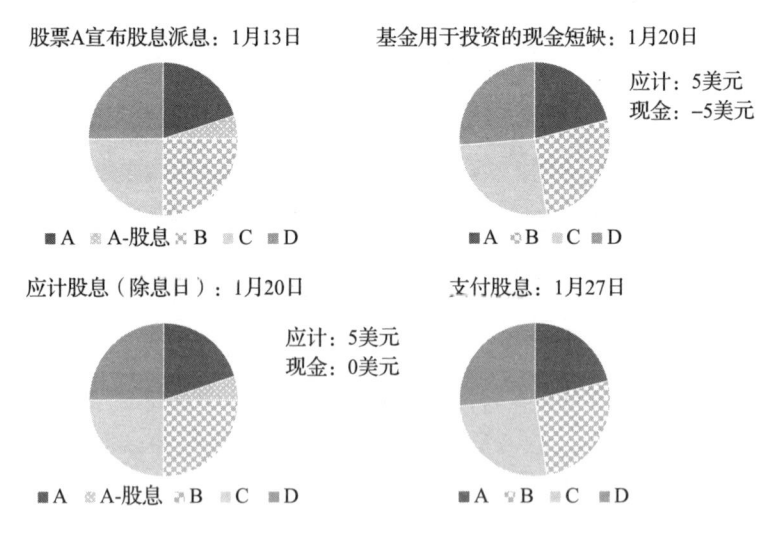

股票A宣布股息派息:1月13日　　　基金用于投资的现金短缺:1月20日

应计:5美元
现金:-5美元

■A　A-股息　B　C　■D　　　　■A　B　C　D

应计股息(除息日):1月20日　　　支付股息:1月27日

应计:5美元
现金:0美元

■A　A-股息　B　C　■D　　　　■A　B　C　D

图 10-2　应计股息可能导致账户现金的短缺

一般来说,投资组合经理会在不同情况下遵循这两种选择。如果应计股息相对较少，投资组合经理可能决定不进行投资，特别是考虑有其他因素情况下。例如，即将到来的再平衡会让资产以与目前的投资组合构成不同的形式进行配置。如果是这种情况，那么投资组合经理可能会稍后再进行投资，从而避免买卖证券造成的往返交易成本。另一种情况是，基金准备宣布分红。这时基金需要从投资组合中提取现金（通常来自股息或票息收入）并将其返还给份额持有人（我们将在下面详细讨论）。根据红利支付的时间与基金从持仓标的收到现金的关系，投资组合经理可能会根据现金需求情况而推迟购买。

报告现金流入

每个 ETF 投资组合经理都必须对自己的仓位非常熟悉，现金报告是协助以上工作有效开展的重要工具。虽然个别投资组合经理和 ETF 发行商可能会开发自己的现金管理工具，但在管理进入（意外进入）投资组合的现金时，有两类是必须涵盖的：一类是现金和应计报告，另一类是股息（对于股票而言）或票息（对于固定收益而言）报告。信息的及时性是至关重要的。投资组合经理的报告系统应以日为频率发布这些信息，以确保尽可能高的透明度。

现金和应计报告

现金和应计报告会向 ETF 投资组合经理展示每个投资组合的现金比例情况。通常一份报告不仅会介绍投资组合实际持有多少现金，而且还会介绍投资组合价值中现金应计的百分比，即预计将收到的现金。一个可靠的投资组合管理系统会在现金头寸净收益明显不为零时提醒投资组合经理，促使投资组合经理做出必要的反应。

该报告的第二个特点是提供预期收到现金的应计时间表。预计在2个工作日内收到的相当于投资组合25个基点的应计金额，与预计在20个工作日内收到的应计金额是不同的。对于有大笔应计金额的大规模头寸（例如，股票的特别股息），按上述方式投资应计款可能会产生比日常更大的透支。内部合规部门可能会对其进行监测并与投资组合经理沟通，以减少相对于预设的风控合规参数产生的超额借贷。

股息/票息报告

股票投资组合的股息报告与应计项目密切相关，因为股息通常是应计项目的主要部分。因此多种报告可能会有很大的重叠，有些人可能会选择将这些类型的报告混合在一起。只要报告能让投资组合经理看清即将发生的事情，方式本身没有对错之分。对于股息，关键问题是：我们预计股票何时除权？每个股息事件对预估现金差额的影响是什么？应计项目的现金何时转移到现金账户？

了解预计股票何时除息对投资组合经理来说至关重要。如果某天早上指数中的某只个股除息，指数需要以指数编制方法所描述的方式对除息资金进行重新分配，这就像一个小型的指数再平衡。投资组合经理必须清楚地知道这种事件会在何时发生，对投资组合会产生怎样的影响。对于一些投资组合和股息而言，影响是微不足道的。对于其他投资组合，比如高股息或高收益基金，小型再平衡会持续发生，并提醒投资组合经理需要更频繁地进行资金再投资。通常，股息报告可能如表 10-1 所示。

表 10-1　SWA 组合的股息报告（1/11/2021）

证券简称	股数	除息日	支付日	每股派息（美元）	股息（美元）
AKZO	7 296	1/12/2021	1/20/2021	0.81	5 873.68
AHGG	8 496	1/13/2021	1/21/2021	0.45	3 783.27
ACOP	5 456	1/14/2021	1/22/2021	1.40	7 660.63
AKRY	5 248	1/14/2021	1/22/2021	1 55	8 130.45

对于固定收益投资组合来说，股息已不再重要，但票息支付却很重要。考虑在固定收益投资组合中，某期债券的权重为 5%。该债券的票面利率为 8%，每半年付息一次。因此，投资组合经理可以期待在这 5% 的头寸中获得 4% 的半年期票息，对整个组合来说相当于每 6 个月获得 20 个基点的现金票息。这种从组合头寸到现金的调整就像持有除息股票时从头寸到现金的调整一样。指数可能会将现金再投资到该证券或证券组合中，这就需要投资组合经理采取类似的行动。

现金流出的来源和管理

通过以上途径进入投资组合的现金通常需要投资组合经理进行配置：购买证券和/或为即将到来的再平衡做准备。在有些情况下，现金需要保留在投资组合中，或需要出售证券以提供现金流出。一些例子包括：

- 购买证券。
- 借入现金头寸产生的利息（借贷费用）。
- 创设过程中现金成分为负的情况。

- 赎回中的现金替代部分。
- 费用。
- 基金分配。

其中最后一项值得特别注意。ETF 将收到的红利款转给最终投资者。这意味着，当股票基金从其投资组合中的股票获得股息时，股息最终归 ETF 份额持有人所有，持有人通过其在 ETF 的代理所有权"拥有"该股息。这对于债券组合同样适用，票息也会以类似的方式转移给最终投资者。

假设 SWA 基金进行季度分配。如表 10-2 所示，收到的（不是应计的，而是实际支付的）分红总额为 105 932.92 美元。该季度基金的资产管理总额为 9 781 054.75 美元。如果该基金对收到的所有股息进行分配，它的支付率为 1.08%，单位资产净值为 24.45 美元，它将宣布 0.26 美元的股息。ETF 将在商定的除息日期，比如 2021 年 1 月 4 日进行除息，并在不久之后支付资金[①]。

表 10-2 SWA ETF 的季度分配（2021 年一季度）

全部股息收入（美元）	105 932.92
资产净值 3/31/2021（美元）	9 781 054.75
股息占资产的比例（%）	1.08
单位资产净值 3/31/2021（美元）	24.45
每份份额获得的股息分配（美元）	0.26
费用（美元）	10 885.71
净股息收入（美元）	95 047.21
资产的股息净分配比例（%）	0.97
每份份额获得的净股息分配（美元）	0.24

---

① 在财务年度内可能会出现一些平滑的情况。

然而，通常分配的股息会在扣除费用后转给投资者，征收的与收入有关的税金将在分配中加以扣除。在表 10-2 中，我们列出了基金净分配的相关费用[①]。

就像证券分配一样，基金分配通常在除息日和支付日之间会有延迟。基金的净值在除权日会下降，但直到现金被取出进行支付前，投资组合经理的系统可能仍然会显示投资组合中的现金情况。投资组合经理必须注意这种情况并保持适当的仓位，以便现金不会被用于误投，从而导致投资组合中的证券被超配。我们在图 10-3 中用一个例子来说明这一点。对于一个单位资产净值为 25 美元的基金，将有 2 美元要分配，投资组合在除权日之后可能有 2 美元的现金头寸，但投资组合经理必须知道，这 2 美元将在几天后才被分配。

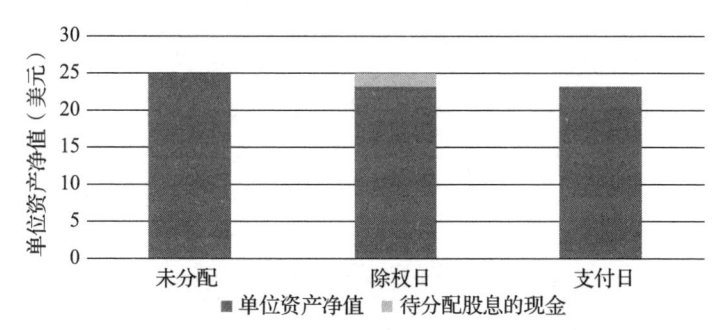

图 10-3 单位资产净值下降但投资组合在支付股息前仍将显示现金部分

现金替代的管理：流入或流出

在第 5 章中，我们讨论了某些证券如何在申赎清单中被标记为

---

① 其他费用也可能被考虑。

"现金替代"。如果创设的证券在申赎清单中被标记为现金替代,那么授权参与人将不用向基金交付证券,而是可以交付与该证券等值的现金。对于赎回来讲,基金将等价的现金而不是证券交付给授权参与人。将某些有未实现损失的证券标记为现金替代,意味着在赎回时,投资组合经理将选择出售证券,而不是将未实现的损失转移给授权参与人。在第 11 章中,我们将通过事例说明现金替代也是投资组合经理在管理企业行为时使用的一种非常有价值的工具。

出于现金管理的目的,现金替代应该像我们在本章中讨论的其他内容一样处理。最终目标是将现金拖累保持在最低限度,因此,投资组合经理应该尽量有效地管理交易指令的现金部分。

假设 SWA 基金在 2021 年 3 月 1 日产生一个创设交易指令。在 3 月 1 日的申赎清单中把股票 ACBU 标记为现金替代(见表 10-3)。这意味着投资组合经理预计,授权参与人提供的证券篮子中现金部分将超过 75 000 美元(基于常规的预估现金差额计算)。此外,篮子里不会有 ACBU。投资组合经理的工作是将现金有效地用于管理指数。

表 10-3 包含现金替代的 PCF (3/1/2021)

SWA ETF			
交易日	3/1/2021	实际现金替代(美元)	—
结算日	T+2	实际现金差额(美元)	645.93
创设单位份额(份)	50 000	基准市值(美元)	1 188 308.04
单位净值(美元)	25.29	篮子份额	30 207
每创设单位的净值(美元)	1 264 611.35	预估现金替代(美元)	75 657.39
总份额(份)	400 000	预估现金差额(美元)	76 303.32
总净资产(美元)	10 116 890.86	预估股息(美元)	—

续表

代码	证券简称	股数	基准价格	基准市值	权重（%）	现金替代
US1001	AABA	759	95.67	72 613.43	5.744 9	无
US1003	AAQZ	876	72.48	63 491.88	5.023 2	无
US1004	AAWL	1 029	57.58	59 246.41	4.687 3	无
US1009	ACBU	995	76.04	75 657.39	5.985 7	有
US1010	ACGN	1 652	38.43	63 488.05	5.022 9	无
US1012	ACOP	686	103.91	71 278.90	5.639 3	无
……						

把这一切放在一起：现金全景

所有这些前瞻性报告都有一个共同点：它们都是预估的。支付可以变动，任何基于基点或相对于基金的百分比的报告都会发生变化，因为基金的价值也会随着时间的推移而变化。尽管如此，最好的投资组合管理系统将汇总投资组合中的现金流动情况，以便投资组合经理对基金的构成有深入的了解，并能根据当前的预估做出管理基金的必要决策。绘制现金全景有助于管理基金分配和现金拖累。现金是创设和赎回份额中的关键因素。例如，固定收益组合的全现金赎回可能需要在组合中准备大量的现金缓冲，或在出现赎回指令时进行有计划的流动性管理。绘制现金全景对于所有类型的ETF而言都是至关重要的。

第 11 章

公司行为

公司是一个动态的主体,所以公司发行的证券也是动态的:证券持有人的权益会随着时间的推移而改变,公司行为会对证券的估值和持有该证券的投资组合产生重大的影响。对于指数型 ETF 投资组合经理来说,通过指数文件可以较好地观察到公司行为,并指导决策。对于主动型 ETF 情况可能并非如此,在第 15 章中我们会详细介绍主动型 ETF 的案例。当然,积极的投资组合经理可以订阅跟踪公司行为的服务或在公司内部处理这个过程。

在本章中,我们将继续关注基于指数的权益类 ETF,并会对几个公司行为进行介绍——从简单的分红事件到复杂的供股事件——同时会讨论在每种情况下,投资组合经理在指数文件和预估文件中期待的内容,以及会采取的决策。我们在第 16 章中讨论与固定收益相关的公司行为。

现金分红

股票的红利支付通常是向股东支付现金,但红利可以有多种形式。例如，除了现金，红利还可以以股票的形式支付；分红的宣布、除权和支付的日期通常会提前公布，"特殊"股息可以以非周期方式支付。

我们已经在之前章节中谈到了红利问题，关键点是如何在指数文件和 PCF 中处理红利，以及投资组合经理应该怎样考虑与红利有关的现金流的时间安排。

以股票形式收到红利的情况，对指数的影响通常是不同于现金红利的（除非在指数编制方法中另有说明）：支付红利的股票的权重不会下降，而是保持不变。这意味着对指数篮子中其他公司的投资也不会产生变动。对于 ETF 投资组合经理来说，这是无关紧要的：既然投资组合中的权重将保持不变，那么不需要采取行动。

兼并和收购

兼并和收购（mergers and acquisitions，M&A）是两个公司一起形成一个新的、更大的主体（兼并），或者一个公司购买另一个公司并将其业务纳入其现有的基础结构中。当宣布一项拟议的兼并或收购时，一般也会宣布拟交易的条款。收购通常是以收购方的股票和/或现金的组合形式进行的，但也有可能出现其他结构。公开交易的股票需要董事会的批准，这个过程可能需要大量的时间。在这段时间里，股票价格可能会大幅波动，波动情况取决于市场是否相信交易会被接受，以及交易的结构是怎样的（预期完成的全现金交易在公布后的波动会更小），甚至是否会出现另一项对董事会来说更有利的交易。交易在进行时，股票可能会发生很多可能的情况。回忆一下我们在第 3 章讨论公司行为文件时介绍的一项交易。2021 年 4 月 29 日，公司 AAQZ 同意以股票和现金交易的方式收购公司 AABA（见表 11-1）。AABA 的每个股东每股将获得 1.27 股 AAQZ 的股票和 24.53 美元的现金。在宣布之前，AAQZ 的交易价格为 18.18 美元；到 2021 年 4 月 29 日收盘时价格为 19.28 美元。该交易计划于 2021 年 5 月 5 日得到董事会的批准，AABA 将于 2021 年 5 月 6 日摘牌并退市。由于交易中存在溢价，AABA 的股票价格在公告发布后跳涨，并在 2021 年 4 月 29 日收盘时达到 49.07 美元。在图 11-1 中，我们绘制了这两只股票的价格变动图。请注意 AABA 的价格是如何在公告后与 AAQZ 保持一致波动的；对于以股票方式并购的交易来说，这是市场预期交易成交下的标准走势。

表 11-1 AAQZ 收购 AABA 的交易概况

宣布日	4/29/2021
竞价本质	善意收购
支付方式	现金+股票
每股现金计价（美元）	24.53
股票计价（每股被收购方股票对应的收购方股票）	1.272 8

主动型 ETF 投资组合经理会对此非常感兴趣，并可能非常了解围绕某一特定交易的细微差别，但这些细节对于指数型 ETF 投资组合经理来说并不重要。指数型 ETF 投资组合经理的目标是跟踪指数，因此只要在交易结束前的一段时间内，投资组合的权重与指数的权重基本一致，投资组合经理就基本不需要做什

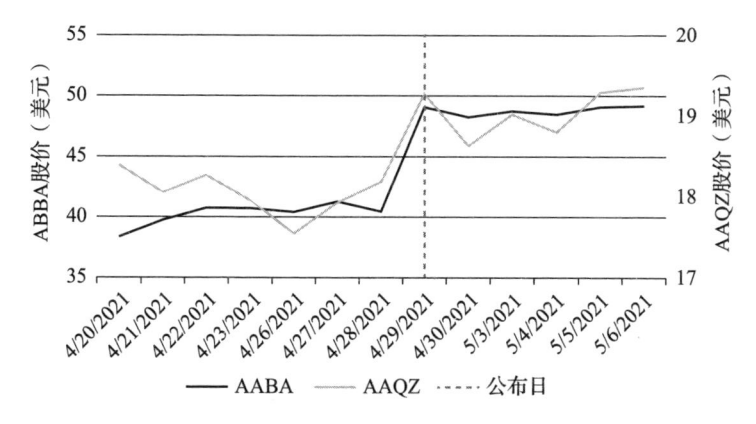

图 11-1 在收购方案公布期间 AAQZ 和 AABA 股价走势情况

么。通常来讲，指数编制方法是投资组合经理最好的"朋友"：有据可查的指数会非常清楚地说明在并购事件中会发生什么。

如前所述，交易结构有各种方式。这里我们将根据指数的构成和交易的结构考虑六种重要的情况，如表 11-2 所示。

表 11-2 并购示意图

	全现金交易	现金加股票交易	全股票交易
收购方在指数内	现金再投资	现金再投资	无操作
收购方不在指数内	卖出收购目标/等待现金＋现金再投资	卖出收购目标＋现金再投资	摘牌前卖出

对于指数的构成，以下两种情况是与收购者有关的：

1. 收购方和目标方都在指数中。
2. 只有目标方在指数中。

对于交易的结构，有以下三种情况：

1. 全现金交易。
2. 现金加股票交易。
3. 全股票交易。

当收购方和目标方都在指数中时，如果交易针对所有股票，ETF投资组合经理可能不需要采取任何行动：如果指数编制方法允许增加收购方相对于收购目标股票的权重，那么投资组合经理只需等待交易结束，他的股票将会通过托管人自动转换，并在交易结束后显示为收购方股票。但是，如果交易中有现金成分，则必须按照指数编制方法将现金进行再投资。还有一种可能是，按照指数编制方法，收购方的权重不允许增长。在这种情况下，目标方的权重就必须重新进行分配。

当收购方不在指数中时，目标方会被指数剔除，其权重必须在指数的其余成分中重新分配。这就要求投资组合经理依据交易结构的情况来行动：

1. 对于全现金交易，投资组合经理可以等待交易完成，然后将收到的现金进行再投资，或者投资组合经理可以在交易结束前卖出该股票，然后依据指数进行再投资。
2. 对于现金加股票交易，如果投资组合经理等到交易结束，他就会收到收购方的股票。但这些股票不在指数中，因此必须被出售。投资组合经理再将出售所得的现金进行再投资。

3. 对于全股票交易，如果投资组合经理等到交易结束，那么就像在现金加股票交易中一样，他将收到收购方的股票。但由于该股票不在指数中，所以需要被出售，投资组合经理再将出售所得的现金进行再投资。投资组合经理一般会在目标股票退市前进行出售，以避免再持有收购方的股票。

从表面上看，这样的替换似乎相对简单，因为它几乎就像指数再平衡一样，当一个公司被剔除，权重会被调整至其余公司。然而随着审批过程的临近，会出现一些指数问题。特别是，股票可能会意外停止交易，或者在交易结束前后发生指数再平衡。

通常情况下，市场会预期股票在某一天停止交易，交易暂停可能发生在董事会审批期间或者并购交易结束前不久。然而，交易暂停可能会提前。当这种情况发生时，投资组合经理不能退出他的头寸。重要的是，标准的指数编制方法通常将停牌股票的价格指定为其最新收盘价，但指数委员会会对异常情况介入修改。

考虑一个现实中的例子。2018年10月3日，Cloudera公司（CLDR）宣布了一项收购Hortonworks公司（HDP）的交易（见表11-3）。HDP的股东将在全股票交易中每股获得1.305股CLDR的股票（即没有现金）。该交易于2018年12月28日得到HDP股东的批准，计划在2019年1月3日或前后完成，HDP的股票在2019年1月4日退市。跟踪该指数的ETF投资组合经理必须在1月3日收盘时卖出头寸，如果CLDR不在要跟踪的指数中，则要按比例重新投资。

表 11-3　CLDR 收购 HDP 的交易概况

宣布日	10/3/2018
竞价本质	善意收购
支付方式	股票
股票计价（每股被收购方股票对应的收购方股票）	1.305

与大多数公司行为一样，指数发行商将在实施前几天宣布处理办法，表面上是为了让投资组合经理有机会无缝跟踪指数。在 2018 年 12 月 31 日，假设指数发行商宣布 HDP 将在 1 月 3 日（收盘）以其最后交易价格从指数中剔除，其在指数中有 5% 的权重，那么权重将在 1 月 4 日开盘时重新分配。到目前为止，一切看起来都很好。

然而，出乎意料的是，HDP 的股票在 2019 年 1 月 2 日被提前终止交易。该股票的最后价格是 14.68 美元。由于 CLDR 继续交易，并且由于收购方案是全股票形式，可以用 1 月 3 日 CLDR 收盘价的函数计算出 HDP 股票的公允价值。1 月 3 日收盘时 CLDR 的价格实际是 13.53 美元。[①] 指数可能会使用最新收盘价来计算 HDP 的价值，根据交易条款，这将是一个相当大的溢价。

跟踪投资组合则是另一种情况。股票价值不是 14.68 美元，而是变成了 13.53 美元。这就好像指数的假设组合得到了 1.15 美元的每股价格溢价。因此，任何跟踪指数的投资组合都会因为公司行为而落后于指数表现。表 11-4 显示了在 1 月 4 日开盘时，

---

① CLDR 在 2019 年 1 月 3 日收于 10.37 美元。由于交易条件设定为每股 HDP 持有 1.305 股 CLDR，这意味着公允价值为 1.305×10.37 美元=13.53 美元。

投资组合相对于指数的表现情况。由于对 CLDR 股票的估值较低，一个拥有 5% HDP 权重的投资组合将相对于假设的指数表现落后 39 个基点。这样的情况会让 ETF 投资组合经理彻夜难眠——如果没有对公司行为的预警，ETF 投资组合经理应对该行动的选择就会十分有限。

表 11-4　HDP 股票交易暂停对组合表现的影响

HDR 股价（最新收盘价）（美元）	14.68
交易后收盘转换价（美元）	13.53
相对于最新收盘价的损失（美元）	1.15
相对于最新收盘价的亏损率（%）	−7.83
指数权重（%）	5.00
相对于指数表现（%）	−0.39

收购可能影响指数的第二种方式是，指数在交易结束时发生再平衡。假设一个指数每季度进行一次再平衡——指数于每季度末计算，并在 5 个工作日后进行再平衡——指数根据 3 个月的实际波动率选择股票，在符合条件的范围内对低波动率的股票进行侧重配置。在 3 月 31 日上午开盘前，一家符合条件的公司披露，它同意以全现金交易的方式被收购，收购溢价率为 20%，预计在 7 月 12 日前后完成，但仍需要董事会在 7 月 9 日的会议上批准。指数再平衡的计算日期是 6 月 30 日，而再平衡执行日期是 7 月 8 日，那么在 6 月份的指数再平衡中会发生什么呢？

首先我们知道，如果市场认为交易确实会完成，那么股票价格会在 3 月 31 日跳涨（见图 11-2）。在 3 月 31 日到 7 月 12 日期间，考虑到资金的时间价值和任何轻微的交易风险（比如交易仍可能失败），该股票的交易价格预计会在非常小的折扣范围内波动。

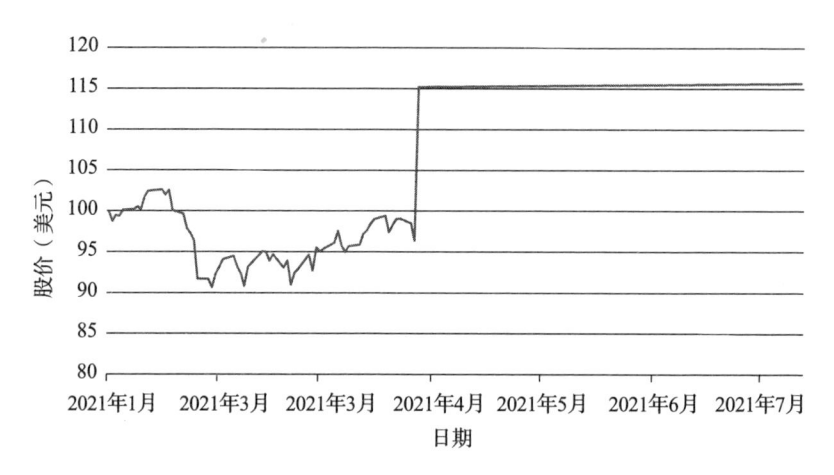

图 11-2 收购交易对波动率的影响：在交易方案公布后波动率将下降

问题是在交易之前，该股票已实现了约 20% 的波动率。在 6 月 30 日，以近三个月已实现波动率作为指数编制方法的重要衡量因素，其测量的该股票波动率将非常小。因此依据指数再平衡的计算结论会令该股票的超配十分严重（超配比例至少要比没有此项交易的情况高得多）。在正常情况下，投资组合经理只能根据指数编制方法在指数再平衡时提升该股票的仓位。[①] 然而，如果他这样做了，那么该仓位将不得不在第二天卖出，因此投资组合经理面临一个抉择：

---

① 指数委员会可以在再平衡之前处理这种情况。

1. 在指数再平衡期间买入该股票。
2. 交易结束前持有现金，并在 7 月 12 日重新投资。

在这种情况下，潜在的跟踪误差会来自这样一种可能性，即如果投资组合经理持有现金，而交易被否决，股票可能会出现跳空缺口（股价可能会下跌，但如果交易被否决，说明出现了更好的交易，则股价可能会上升）。同时，投资组合经理会因为买入然后迅速卖出同一只股票而产生往返的交易成本，而这只股票的价格很可能不会有太大的偏差，与持有现金头寸类似。这时投资组合经理就需要跟踪洞察交易的情况。如果跳空缺口风险是下行的（即似乎没有其他交易），那么持有现金产生的相对于指数的跟踪误差会给最终投资者带来正面影响。这会让投资组合经理倾向于第二种选择。

每个兼并或收购事件都是不同的。ETF 投资组合经理有责任了解指数编制方法，如果在事件临近时出现问题，投资组合经理应与指数发行商保持联系。

要约收购

要约收购与收购类似，但它们以不同的方式走向高潮（接管）：股东被邀请以预先指定的价格出售或"投标"他们的股票，这个价格通常高于当前的市场价格。然而，交易的前提是有足够多的股东接受这个提议，这样收购者就可以在投标完成后获得足够的流通股来控制公司。

了解有关要约收购的所有细节超出了本书的范围，但对我们来说，重要的是注意到要约收购有一个与之相关的博弈因素：每个股东在考虑自己是否投标时，要考虑其他股东会怎么做，因而某个特定的要约收购成功与否并不明朗。这也会对投资组合的管理过程带来不确定性。例如，指数发行商需要根据要约收购的结果来决定是否从指数中剔除一家公司，对于指数本身可能影响不大，但是股东（包括 ETF 投资组合经理）需要谨慎决策他们的行动。

促成投标期间"博弈"的一个重要因素是，如果报价被接受，那么剩余的股票就会以投标价格被买走（尽管情况不一定如此）。如果投资组合经理相信交易会完成，就可以接受投标报价，而且很可能与指数波动保持一致，然后将要约收购中得到的资金重新配置。如果要约没有得到足够的支持者（"认购不足"），那么指数和 ETF 仍将持有这些股票，从跟踪误差的角度来看是可行的。不采取任何行动或拒绝要约，可能会使投资组合经理有机会在指数发行商宣布如何处理投标要约时出售股票，但这将产生交易成本，并在投标结束时产生价格波动的额外风险。

供　股

供股（也称配股）是指公司允许现有股东以较低的价格购买更多的股份。供股是公司的一种现金来源：以股份注入资本。供股通常被视为公司对现有股东派发免税股息的权利[1]。

公司允许现有股东购买的股份数量是基于股东现有持股量的。典型的供股结构如下：公司将为持有股份的股东提供购买额外股份的选择权，例如，每持有五股就可获配两股，即"五配二"，并指定配股价或"认购价"，公司将按此价格发行额外的股份。上市公司也将指定配股时间窗口。

供股权实际上是看涨期权。如果在允许购买的窗口期间，股价低于发行价，那么权利持有人将不行使权利：他在市场上直接购买显然比支付预先指定的认购价更划算。期权本身是有价值的，因此，当投资者通过供股获得权利时，这些权利就有了价值。然而，与交易所上市的期权不同，一些权利是不能"放弃"的，这意味着投资者不能在市场上交易这些权利，而只能行使这些权利或让它们过期。

供股（可放弃和不可放弃）的影响是什么？请考虑对以下方面的影响：

1. 股票价格和市场资本化。
2. 指数。
3. 投资组合。

股票价格

由于供股价格通常低于股票的市场价格，股票价格通常会随

---

[1] 任何税务建议都应咨询基金会计人员。

着供股而下跌。对股东来说，额外股份带来的股价稀释被以折扣价购买股票的机会价值抵消。

在供股时，股票的预期价格成为市场价格和认购价格的加权平均值。具体计算方法请见本章末的附录。

指　数

供股对指数的影响是什么？假设指数标的出现供股，其指数权重通常将上升，这是因为通过"参与"供股（当然没有真正持仓），指数实际上是购买了更多的相关证券。它以一种价值中立的方式进行，所以其他公司权重会有轻微下降。至于相关的证券，股票的数量将按供股比例增加，而价格将如上所述下降。就像该公司的市值一样，该公司在指数中的权重也会增加。然而，随着该公司仓位的增加，其余公司所有仓位都必须缩减，以使整个权重的总和维持在100%。重要的是，供股证券在指数中的权重将增加，但增加幅度并不等于市值的增加幅度。

为了说明这一点，我们在表11-5和表11-6中分别列出了SWA指数在2021年4月28日和4月29日的指数收盘文件和指数开盘文件，反映了在2021年4月29日进行的AFOJ公司供股除权情况。AFOJ以15美元的价格，以"五配二"的比例进行供股。股价在4月28日的收盘价是21.9美元。AFOJ的指数权重从5.46%上升到6.86%（注意在这一天投资组合中没有其他的公司行为要处理，所以这些数字纯粹是关于供股的）。相比之前，其指数权重升幅为25.64%，低于AFOJ市值增幅 27.40%。

表 11-5 供股前的 SWA 指数收盘文件

指数　　SWA 指数
日期　　4/28/2021
指数点位　95.562 2

代码	证券简称	基准价格（美元）	权重（%）	指数份额	指数价值
US1001	AABA	40.44	4.44	0.104 8	4.238 9
US1003	AAQZ	18.18	4.53	0.238 2	4.331 4
US1005	AAXX	28.57	4.65	0.155 5	4.442 2
US1009	ACBU	78.37	5.01	0.061 1	4.790 7
US1010	ACGN	37.58	4.92	0.125 2	4.706 1
US1012	ACOP	84.02	4.73	0.053 8	4.516 9
US1018	ADXK	25.34	5.50	0.207 6	5.259 8
US1019	ADZI	32.79	5.35	0.155 9	5.111 9
US1024	AFOJ	21.90	5.46	0.238 4	5.221 6
US1026	AGFZ	40.44	4.74	0.112 0	4.527 6
US1028	AHBP	66.56	4.68	0.067 2	4.475 5
US1029	AHGG	55.70	5.31	0.091 1	5.072 1
US1030	AHJQ	79.18	6.05	0.073 0	5.778 6
US1033	AIAD	25.29	4.69	0.177 2	4.480 8
US1038	AKEK	88.48	4.73	0.051 1	4.524 5
US1042	AKRY	67.58	4.82	0.068 2	4.607 9
US1045	AKXI	15.54	4.89	0.300 8	4.674 4
US1046	AKZO	76.11	5.13	0.064 4	4.905 0
US1049	ALTO	103.12	5.25	0.048 7	5.017 5
US1050	AMGP	12.33	5.11	0.395 8	4.878 7

表 11-6　供股前的 SWA 指数开盘文件

指数　　　SWA 指数
日期　　　4/29/2021
指数点位　95.562 2

代码	证券简称	基准价格（美元）	权重（%）	指数份额	指数价值
US1001	AABA	40.44	4.37	0.103 3	4.176 4
US1003	AAQZ	18.18	4.47	0.234 7	4.267 5
US1005	AAXX	28.57	4.58	0.153 2	4.376 7
US1009	ACBU	78.37	4.94	0.060 2	4.720 1
US1010	ACGN	37.58	4.85	0.123 4	4.636 7
US1012	ACOP	84.02	4.66	0.053 0	4.450 3
US1018	ADXK	25.34	5.42	0.204 6	5.182 2
US1019	ADZI	32.79	5.27	0.153 6	5.036 6
US1024	AFOJ	19.93	6.86	0.328 9	6.554 0
US1026	AGFZ	40.44	4.67	0.110 3	4.460 8
US1028	AHBP	66.56	4.61	0.066 2	4.409 5
US1029	AHGG	55.70	5.23	0.089 7	4.997 3
US1030	AHJQ	79.18	5.96	0.071 9	5.693 4
US1033	AIAD	25.29	4.62	0.174 6	4.414 7
US1038	AKEK	88.48	4.66	0.050 4	4.457 7
US1042	AKRY	67.58	4.75	0.067 2	4.540 0
US1045	AKXI	15.54	4.82	0.296 3	4.605 5
US1046	AKZO	76.11	5.06	0.063 5	4.832 6
US1049	ALTO	103.12	5.17	0.047 9	4.943 5
US1050	AMGP	12.33	5.03	0.390 0	4.806 8

投资组合

当然，ETF 投资组合经理需要透过供股来跟踪指数的表现。我们从指数开盘文件中了解到，供股公司的权重会上升，但结果是所有其他公司的权重都要下降。这是因为当行权时，投资者需对额外的供股进行支付。在指数中，公司行为不能改变指数的价值。所以在这种情况下，其他公司的权重必须减少，以反映对供股股票更大的持仓。

立即行权需要现金来购买额外的股票——所以可能需要借入现金，这会使投资组合过度投资，或者说杠杆化。卖出投资组合的一部分（包括供股股票的股份），以获得足够的现金来抵消这部分投资，从而可以正确地调整投资组合。这就像指数所做的那样：通过行权来增加供股股票的股份，但随后减少所有的头寸，以顾全到行权的成本[①]。

ETF 投资组合经理的另一个行动方案是出售权利，将出售所得的现金和出售一部分非供股股票所得的现金，用以增加供股股票的持仓。值得注意的是，由于权利被出售，这将是一个应纳税事件（已实现的收益），而当权利被行使时，购买股票的收益（立即产生的浮盈）是未实现的，只有当股票被出售时才会产生应税收益（如果它们最终以高于认购价格出售）[②]。

[①] 请注意，如果投资组合经理在除权日之前卖出一些供股股票，那么这些股票显然不再参与投资组合中的供股。这就产生了一个循环，使计算变得复杂。最简单的方法就是在除权日前卖出一些其他公司的股票。这可能会导致非常轻微的错配，但是如果有必要的话，可以很容易地在第二天进行修正。

[②] 正如我们之前所说的，任何税务建议都应咨询基金会计师。

然而，由于三个明显的原因，供股将造成一定的跟踪误差[①]：

1. 交易成本。
2. 税收。
3. 时间安排。

交易成本和税收都是非常直接的，但对于令人烦恼的滞后该怎么办？指数可能以立即投资为假设前提，但有时供股本身指定了认购时间窗口，这意味着供股的实际行权可能被推迟。在这种情况下，必须采取两个重要步骤：

1. 投资组合需要确保对权利本身进行估值，并将其纳入基金的资产净值。
2. 为筹集现金用于供股行权所涉及的非供股股票的出售，应该发生在除权日前一天收盘前。

第一步看起来显而易见：投资组合"拥有"一些东西，就应该使其估值进入资产净值。第二步虽然值得仔细研究，但对于 ETF 投资组合经理而言，关键的问题是："假使不能行使被赋予的权利，我如何确保我的投资组合在跟踪指数？"答案是，只要

[①] 导致跟踪误差的一个更细微的原因是，ETF 可能无权获得公司正在发行的供股权。当一个国家将权利的发行对象限定为国内股东时，通常就会出现这种情况。除非指数编制方法明确忽略了这种情况（通常不会），那么供股的价值以及 ETF 投资组合为抵消摊薄效应而累积的价值就不会出现。另一种情况是，如果供股是购买与指数中的证券不同的证券，指数编制方法有可能会忽略供股情况。这意味着收到供股价值的投资组合将相对于指数增长。这两种情况都会导致跟踪误差，但显然一种情况对份额持有人来说是增值的，而另一种是贬值的。

投资组合经理持有现金和权利,而股票交易价格高于认购价格,他的敞口就会与指数敞口相仿。请注意,对权利的估值就像投资组合中的任何持仓一样,必须不断地更新以适当计算资产净值。

关于供股的最后一点,公司通常会在供股发行的同一天宣布股息(和股票除息)。这意味着股价不仅会因为供股调整,还会因为除息的发生而调整。对于将股息在全标的品种上进行配置,而不是仅对除息标的配置的指数来说,这给上述计算增加了复杂性。①

股票拆分和反向拆分

当一只股票的交易价格被公司认为过高或过低时,公司可以选择对其股票进行拆分或反向拆分。在标准的股票拆分中,股东每拥有一股股票,就会得到额外的股票,而股票的价格也会相应调整,因此交易的经济价值为零。在反向拆分中,股东将股票还给公司,而剩余股票的价格则向上调整,从而使交易的经济价值为零。

设想某家公司的股票交易价格为 9 美元,该公司宣布进行一拆三。一个拥有 100 股的股东将获得额外的 200 股,因此他持有股票的数量变为 300 股。价格从 9 美元下降到 3 美元。原来 100 股的整体价值为 900 美元,现在反映为 300 股的整体价值,每股 3 美元,也是 900 美元。

---

① 参见本章末的附录,其中说明了权利和红利在同一日期生效的情况。

现在，假设同一家公司宣布进行一拆二的反向拆分。这意味着，股东每拥有 2 股，他将在之后变为持有 1 股。持有 100 股的股东现在只持有 50 股，但价格（和基准）的调整将是 2 的倍数。在这个例子中，每股股价将调整为 18 美元。

拆分的股份有可能不是偶数。如果投资者不是持有 100 股，而是持有 99 股，在这种情况下，99 股通常会被换取为 49 股，而剩余的股份会被处理成现金替代交易，股份持有人会收到现金而不是股份。

上市公司分拆

上市公司分拆实际上与合并相反：不是两个公司变成一个，而是一个公司变成两个。一个公司的特定部分从原主体中分离出来，形成一个新的主体，而新主体的所有权以特别股息的形式返还给原主体的股东。持有分离出新主体的证券的 ETF，最终可能同时拥有原公司和新公司的股份。当然，跟踪指数的 ETF 会通过指数编制方法来确定在这种情况下会发生什么，但很可能投资组合经理不需要做出任何行动，除非指数剔除了分拆的主体。其他相关的公司行为，如拆分（股东可以选择持有原公司或新公司的股份）和分割（新公司的股份被出售给公众，而不是授予现有股东），则几乎可以肯定需要投资组合经理采取行动，以反映指数对此类事件的处理。

公司行为和现金替代

将证券标记为现金替代可以在公司行为事件中帮助投资组合经理。例如，假设一只股票宣布它将在 2021 年 1 月 29 日以全现金交易方式被收购，并且股票将在第二天早上退市。在交易所交易该股票的最后机会是在 29 日。假设消息在 29 日才公开，提前没有任何通知，也没有时间处理指数①，指数计算代理商代表指数发行商发出通知，2021 年 2 月 2 日收盘时该股票将从指数中被剔除（在该股票有资格在交易所交易的两天后），预估文件中该股票的权重将在收盘时按比例重新分配给指数中的其余股票。

在这种情况下，投资组合经理希望卖出该股票并将收益再投资于指数中的其余股票，但由于滞后性，再投资将在平仓两天后才发生。然而，指数文件仍将反映该头寸的持有情况，因此，如果基于指数，PCF 也将反映该股票的头寸。投资组合经理不会选择让投资组合面临购入已退市且只能在场外进行交易的股票的风险，他会在 1 月 31 日收盘时出售该股票的所有头寸。

但是，如果在 2 月 1 日出现创设或赎回申请，会发生什么呢？从技术上讲，该股票仍在指数中，但是投资组合经理不再持有该股票来满足赎回需求，且出于流动性考虑，投资组合经理不会希望再购买这只股票。因为可以将股票标记为现金替代，投资组合

---

① 指数的某些变化可能会滞后若干天，以便让跟踪该指数的人进行投资组合调整，这种情况也并不少见。

经理把股票标注为现金替代，以确保这只股票在组合中的权重能用等量现金替换（见表 11-7），标注股票为现金替代也会改变交易中交换现金的数量。

表 11-7　在公司行为中把股票标记为现金替代

日期	公司行为
1 月 29 日	宣布公司行为
	指数宣布在 2 月 2 日剔除
	投资经理卖出头寸
2 月 1 日	标记股票为现金替代
2 月 2 日（收盘）	指数将该股票剔除
	投资组合经理进行再投资

另一个具有类似影响的例子是，当一个指数成分股被指数外的一家公司收购时，交易是以收购方的股票形式组成。一旦消息宣布（并假设交易被批准和/或似乎肯定会被批准），被收购的股票将与收购方的股票同时改变，但将会继续交易，直到收购行动结束。在收购交易完成的那一天，被收购的股票的权重将在指数的持仓中重新分配，这将要求投资组合经理在收盘时卖出这只股票，并购买其他指数成分股。如果这一天恰好有交易指令，投资组合经理可以将该股票标记为现金替代。然而，现金替代的指令要求投资组合经理投资现金或卖出与其等权重的其他仓位来获得以备赎回所需的现金。对投资组合经理来说，一个更好的选择是对 PCF 进行重新权衡，以反映指数在公司行为后的日终权重，他们将该行为视为指数的再平衡，并将 PCF 像指数预估文件一样进行有效处理。

同一天发生多个公司行为

许多公司行为都是重叠的——在一个大型的投资组合中,几乎可以肯定的是,一个投资组合经理会遇到在同一天要处理多个公司行为的情况。"这并不像听起来那么复杂",投资组合经理的关键是不要进行多余的交易。一个公司行为可能会导致现金进入投资组合(或应计现金,如股息),而另一个公司行为可能需要现金(如供股)。投资组合经理应该考虑到所有的可能,以应对每个公司行为。然后确保采取最有效的措施来处理公司行为后的投资组合。

附 录

正如我们前面提到的,供股会对公司的股价和流通股产生影响。公司行为也会对持有股票的指数产生影响,这通常需要 ETF 投资组合经理采取行动。在本附录中,我们从数学计算的角度说明价格、股份和指数权重是如何调整的。

设想一只股票,其供股权的比例为 $N:1$,这意味着持有人持有每 N 股股票,就有权以 X 的认购价格购买一股额外的股票,而股票的交易价格为 P_T。该公司还可能宣布派发股息 D(如果不宣布股息,股息可以为零)。股票的除息日和股权日为 $T+1$ 日。流通股股数为 S_T,公司的总市值为 MC_T。

我们预计权利调整后的价格 $\widetilde{P}_T$ 为：

$$\widetilde{P}_T = \frac{P_T + X \times R}{1+R}$$

其中：

$$R = \frac{1}{N}$$

从计算新股和旧股的加权平均价格可以看出，新发行的股数是 $R \times S_T$，权利调整后的股数 $\widetilde{S}_T$ 是：

$$\widetilde{S}_T = S_T + R \times S_T = S_T(1+R)$$

因此

$$\widetilde{P}_T = \frac{S_T \times P_T + R \times S_T \times X}{\widetilde{S}_T} = \frac{P_T + X \times R}{1+R}$$

新的市值是 $\widetilde{S}_T \widetilde{P}_T$。

就股息而言，在海外，通常情况下，税款是预扣缴的。我们假设预扣税率为 δ，因此，持有调整后的股息 $\widetilde{D}$ 为：

$$\widetilde{D} = \frac{D \times (1-\delta)}{1+R}$$

那么除权日的开盘价为：

$$P_{T+1} = \widetilde{P}_T - \widetilde{D}$$

公司的市值现在为：

$$MC_{T+1} = \widetilde{S}_T \times P_{T+1}$$

至于在指数中的权重，对应的仓位也会像公司的市值那样增长。在投资组合价值固定的情况下，发行供股的公司头寸增长必须在整个投资组合中抵消，为购买供股权提供资金。

指数份额在处理供股权前是 IS_T，供股权处理后被定义为 $\widetilde{IS}_T$。供股权处理后的股价和股息（预期）是 P_{T+1}。持仓将以以下的系数增长：

$$\gamma = \frac{\widetilde{IS}_T \times P_{T+1}}{IS_T \times P_T}$$

将股票中预处理的收盘权重表示为 w^*，投资组合中的每个头寸（包括提供供股权的股票）都按 $1+\gamma w^*$ 的系数缩减，这将实现投资组合在供股权处理之前和处理之后的价值相等。

第 12 章

定制实物篮子

定制实物篮子（custom in-kind baskets，CIB）对 ETF 投资组合的管理非常重要，因此有必要为其编写专门的章节。实际上，定制实物篮子是一种税收递延工具，ETF 投资组合经理可以用它来管理投资组合的资本利得和损失。通过与授权参与人合作，定制创设或赎回篮子（或两者）的构成，投资组合经理可以更有效地对投资组合进行税收管理。掌握如何定制实物篮子是很有挑战性的，所以让我们先用一个比喻来说明问题。

假设你经营一家销售小部件的商店。每周你的供应商按套装向你供货，其中包括等量的红色、蓝色和绿色的小部件。有时你的库存会过多，所以你的供应商允许你将整套的小部件进行退货。供货商每周三送货，每周五取走拟退货的成套产品。

有一个星期，你注意到你的蓝色小部件没有卖掉，于是开始建立一个你不想要的库存。你想退货，但退货要求是成套的小部件，就像供货商交货一样。另外，如果你把所有的蓝色小部件都退掉，你的货架上就会显得很空旷。

你想出了一个计划：你打电话给你的供应商，要求在本周三再送一次货，这样你就可以把多余的蓝色小部件移走，并保持货架上的选择完整。然后你请求供应商，与其在周五退回成套的产品，不如只退回蓝色小部件。为了感谢供货商接受你的退货，你同意将供应商的产品放在过道的前面。这样你就清除了蓝色小部件库存，解决了你的货架空间问题，并为供应商提供了宝贵的货架空间。大家实现共赢。

简而言之，这就是定制实物篮子交易的核心。标准化的 PCF 规定了创设或赎回篮子通常是什么样子（见第 5 章）。但在某些情况下，投资组合经理可以指定一个不同的自定义篮子——"全蓝色小部件"篮子——其权重与相关指数或持有的股票不一致，投资组合经理将要求授权参与人使用这个特殊的篮子来创设或赎回份额。在本章中，我们将介绍构建该篮子的过程，并讨论自定义篮子对基金的影响。

新定制实物篮子与旧定制实物篮子

在 ETF 规则（ETF Rule）通过之前，"定制实物篮子"一词通常指的是任何与对标持股不一样的篮子，这些篮子以税收管理为目的。然而，ETF 规则重新定义了定制篮子与标准篮子，其定义与过去的说法并不一致。例如，标有一个或多个名称现金替代的篮子在传统上认为不是定制的，但根据新规则，它属于定制类别。从形式上看，定制篮子包括那些不反映"ETF 投资组合持仓的代表性比例,ETF 投资组合持仓的代表性抽样,或由于 ETF 指数的再平衡或重组(如适用)而产生的变化"[1]。在业内,我们希望"定制实物篮子"一词继续拥有其在 ETF 规则之前的含义,本书使用这一含义。我们还注意到,主动型 ETF(在第 15 章有更深入的讨论)可以根据 ETF 规则使用定制实物篮子。正如我们迄今为止所做的那样,在这里我们把重点放在基于指数的产品上,但它们的原则是相似的。

定制实物篮子:关键原则

创设/赎回机制的基础是 ETF 份额和被交换的实物篮子的价值相等。假设一个篮子里的所有证券都具有完美的流动性,可以想象,授权参与人应该对赎回篮子里收到的证券或创设篮子里需要购买的证券不太关心。只要证券的价值与申赎单位的价值相等,授权参与人就能在交易中得到补偿。然而,基金发行商和投资组合经理却十分在意。以下三个关键原则推动了这一过程:

> 定制实物篮子原则 1:在市场上出售证券时,按成本基准最高最优先的顺序进行,以尽量减少每笔交易的已实现收益。
>
> 定制实物篮子原则 2:通过授权参与人赎回过程来"出售"证券,不会给基金带来资本利得或损失。

定制实物篮子原则 3：创设的单位数量等于赎回的单位数量。

在处置投资组合中的证券时，这些原则产生了一个自然的偏好排序：未实现损失的证券由投资组合经理在市场上出售，比由授权参与人赎回更好。反之，为了投资者的利益，投资组合经理更希望有未实现收益的证券被赎回，而不是在市场上出售。无论创设和赎回的篮子是什么样子，在这个过程完成后，基金的单位规模将保持不变（没有实际的创设/赎回活动）。

定制实物篮子 1：标准创设，定制赎回

定制实物篮子很复杂，通过以下的例子或许可以得到一些启发。设想以下的情况：SWA 投资组合在 2021 年 10 月 7 日有一次指数再平衡。计算日是 2021 年 9 月 30 日（季度末），预估文件已在构建中。表 12-1 中列出了一些关于计算后预期交易的摘要信息。

表 12-1　SWA 组合再平衡（9/30/2021）

被剔除的证券			被纳入的证券	
证券简称	持股数	未实现收益/损失（美元）	证券简称	目标持股数
AAXX	13 952	166 692.15	AABD	5 339
ADPQ	7 639	68 381.02	AFDA	7 153
AGFZ	12 145	(26 867.54)	AIAD	19 967
AHOR	17 237	122 062.51	AIYO	5 371
ALTO	5 493	75 277.14	AKXI	31 833

续表

被调整的证券			
证券简称	持股数	目标持股数	交易数
AAQZ	24 612	15 811	(8 801)
ACBU	6 596	6 213	(383)
……			
当前已实现收益/亏损（美元）			(596 364.67)
预测的市场交易收益（美元）			695 574.98
预测实现收益/亏损（美元）			99 210.31
单位资产净值（美元）			1.97
每创设单位的资产净值（美元）			1 598 609.50

一些证券被剔除（如 AAXX），另外一些则被纳入（如 AABD），一些已经持有的头寸被调整（如 AAQZ）。为了进一步了解情况，让我们对某一特定证券进行深入研究。在表 12-2 中，我们按批次显示 AAQZ 在投资组合中的持有情况，并按成本基准降序排列。根据定制实物篮子原则 1，如果我们在市场上卖出 AAQZ，要先卖出成本基准最高的批次。指数再平衡需要卖出 8 801 股，所以如果我们在二级市场上进行全部的交易，将卖出 AAQZ1013、AAQZ1012 和 AAQZ1001 所有批次，以及 AAQZ1006 批次的一些股份。这将产生 160 357.09 美元的资本利得。如果我们以这种方式对所有将在再平衡中出售的证券进行操作，由此产生的资本利得将增加到 695 574.98 美元。鉴于迄今已实现的资本损失为 596 364.67 美元，这将使投资组合在 2021 年 12 月 31 日财务年度结束时变为净收益，金额为 99 210.31 美元（见表 12-1）。除非投资组合经理能够将投资损失节税（见第 9 章），否则投资组合经理很可能

陷入困境，无法避免该年度的资本利得。

表 12-2　AAQZ 以成本基准排序的批次（9/30/2021）

批次	股数	基准（美元）	股价（美元）	未实现金额（美元）	交易数量	已实现金额（美元）
AAQZ1013	56	27.75	40.44	710.85	56	710.85
AAQZ1012	55	23.60	40.44	926.56	55	926.56
AAQZ1001	7 491	22.41	40.44	135 093.10	7 491	135 093.10
AAQZ1006	2 553	20.74	40.44	50 307.49	1 199	23 626.59
AAQZ1007	90	20.74	40.44	1 773.47	—	—
AAQZ1010	123	19.00	40.44	2 637.10	—	—
AAQZ1009	14 095	18.81	40.44	304 909.42	—	—
AAQZ1008	66	18.58	40.44	1 443.14	—	—
AAQZ1011	83	16.59	40.44	1 979.98	—	—
总计	24 612			499 781.11	8 801	160 357.09

在对定制实物篮子的第一次迭代中，我们展示了如何利用 SWA 指数的再平衡，将具有未实现收益的证券重新定向归入到授权参与人的篮子里。把这些不受欢迎的市场交易想象成我们的蓝色小部件。为了归还我们类比的蓝色小部件，我们必须先收到包含红、蓝、绿小部件的标准订单。同样的原则也适用于此：为了定制赎回篮子，我们先收到一个标准化的篮子，如图 12-1 所示。典型的创设通常发生在再平衡日之前的两个工作日，并基于标准的 PCF。

那么，哪些证券会进入赎回篮子？我们首先假设定制实物篮子中有一些单位（我们可以对任何数量的单位进行迭代）。在本分析中，我们假设有一个单位的定制实物篮子。回顾表 12-2，我们可以看到，由于成本基准较低，那些没有被纳入基于市场交

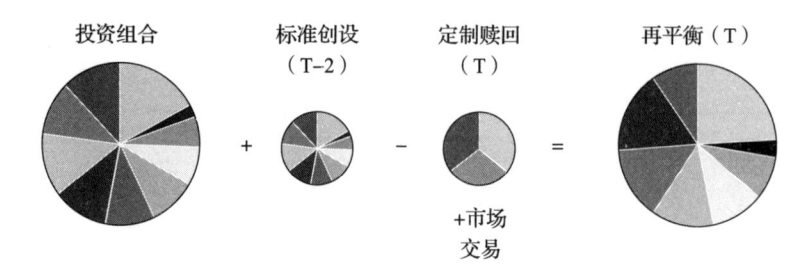

图 12-1 标准创设和定制赎回

易的批次,其每美元头寸的收益更大。我们之前在讨论投资损失节税时,曾讨论过每美元头寸的收益或损失这一概念:这就是对"物有所值"的统计。对于投资损失节税,我们需要寻找每美元头寸损失较大的头寸,以尽量减少错配。在这里,我们寻求每一美元持仓中收益最高的批次。

通过对所有可能在再平衡中被卖出的批次进行排序,我们可以看到哪些批次通过赎回篮子进行处置是最有效的,因为这些交易不会给基金带来资本利得(定制实物篮子原则2)。表12-3显示了一些批次(虽然它们没有出现在表中,但我们注意到,创设时出现的批次也会出现在这个表中)。

表 12-3 按划算程度排序的批次情况(9/30/2021)

批次	股数	基准(美元)	股价(美元)	未实现金额(美元)	划算金额(美元)	篮子
AAQZ1011	83	16.59	40.44	1 979.98	0.59	(83)
AAQZ1008	66	18.58	40.44	1 443.14	0.54	(66)
AAQZ1009	14 095	18.81	40.44	304 909.42	0.53	(11 732)
AAQZ1010	123	19.00	40.44	2 637.10	0.53	—
AAQZ1006	2 553	20.74	40.44	50 307.49	0.49	—

续表

批次	股数	基准（美元）	股价（美元）	未实现金额（美元）	划算金额（美元）	篮子
AAQZ1007	90	20.74	40.44	1 773.47	0.49	—
AAQZ1001	7 491	22.41	40.44	135 093.10	0.45	—
AAQZ1012	55	23.60	40.44	926.56	0.42	—
ACGN1005	33	33.27	56.91	779.98	0.42	—
ACBU1001	6 001	61.58	102.93	248 090.33	0.40	(1 208)
AAXX1004	418	27.20	41.27	5 881.52	0.34	(418)
ACBU1014	14	68.04	102.93	488.33	0.34	—
AAXX1002	11	27.97	41.27	146.25	0.32	(11)
AAXX1003	42	28.22	41.27	547.80	0.32	(42)
AAQZ1013	56	27.75	40.44	710.85	0.31	—
ACGN1002	40	39.60	56.91	692.13	0.30	—
AAXX1001	13 339	29.35	41.27	158 970.17	0.29	(1 608)
ACGN1001	9 735	40.95	56.91	155 355.24	0.28	—

事实证明，AAQZ 位列榜首。将 AAQZ 的股票放入赎回篮子中，可以避免相当数量的资本利得；将 AAQZ1011、AAQZ1008 和 AAQZ1009 的股票放入篮子中，意味着我们不再需要在市场上出售 AAQZ1013、AAQZ1012、AAQZ1001 和 AAQZ1006 的股票，避免了我们之前讨论的 160 357.09 美元的资本利得。请注意，进入赎回篮子的 AAQZ 股票数量增加了：由于 PCF[①] 包括了 3 080 股 AAQZ 股票，而净交易需要出售 8 801 股，因此需要处理的股票总数为 11 881 股。

剩下的工作就很简单了。由于 2021 年 9 月 30 日收盘时单位资产净值约为 31.97 美元，赎回篮子的价值为 1 598 609.50 美元。

---

① 这是没有显示。

我们将最有影响力的、没有定制实物篮子就会实现收益的证券按批次放入篮子（多至每批次所需的卖出金额）。通常情况下，篮子里会有少量的现金以保持价值相等，但还有一些额外的问题需要考虑。首先，如果收益中没有足够的批次来填补一个单位，那么，投资组合经理最好在市场上出售证券，并在篮子里放置更多的现金来凑足一个单位，而不是将产生损失的批次放在篮子里。其次，投资组合经理可能会考虑那些收益较大但不需要专门为再平衡而卖出的证券，将它们纳入篮子中。在这种情况下，投资组合经理需要考虑对投资组合的影响，因为如果相关公司的权重过低，投资组合经理可能需要在二级市场中通过再次购买来纠正。

一旦选择了将被纳入定制实物篮子的证券，投资组合经理就有责任在二级市场上完成其余的交易，以便在再平衡日结束时，交易的总和达到再平衡的组合。一些证券可能在篮子里，一些可能在市场上，一些可能在两者中（如果批次有不同的成本基准）。假设2021年9月30日的收盘价保持不变，如果执行一个单位的定制实物篮子，现在从市场交易中实现的收益只有362 373.24 美元，这导致今年迄今为止实现的损失为233 991.43 美元，仍然是负数。

如前所述，我们可以构建任何数量的单位，进出的单位越多，定制实物篮子对投资组合的影响就越大。

定制实物篮子 2：定制创设，标准赎回

绝大多数的定制实物篮子活动都是从标准创设和定制赎回开始的。对于被动投资组合来说，定制实物篮子是指数再平衡的一部分，对基金的收益/亏损情况有很大影响。基金通过定制实物篮子将有未实现收益的批次转移给授权参与人，留下在市场交易中主要（或完全）导致亏损的批次。

然而，假设这样一种情况，即基金存在未实现的净损失。指数再平衡将在该基金的纳税年度结束前发生，而该基金在该年度已实现收益。

但问题是，预估的投资组合产生后，显示未实现损失的证券并没有在指数再平衡中被出售。如上所述的定制实物篮子允许基金避免进一步实现收益，以增加年度纳税总额，但它无助于把实现的税收仓位变为零或负。

投资损失节税是一种选择，但这也是可能创造定制化篮子的地方。如图 12-2 所示，创设篮子是定制的，赎回篮子是标准的，而不是此前的过程：创设是标准的，赎回是定制的，情况正好相反。这是如何做到的？为什么这对 ETF 投资者有利？

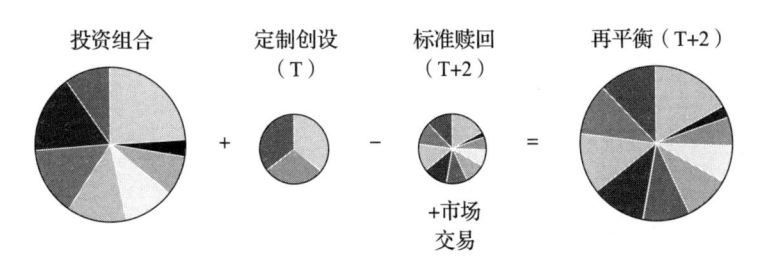

图 12-2　定制创设和标准赎回

假设一个由 100 只证券组成的基金，损失集中在其中的 4 只证券——A、B、C 和 D。每只证券价值 20 万美元，每只证券有未实现的损失 62 500 美元（见表 12-4）。ETF 的流通份额有 100 万份，一个单位由 10 万份组成，ETF 的单位资产净值是 25 美元，因此总资产净值是 2 500 万美元。正在进行的再平衡将使投资组合达到等权重，这意味着 A、B、C、D 中的每一个都需要净增加 5 万美元的头寸价值，因此每个头寸的价值为 25 万美元。市场再平衡不会导致未实现或已实现的收益或损失发生变化。

表 12-4 定制创设和标准赎回   单位：美元

证券简称	初始持仓	未实现金额	市场处理	1 单位被创设	持仓（T）	1 单位被赎回	持仓（T+2）
A	200 000	(62 500)	(200 000)	275 000	275 000	(25 000)	250 000
B	200 000	(62 500)	(200 000)	275 000	275 000	(25 000)	250 000
C	200 000	(62 500)	(200 000)	275 000	275 000	(25 000)	250 000
D	200 000	(62 500)	(200 000)	275 000	275 000	(25 000)	250 000
其他	24 200 000	—	800 000	400 000	26 400 000	(2 400 000)	24 000 000
总计	25 000 000	(250 000)	—	2 500 000	27 500 000	(2 500 000)	25 000 000

定制创设过程的工作原理如下：在再平衡日（T）收盘时，将已经持有的 A、B、C 和 D 的 80 万美元在市场上卖出，并根据预案按比例重新分配给其他证券，如此就实现了 25 万美元的损失。构建一个单位的创设，其价值是 250 万美元，创设是定制化的，所以其中 110 万美元在 4 只证券中的权重相同（每只 27.5 万美元），篮子的其余部分按比例与预估权重一致。创设之后，该基金的价值为 2 750 万美元，这 4 只证券中有 110 万美元——仍占 4%。在此时，组合完全被再平衡[1]。在后端，赎回抵消了授权参与人的风险敞口，只是这次的赎回是标准的，与再平衡后的指

---

[1] 这会引起一个问题，即交易是否会冲掉确认的损失，但正如我们在第 9 章中所说的，授权参与人交易（即定制和标准的篮子）通常被认为是出于税务优化目的的场外交易。请记住，具体内容应该咨询税务专家。

数文件相对应，以反映在定制化创设的帮助下重新制定的投资组合。投资组合被再平衡，基金的规模（没有任何临时的创设/赎回活动）是相同的，而且基金已经实现损失。

定制实物篮子3：定制创设，定制赎回

除了我们讨论的第一个定制实物篮子那样的传统，使用定制实物篮子还可以在创设和赎回时都有一个定制实物篮子。这通常不适用于指数产品的再平衡，因为交易的每一个环节往往都要求在再平衡之前或再平衡时与指数匹配。

然而，对于主动型投资组合而言，定制实物篮子可能被用来改变基金的策略，使证券从组合中剥离（定制赎回），令新的证券进入组合（定制创设）。因为在这种情况下没有指数，所以交易的两端都可以使用定制化（它们的中间有一个标准滞后）来实现"再平衡"，而不需要像指数那样进行正式的再平衡。

定制实物篮子的过程

ETF投资组合经理必须弄清楚对定制实物篮子的需求，并与资本市场团队沟通，找到一个授权参与人来协助处理定制实物篮子交易指令。定制实物篮子不是自己自动发生的，而是经过协商形成的，投资组合经理需要与授权参与人建立强有力的合作关系，以使这个过程顺利实现，因为它需要授权参与人方面的资本分配。另外，授权参与人还将处理与证券市场相关的交易，作为

再平衡的一部分，这一过程获得佣金收入。对于被动型产品来说，在指数再平衡公开之前，投资组合经理不会与授权参与人讨论定制实物篮子的问题。

错配的定制实物篮子要求交易指令至少在指数再平衡日期的前一天下达。由于定制赎回需要考虑两日的交易延迟，创设交易指令将在 T−2 日（其中 T 日是指数再平衡日期）下达，而赎回交易指令将在 T 日下达。投资组合经理与授权参与人合作以同意进行定制实物篮子可能需要一两天的时间，所以实质上投资组合经理需要在指数再平衡日前 4 天开始进行定制实物篮子的工作。交易的结算可能会被改变，使交易的两个部分在同一天结算。例如，在错开一天的情况下，第一阶段可以以正常周期结算（T+2），后一阶段可以缩短结算（T+1），由于交易发生在一天之后，这将使结算与定制实物篮子的第一阶段一致。

在我们看来，思考定制实物篮子或任何其他标准篮子的最佳方式是简单地将其作为一项交易，即证券进入或离开投资组合。如果定制实物篮子伴随着标准市场交易，那么这两个过程的"总和"将"等于"投资组合经理希望在投资组合中实现的总交易过程。定制实物篮子的过程也将影响二级市场上的交易。

什么时候适合使用定制实物篮子

需要指出的是，只有在符合基金股东的最佳利益时，才可以使用定制实物篮子。从历史上看，为了配合基金的再平衡操作或利用交易的税收效率，许多基金发行商和指数型基金的投资组合经理（尽管不是全部）会限制定制实物篮子的使用。否则，投资组合经理会更多地使用定制实物篮子。在理论上，如果定制实物篮子没有成本，而且授权参与人有充分的定制实物篮子的交易意愿，而不是在市场上交易，那么投资组合经理在每次想要重新调整投资组合时都会使用定制实物篮子，持续地重新设定投资组合中的证券成本基准。除了再平衡事件外，ETF可能会在类似再平衡的大型公司行为中使用定制实物篮子，其中的一个成分股可能会离开指数，该成分股的权重会在其余资产中重新分配。这看上去与指数再平衡相似。

随着ETF规则的通过，基金发行商被要求必须对定制实物篮子的政策和程序进行概述，以证明定制实物篮子符合基金股东的最佳利益。此外，美国证券交易委员会要求投资顾问必须明确由谁来确保定制实物篮子的程序得到严格遵守。

注 释

1. http://www.sec.gov/rules/final/2019/33-10695.pdf.

第 13 章

投资组合再平衡

对于跟踪指数的 ETF 来说,没有什么比跟踪指数本身更重要的了。但从指数设计上说,指数是会变化的:它们通常是按日期更新的,而公司行为也会影响指数及其成分股的演变。ETF 投资组合经理的工作是以最有效的方式将其持有的股票与指数相匹配。

我们在第 4 章介绍了指数再平衡,但投资组合再平衡与指数再平衡不同。指数是一个风格化的、假设的证券组合。但管理投资组合的 ETF 投资组合经理是真实的,以跟踪指数为目标的交易也是真实存在的。在了解了三个 T 和三个 C 后,本章将介绍整个投资组合的再平衡过程。图 13-1 展示了这个过程。请注意,这是一个广泛的概括,在某个特定的 ETF 中可能有一些细微的差别,这里没有涉及。但绝大多数 ETF 都属于类似图 13-1 所示的过程。本章涉及的许多问题在其他章节中也有涉及,我们会在必要之处标注相关参考资料。本章主要介绍投资组合再平衡的过程,以及投资组合经理在做出再平衡 ETF 投资组合的决定时,是如何考虑这些问题的。

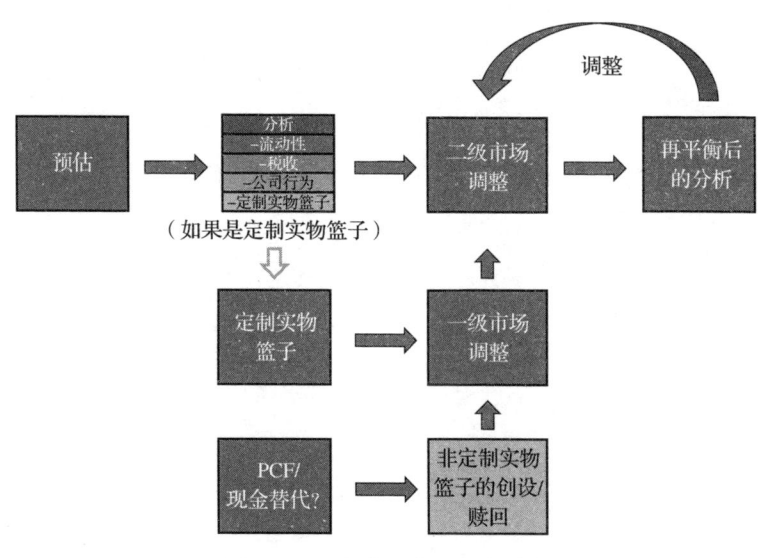

图 13-1　投资组合再平衡过程

指数计算和预估文件

对于被动型 ETF 来说，投资组合的再平衡过程当然是从指数开始。通常，基金发行商也是指数发行商，这意味着发起人是"自我指数化"的。自我指数化并不改变再平衡过程，而只是意味着指数（和再平衡）是由基金发行商生成的。如果基金发行商自编指数，那么在这个过程中收集到的信息就是重大的非公开信息，在信息公开之前，投资组合经理不得对其采取行动。通常情况下，指数发行商会在其网站上公布指数再平衡的情况。

如果基金发行商不是指数发行商，那么基金使用指数就需要得到许可,基金将从指数发行商那里收到预估文件。我们在第 4 章中介绍了指数预估文件。这些文件是投资组合经理进行再平衡的命脉,因为预估文件表达了指数再平衡计算后投资组合的预期情况。一旦第一份预估文件送达(通常是在指数再平衡日的前 5 天或更早),ETF 投资组合经理就可以初步了解再平衡交易的情况,这时就可以进入分析阶段。

再平衡分析

一旦再平衡通过预估文件被编入,投资组合经理就应该关注以下内容:
- 税收的影响和洗售。
- 预期的公司行为。
- 交易成本和流动性分析。
- 监测创设/赎回活动。

税收的影响和洗售

在基金会计和第 9 章所述的税收文件的协助下,投资组合经理应该清楚地了解基金在每个仓位上已实现和未实现的收益及损失情况。叠加所需的再平衡交易,将使投资组合经理清楚地了解这些收益和损失的预期变化。请注意,这需要一个特别细化的基金会计方法。例如,拥有一只股票的平均成本基准,并不像拥有逐批的基准那样准确。为了准确起见,显然应该逐批进行。

在洗售窗口期内发生的任何交易都应该由投资组合经理来处

理，这样他就可以知道延期对投资组合的影响是什么（见第9章）。一个好的投资组合经理将至少提前30天进行投资组合再平衡，确保在投资组合再平衡之前了解窗口期内任何能想到的交易的影响，以避免可能造成任何洗售问题。如果是财务年度的最后一次再平衡，这一点就尤其重要，因为"错误"可能导致当年要报告资本利得。

预期的公司行为

预期的公司行为可能产生如下影响：假设再平衡的投资组合中有一个已经被宣布为收购目标的公司，那么即将发生的公司行为的类型可能会影响投资组合经理在再平衡中如何交易该特定头寸，或者至少需考虑交易该头寸在再平衡过程中对基金产生的净收益或损失的影响。此外，投资组合经理还应考虑任何对PCF的修改以管理预期的公司行为。

交易成本和流动性分析

ETF投资组合经理的另一项重要任务是了解交易成本对投资组合和非流动性的影响。这需要投资组合经理与交易执行台充分协作，特别是流动性分析，其重要性取决于头寸的规模和所持证券的类型。在投资组合中，如果持有的股票交易量很低，而投资组合经理要求清算该头寸，这将对市场产生较大的影响。例如，在指数再平衡日进行整批的交易。因此，交易执行台可能会进行日均交易量（average daily volume，ADV）分析，投资组合经理可从中得知该交易指令在日均交易量中的占比情况。对于预期参与再平衡的每只证券都应该执行此操作。如果这个比例相当大（可能是50％、100％或300％），那么交易执行台就应该制定一个买进和卖出每个头寸的策略。我们在第8章讨论了最佳执行，这是交易员盈利的领域：尽早处理交易指令，并找到相对应的流动性等。

如果交易执行台找到投资组合经理表示某些证券需要更多的时间来处理相关交易指令，那么这可能使整体的再平衡时间线延后。这并不一定意味着每笔交易都需要提前开始，但如果你的证券在市场上的收盘时间不同，提前交易可能会导致跟踪误差。因为投资组合经理对投资组合做再平衡是逐部分进行的，而不是一次性全部做完。

监测创设/赎回活动

撇开定制实物篮子不谈，基金总是有可能在再平衡期间收到创设或赎回指令。在某些时候，这不是问题，但在其他时候，这可能就会成为问题。对于许多ETF来说，如果投资组合是国内的，那么所有的交易往往发生在指数再平衡日的收盘时（或接近收盘时），同时还要考虑流动性因素的限制。只要再平衡日的PCF与预估文件在收盘时一致，那么投资组合的进出都将与日终的投资组合相匹配。

但某些情况下事情可能不会如此简单。例如，在自定义赎回交易指令（T日）的前一天（T－1日）有一个创设交易指令下达，所有进入投资组合的证券的成本基准是T－1日的收盘价，T－1日的任何赎回指令将以投资组合中最低成本基准的证券为准，以使赎回的税收效应最大化。这意味着 T−1 日的活动会对从定制实物篮子赎回的证券产生影响。再如，如果要交易海外证券，而交易指令的交易日是 T−1 日，那么在 T 日交易的 T−1 日的交易指令必须考虑到投资组合中的最新仓位情况。

监测公司行为

对 ETF 投资组合经理来说，很少有事情比在再平衡过程中发生公司行为更令人沮丧。指数文件在更新，预估文件在更新，投资组合的构成也可能在同时更新。投资组合经理要记住的关键原则是确保了解投资组合在再平衡日收盘时的情况，以及为了使投资组合与指数相匹配，需要进行哪些（如果有）特殊考虑/交易。除非发生公司停牌（当然，这不是投资组合经理所能控制的事情），好消息是预估文件内容已涵盖了公司行为事件，因为这是投资组合经理了解投资组合变化的最佳来源。

市场交易与指数"交易"不同

在表 4-7 中我们展示了 SWA 指数再平衡时所需进行的"交易"。记住，这些交易不是真实的交易，而是在收盘时以股票收盘价即时发生的指数交易。在现实中，交易者可以在市场下达收盘指令，但他们必须提前确定股票的数量，例如，随着价格的变动，交易的数量可能与投资组合的理想值不符。

调整和再平衡后的分析

即使我们讲完了再平衡过程中所有需要了解的技术细节,再平衡的实际操作过程仍然是充满艺术性的。最后,如果说本书从本质上想表达什么,那就是整个再平衡过程不可能是完美的。一旦指数再平衡日的交易完成,投资组合经理就有责任对投资组合进行检视,交易前所有考虑的方面都应反映在交易后。交易成本与预期相比如何?交易活动产生了怎样的影响?未实现的收益和损失以及已实现的收益和损失是如何变化的?投资组合中的现金情况如何(如果价格在收盘时或在定制实物篮子赎回的一整天中发生了很大的变化,现金可能与预期有很大出入)?

最重要的是,投资组合经理必须确保投资组合看起来像预期的那样,按照预期跟踪指数。如果组合错配和/或现金头寸相当大,那么投资组合经理将在 T+1 日对组合进行调整,以使投资组合进一步与指数保持一致。如果在指数计算和再平衡之间没有滞后,正如我们在第 7 章中提到的那样,那么投资组合经理将试图在出现收盘价时交易,而鉴于这项工作的不精确性,这时投资组合经理需要调整交易。

THE COMPLETE GUIDE TO
ETF PORTFOLIO MANAGEMENT

第5部分
扩大产品系列

到目前为止，我们已经能够通过使用基于指数的、聚焦股票的 ETF 来展示 ETF 投资组合管理的许多原则。我们不可能在本书中阐述过多的实践案例，但与特定资产类别或结构有关的细微差别是值得探讨的。在接下来的章节中，我们将着重于扩大产品范围，包括国际 ETF（第 14 章）、主动管理型 ETF（第 15 章）和固定收益型 ETF（第 16 章）①。然后我们讨论杠杆和逆向投资（第 17 章），这里不讨论标的，而是讨论产品对标的的敞口风险。所有这些领域都为 ETF 投资组合经理带来了既新颖又有趣的挑战。

---

① 当然，其他资产类别或产品没有在本书中提及，比如商品、货币、基于衍生品的策略等。

第 14 章

管理国际 ETF

国际 ETF 与许多海外事物一样:与国内情况基本相同,但又有所不同。英国的英语与美国的英语不同:语言相同,但有些单词和拼写不同,当然,口音也不同。在澳大利亚(和英国)开车和在美国开车是一样的,但你要在道路的另一侧开车,而且方向盘在车的右边。这并不是说在道路左侧驾驶比在右侧驾驶更难,而是如果你已经习惯了在美国驾驶,那么在澳大利亚驾驶时就要小心了。在这一章中,我们强调了当从国内走向国际时,ETF 投资组合经理所面临的一些挑战。

虽然美国大多数指数型 ETF 只包括在美国上市的证券,但 ETF 市场上有相当一部分是国际性质的,持有着美国以外国家的证券,其中包括来自多个地区或特定国家的证券。根据彭博社数据,截至 2020 年 6 月,超过 76% 的在美国上市的 ETF 是国际基金或特定国家的基金,因此这就导致一个重要的问题[1]。这些 ETF 的卖点很明显:美国投资者可以在保留美国的交易账户的同时投资于海外市场。ETF 打开了美国投资者原本难以进入的市场通道。这需要代表美国本土投资者的ETF投资组合经理对国际或特定国家的组合头寸做好管理。

指数文件

首先,我们在前几章回顾的所有文件对于跟踪指数的投资组合经理来说,现在又多了一层复杂性:所有价格都以证券交易当地的货币和基础货币出现,基础货币代表指数的计价货币(在我们的例子中是美元)。每个文件都将提供货币代码,以提醒投资组合经理当地价格是以哪种货币报价的,文件中还提供了用于转换为基础货币的汇率。在这里(以及一般的ETF),ETF的基础货币将与指数的基础货币相匹配。在表14-1中,我们展示了一个假设的SWA指数在2021年1月11日的指数收盘文件,假设它的筛选范围包括国际股票,而且我们此前已经涉及了一些在国外交易的股票。请注意,一些附加的栏目也可能出现在国内指数文件中,但它们的用处不大。

表14-1 国际指数收盘文件

指数　　SWA 指数
日期　　1/11/2021
指数点位　99.248 44

代码	证券简称	国家	本地价格	货币	汇率	基准价格(美元)	权重(%)	指数份额	指数价值
US1001	AABA	US	81.63	USD	1	81.63	4.95	0.060 2	4.914 9
US1003	AAQZ	JP	7 706.65	JPY	114.50	67.31	4.71	0.069 5	4.677 2
US1004	AAWL	CA	76.20	CAD	1.311 5	58.10	4.78	0.081 6	4.742 5

单位手数的股数大小

虽然美国的股票允许以零股进行股数交易,但有时在海外市场交易的证券的最小手数会大于 1 股,甚至会是 100 及以上的倍数。例如,当海外证券的最小手数为 100 股时,投资者就不可能下达 87 股的交易指令。

第 7 章已经介绍了单位手数较大产生的直接影响,这应该是显而易见的:如果指数要求固定数量的股票,但市场结构不允许持有该数量的股票,那么 ETF 将面临较大的跟踪误差。这是导致国际基金跟踪误差较大的一个因素。一个拥有 1 000 万美元资产管理规模的 ETF,在某一特定时间跟踪 100 只股票的等权指数时,应该持有每一只股票的价值分别为 10 万美元。如果其中一只股票以 80 美元的基本价格交易,投资组合将需要持有 1 250 股股票。然而,如果该股票的手数是 100,那么投资组合经理将在配置中偏离 50 股。这意味着大约有 4 个基点的错误权重。

这听起来可能不是一项大的错误权重。即使相关股票有 10%的变动,也不足以导致 1 个基点的业绩差异。想象一下,我们有一个有多个单位手数、股数限制的投资组合,这些限制可能会在投资组合的各种头寸中累积。因此,在投资组合经理管理国际投资组合时,应确保错误权重能相互抵消。一方面,如果两只股票的波动是相关且不重合的,则用超配权重抵消低配权重,这样就不会增加跟踪误差。另一方面,因为每只股票都需要大量的持有量，所以基金规模越大，手数对跟踪误差的影响就越小。不过，这对一级市场活动会产生影响。

单位手数的股数大小与创设/赎回活动

当最小手数大于 1 股时，需要对 PCF 进行相应的调整。回顾一下，PCF 将决定在一级市场上授权参与人和基金之间的单位交易中，在给定的成分证券中有多少股会易手。如果 PCF 规定的股数不能在当地证券市场上交易，那么 PCF 将是次优的。

因此，PCF 在对股票进行凑整时考虑到了手数大小[①]。下面我们将 2021 年 1 月 11 日的 PCF 与我们在表 6-3 中的 PCF 进行了比较，现在每只证券的标准手数是 100 股，而且证券已被调整以反映国际投资组合（见表 14-2）。请注意，预期现金结果比表 6-3 中的要高得多，超过 60 000 美元，而不是 525 美元。

表 14-2　更高单位手数要求的 PCF（1/11/2021）

SWA ETF			
交易日期	1/11/2021	实际现金替代（美元）	—
结算日	T+2	实际现金差额（美元）	1 250 000.00
创设单位（份）	50 000	市值基准（美元）	1 188 850.92
NAV（美元）	25.00	篮子份额（份）	29 900
NAV/创设单位（美元）	1 250 000.00	预估现金替代（美元）	—
总份额（份）	400 000	预估现金差额（美元）	61 149.08
总净资产（美元）	10 000 000.00	预估股息（美元）	—

---

① 请注意，向下取整机制也用于单手证券；未凑整的 10.82 股在 PCF 中被向下取整为 10 股。我们在本书中采用了向下取整的方法。

续表

代码	证券简称	份额	本地价格	货币	汇率	基准价格（美元）	基准市值（美元）	权重（%）	现金替代
US1001	AABA	700	85.93	USD	1	85.93	60 151.23	5.06	否
US1003	AAQZ	800	7 903	JPY	114.50	69.02	55 216.99	4.64	否
US1004	AAWL	1 000	78.91	CAD	1.311 5	60.17	60 169.60	5.06	否
……									

在创设或赎回多个单位的情况下，单位手数的股数取整会给投资组合经理带来额外的问题。在上面的例子中，如果1个单位对应754股AABA（见表6-4），那么向该基金创设10个单位，理想情况下会有7 540股来自授权参与人。然而，向下凑整机制导致PCF只为该证券规定了700股的数量，所以当10个单位的创设指令下达时，基金只收到7 000股。这看起来很奇怪，因为该证券以100股为交易手数单位，授权参与人可以交付7 500股。然而，多单位创设和赎回交易指令不允许授权参与人改变标准PCF。因此，投资组合经理可能考虑在收到授权参与人提供的股票（和现金）后，通过在市场上额外购买500股来调整投资组合[①]。

时间安排

基于指数的ETF的关键原则之一是，ETF可以在很大程度

---

① 定制创设和赎回篮子允许投资组合经理指定多单位交易指令中的股份总数。但是，回顾一下，这些是预先安排的交易指令，指令中的单位数量已经被指定了。

上复制指数的表现，但要考虑交易成本和费用。国际指数通常包含全球各个市场在不同时刻的收盘价。这种时间上的不同步性意味着实际上不可能像国内指数那样复制指数的表现。

为了单独考虑这个问题，设想在一个无交易成本的情景下，投资组合经理可以以收盘价得到任何证券，无论是国外的还是国内的。某特定 ETF 在美国持有一半的证券，在欧洲持有一半的证券，欧洲先于美国收盘。

在再平衡日的预估文件中，投资组合在当天结束时的权重应该是相同的。投资组合经理在欧洲的收盘窗口期之前设置了一个欧洲股票的交易指令，例如美国东部时间上午 9:45，以反映其所需的持仓量。在美国东部时间上午 10:00，交易指令被执行。但是恰巧在交易指令执行后，美国股市暴跌。因为指数取决于两个市场的价格，所以指数价值将下跌。美国市场所需的头寸将被缩减，否则股票头寸将投资过度。因此在收盘时，欧洲的头寸相对而言会显得比美国的头寸大。欧洲市场在下一个交易日早上开市时，或许持仓会下跌，或许投资组合经理会不得不卖出欧洲的仓位。只有当两个市场都处于开盘时，投资组合经理才会知道头寸是否等权重，但即使如此，也为时已晚，因为均等权重是要在收盘时进行的。非同期的市场活动会使指数跟踪变得困难。

时间安排也是造成指数收益与净值和收盘价收益之间产生差异的原因，因为被动型产品跟踪的指数收盘时间可能与 ETF 的市场收盘时间不同。

交易成本和流动性

有时，海外证券的交易成本比国内证券的交易成本高。不仅因为流动性较差的市场波动会更剧烈，而且在设计上，海外证券需要两笔交易：以当地货币购买或出售证券，以及为促进现金在基础货币和当地货币之间流动而进行的外汇交易。与构成类似的国内投资组合相比，这些额外的成本将对跟踪指数或 ETF 收益表现产生更大的影响。

税收和预扣税率

当一家在美国上市的公司宣布派发股息时，在除息日之前持有该证券的投资者会在支付日收到全部股息付款。投资者在报税时向美国国税局申报他们的股息支付情况。然而，外国政府通常不会让投资者申报他们的股息，而是直接从股息付款额中预扣，就像许多美国人从他们的工资单中预扣税款一样。

海外的股息预扣税可能会令指数的业绩表现差异略有增加，这取决于所跟踪指数对外国公司股息的处理方式。正如我们在第 3 章中所讨论的，指数编制方法涉及股息再投资，主要是为了确定从股息中获得的现金如何重新配置到指数标的中。国际或特定国家指数所需的另一种规范是，确定该指数是否对股息支付适用预扣税，如果适用，该使用何种预扣税率。一个规范的指数将使预扣税率与各国政府规定的税率相匹配。表 14 - 3 展示了部分国家的股息预扣税率。

表 14-3 部分国家的预扣税率

国家	预扣税率（%）
澳大利亚	30
加拿大	25
中国	10
法国	28
德国	26
印度	20
日本	15
墨西哥	10
菲律宾	30
南非	20

资料来源：Solactive AG.

假期日历

对于国内指数来说，规定一个假期日历非常简单，指数公司通常会遵从主要交易所（如纽约证券交易所）的假期日历。这意味着从形式上看，指数交易日也是交易所开放交易的日子。如果交易所因假期而休市，那么这一天就被认为不是指数的交易日，这一天也不会公布指数点位。对于那些计算日和/或再平衡日受到假期市场休市影响的指数，指数编制方法通常规定有关日期转移到假期之前或之后。

国际指数在假期上面对的问题要多得多，原因很明显。因为涉及多个地域，所以要考虑诸多假期因素。虽然地域影响没有那么明显，但同样重要。如果一个或多个市场休市，在多个市场中持有证券的指数会公布其指数点位吗？如果市场在指数计算日休市，会发生什么？如果市场在再平衡日休市又该怎么办？

这些问题会给 ETF 的投资组合管理过程带来巨大的困扰。假设有一个跟踪股票指数的 ETF，它使用纽约证券交易所的假期日历，但又同时持有国际股票。授权参与人希望在国际市场休市日创设一个 ETF 单位。授权参与人在下达创设指令之前并不拥有该市场的成分股，因此授权参与人不能将这些股票纳入篮子。如果现金替代可以接受，那么投资组合经理就会收到现金而不是股票，并且必须等到当地市场开盘时才能购买股票。由于股票是按最新收盘价估值的，而投资组合经理必须等到市场重新开盘时才能购买，因此延迟的时间越长，投资组合的风险就越大，这就会转化为跟踪误差。

到目前为止，对错位的假期日历最具挑战性的影响发生于某个外国市场在指数再平衡期间休市[①]。如果一个市场在指数计算日休市，指数发行商在进行必要的计算以生成预估文件时，通常会使用在该市场交易的证券的最新收盘价。

设想一个包含 10 个不同国家股票的等权重指数再平衡方案，其中一个市场，比如日本，在指数计算日休市。如果在计算日发生股市崩盘会怎样？因为日本股票休市没有收盘价，所以在计算中会出现日本股票没有受到崩盘影响的情况。当其他市场可能下跌 10% 或 20% 时，日本市场的表现持平。为了实现同等权重，指数编制方法将在无意中持有过少的日本股票（其价值必须与其他

---

① 很多指数会通过设计来规避这一点。

股票的价值相等，但价格又虚高）。如果第二天所有市场开盘，日本股市的持仓将（很可能）急剧减少。日本股票将在本应是等权重的指数中被系统性地低配。

到目前为止，计算日为日本假期的所有影响只体现在预估文件上，而不是实际指数上，因此也不是在实际的投资组合中，因为ETF还没有发生再平衡。在这种情况下，虽然投资组合经理很大程度上可能不得不面对投资组合没有出现同等权重的问题（一旦投资组合最终被再平衡），但是当假期遇上再平衡日时，情况就不是这样了。

设想上述同样的例子，只是这次日本股市在再平衡日休市。预估文件要求对投资组合中持有的日本股票进行交易，但股市已经休市。投资组合经理对此预先知情，所以他必须在再平衡日之前或假期后，股市开盘后进行交易。如果投资组合经理必须为再平衡购买日本股票，那么必须有足够的资金，否则投资组合经理将透支现金账户并被收取借款利息。如果投资组合经理选择在再平衡日之前在市场上卖出一些股票，为购买日本股票提供资金，那么这将在股票上表现为一定的错配。

创设和赎回的交易指令窗口

对于国际基金来说，创设/赎回的截止时间可能比T日提前一天。这让授权参与人（和基金）有更多的时间来了解交易指令的时间，以便基金和授权参与人做好准备，反之亦然。授权参与人可能通过查看今日的PCF来预判明日的交易指令情况，以了解篮子中可能包含的内容，假设这不是一个再平衡日，PCF 可能具有一定的代表性。

现金替代和辅助交易

国际 ETF 的投资组合经理必须有能力在各种海外市场进行交易，以复制他们所要跟踪的指数。这需要在几个地区设立交易账户。设立这些账户需要时间，而且在某些情况下，ETF 发行商可能因为相关限制而不能进行交易。因此，如果没有中间人协助交易，ETF 无疑会对国际指数产生跟踪误差。

幸运的是，托管人可以提供"辅助交易"服务，他们将在发行商不能交易的市场上进行交易。当交易指令通过授权参与人进行创设或赎回时，受限国家的证券将被标记为现金替代。对于创设，授权参与人将向基金支付现金，当托管人代表基金收到现金时，它将代表基金在受限的市场购买证券，从而实现交易（见图 14-1），此时，基金相对于 PCF 来说是完整的。反之，如果收到赎回指令，基金将让托管人代表其出售受限证券，此时现金将交付给下单的授权参与人。

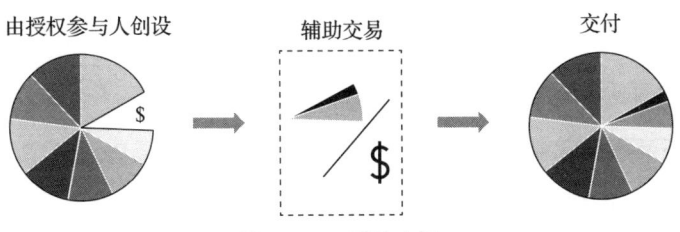

图 14-1 辅助交易

此种情况下，投资组合经理需要记住的最重要的事情是：

1. 对市场准入进行了解（通常与ETF发行商的合规和法律团队讨论）。
2. 指定哪些证券将自动被标记为现金替代。
3. 与托管人建立辅助交易。

外汇交易

国际投资组合需要进行外汇交易，以便在海外市场购买和出售证券。当购买海外证券时，美元被转换为该证券的基础货币，然后该货币被用于购买当地证券。同样地，出售证券是以外币进行的，然后该货币被汇回美元。有时，ETF投资组合经理受雇于拥有独立外汇柜台的公司以便于进行外汇交易，或者投资组合经理也可以借助托管人。如果没有以上情况，投资组合经理将负责货币兑换。

与外汇交易有关的一个关键风险是货币的升值或贬值。举一个简单的例子，假设一个拥有1 000股ABC股票的投资组合，该股票在伦敦证券交易所上市，以英镑计价。股票的交易价格为100英镑，每股派发1英镑股息，股票的除息日是2月12日，股息支付日是一周后的2月19日。

ETF投资组合经理有几件事需要考虑。首先，ABC的权重将下降，所以如果投资组合经理的目标是完全复制指数，那么股息必须重新配置给投资组合的其他部分。其次，配置股息的一周后,股息才会真正进入投资组合。假设在 2 月 12 日,英镑的交易价格为 1.30 美元。投资组合的股票仓位因分红减少了 1 000 英镑,此时相对应 1 300 美元。投资组合经理需要购买价值 1 300 美元的股票,其中可能包含不同货币的股票。投资组合经理此时可能没有 1 300 美元现金用于投资,于是就需要借入资金进行购买。

延迟收到股息也会给投资组合经理带来风险。假设 2 月 18 日,英镑跌至 1 英镑兑换 1.2 美元。当收到股息时,它只值 1 200 美元,而不是 1 300 美元。而一旦收到股息,它将留在外币账户中,直到被汇回美元。汇回美元前的每一次延迟收到股息都会给投资组合经理带来风险。在上面的例子中,汇率在分红过程中可能保持不变,但如果英镑没有汇回,英镑下跌,那么投资组合将遭受损失。这强调了指数编制方法的一个基本原则——除非另有规定,否则交易是瞬间发生的,对任何寻求跟踪该指数的投资组合来说都会产生跟踪误差。

通过外汇远期交易可以防范这种风险,有几种货币对冲的 ETF 可以抵消持有外币计价证券相关的风险。

国际公司行为

在第 11 章中,我们讨论了一系列的公司行为以及它们对指数和 ETF 投资组合的影响。我们注意到,有一些美国账户持有人可能不参与某些公司行为,这意味着虽然指数可以对于公司行为进行处理,就像它影响到投资组合中的证券一样,但实际跟踪指数的投资组合可能无法处理该公司行为。

这方面的一个例子是供股事件。有时 ETF 投资组合可能持有一家公司的股票，该公司发行的供股对美国的证券持有人无效。供股权对于持有人相当于期权，因此它们对投资者是有价值的。不幸的是，在这种情况下，美国投资者将无法获得这种价值，而包含该成分股的指数却可能获取。这种情况下，公司行为将减少投资组合的价值，在相关除权日基金的单位资产净值相对于指数将出现下跌。

国际投资组合中指数跟踪工作的难度显然是增加了。解决这个问题的方法之一是对基金进行主动管理，而不必复制其表现和指数构成，以寻求达到或超过国际基准指数的表现。在下一章中，我们将深入探讨在向主动管理型平台转变的过程中，需要考虑的问题。

注 释

1. Bloomberg Finance L. P. , Investment Company Institute.

第 15 章

主动管理型 ETF

我们详细介绍了指数型 ETF，从跟踪指数的构造到指数再平衡的管理，以及三个 T 和三个 C。虽然大多数 ETF（和 ETF 资产）涵盖了基于指数的基础策略，但行业中出现越来越多地涉及主动管理的策略，即那些在技术上不跟踪任何指数的策略[①]。这些所谓的主动管理型 ETF（actively managed ETF，AETF）使投资组合经理在他的持仓中具有更大的灵活性：主动管理策略涵盖极广，包括从通过纯粹的定性方法选择证券到使用高度机械化的模型选择证券。

不妨看看目前市场上一些最大的主动管理型 ETF，如表 15-1 所示，他们的目标任务是什么呢？MINT 的目标是"在保护本金的前提下获取最大的当前收入"，而 ARKK 投资于"与颠覆性创新主题相关的股权证券"[1]。在这些情况下投资组合经理的决策实

---

① 我们说"技术上"，是因为主动管理型 ETF 很有可能也在跟踪指数，但根据产品上市时的豁免条款，该产品可以认为是主动的。在采用 ETF 规则（6c-11）后，这种区别变得不那么重要了。

际上决定着产品本身的投资行为,如果投资者寻求与指数挂钩的业绩表现,被动型产品将是更合适的工具。主动型产品的价值主张是它可以达到特定的基准指数的业绩表现,或为投资者提供一定风险下的费后阿尔法收益。

表 15-1 最大的主动管理型 ETF (12/31/2020)

证券简称	产品名称	管理规模(亿美元)
ARKK	ARK Innovation ETF	178
JPST	JPMorgan Ultra-Short Income ETF	156
MINT	PIMCO Enhanced Short Maturity ETF	143
ARKG	ARK Genomic Revolution ETF	77
LMBS	First Trust Low DurationOpportunities ETF	66
FPE	First Trust Preferred Securities ETF	59
ARKW	ARK Next Generation Internet ETF	53
ICSH	BlackRock Ultra Short-Term Bon ETF	52

数据来源:Bloomberg Finance L. P.

豁免权和透明度

在 ETF 规则出台之前,主动管理型 ETF 必须以与指数基金相同的方式申请豁免权。随着时间的推移,美国证券交易委员会对创设/赎回篮子的限制越来越多,这使得在某些特定情况外使用定制实物篮子变得更加困难,这也限制了我们在第 12 章中详细讨论的关键税收管理工具的作用。随着新的 ETF 规则的出台,这种情况不再适用。符合 6c-11 的主动管理型 ETF 将被允许使用自定义实物篮子进行创设和赎回活动,其方式不以指数型和主动管理型基金作为区分。

早些时候对主动型产品的豁免和新的 ETF 规则要求主动管理型 ETF 像指数型 ETF 一样，每天公开披露其持仓。这种"透明度"的要求是许多人认为主动管理型基金在资产管理规模方面仍然大大落后于被动型基金的原因。这种说法主要是由于共同基金只要求在每个季度末的 45 天后公开报告持股情况（通过 N‐Q 表格申报），主动型投资组合经理可以在共同基金的架构中更好地隐藏他们的投资策略，而不是通过在 ETF 中管理资产来放弃他们投资策略的"秘诀"。这一透明度的要求导致 ETF 架构上出现了新的变革，我们将在本章最后进行讨论。

主动型与被动型 ETF 的组合管理

我们的目标是将主动型投资组合管理过程与我们已经介绍过的基于指数的投资组合管理区分开来，或者在某些情况下，强调主动型投资组合管理与基于指数的投资组合管理之间的相似性。这两者之间的重叠部分远远多于差异，在投资组合过程中采取基于指数的方法可以帮助主动型投资组合经理管理他的投资组合。在下面的内容中，我们将介绍：

- 三个 T 和三个 C。
- 主动管理型 ETF 的 PCF 构建。
- ETF 发行和初始篮子。
- 报告。
- 透明度的选择。

三个 T 和三个 C

我们此前围绕三个 T 和三个 C 的概念对被动型产品进行了分析。但这些概念在主动管理型产品上存在重要区别。显然，没有要跟踪的指数，因此没有跟踪误差；但如果从一个稍微不同的角度看，你可能会惊讶地发现主动型基金与被动型基金是如此接近。

跟踪误差

主动型策略并不正式与指数挂钩，但它们往往寻求超越基准的表现。在许多时候，主动型策略的基准往往以被动型 ETF 中的对标指数为代表，虽然主动型投资组合管理经常被认为是非分析性的（投资组合经理不是每天早上起来就决定他们要持有什么吗？），但实际上它比通常认为的要更具技术含量。在思考主动策略的风险和业绩表现方面，这一点最为真实。

如果没有可以跟踪的指数，投资者如何能知道主动型投资组合经理的表现呢？投资者并不会简单依赖于投资组合经理所讲的故事，他们通常以基准，也就是一个预先确定的标尺，来判断投资组合经理的价值，以及相对应的包括费用、风险等成本因素是怎样的。除了直观的业绩表现外，投资组合经理采取他所依赖的方法会增加多少风险？

回答这些问题的标准框架通常是信息比率（information ratio，IR）[1]。IR告诉我们，相对于基准而言，一个策略提供的每单位风险的额外回报是怎样的。提供风险以外的阿尔法收益是主动型投资组合经理努力实现的目标，甚至聪明贝塔（smart beta）策略也通过设计一个具有吸引力的信息比率的指数来试图实现这一目标。

为了计算信息比率，需要进行一些数学运算，我们在本章附录中列出了一些计算方法。如果把第7章的附录和本章的附录进行比较，你会发现它们非常相似。在不深入研究计算方法的情况下，我们可以得知关键信息：在主动型基金中贡献的超额收益与在指数型基金中贡献的超额收益没有太大区别。区别在于，在基于指数的情况下，比较基准是指数。一旦指数被设计出来，ETF投资组合经理的工作就是跟踪它，而不是超越它。相反，主动管理型ETF投资组合经理的工作是在不承担太多风险的情况下战胜基准。你可以把信息比率最大化视为主动型投资组合管理的跟踪误差最小化[2]。

另一个重要的区别是，在主动管理型基金中，投资组合包含着基准证券中没有的资产。在指数基金中，当投资组合经理完全复制指数时，由投资组合经理选择的证券总是包含在指数中。通常的例外是现金，因为大多数指数没有现金部分。正如我们在上面提到的风险计算，实际差别并没有大家一开始以为的那么大。现金是指数型投资组合经理在指数证券集合之外使用的唯一资产，而现金和其

---

[1] 我们建议使用算术信息比率，但有些人主张使用几何信息比率。有关这方面的更多信息请参见 http://www.automated-trading-system.com/geometric-information-ratio/#start。

[2] 事实上，仔细观察附录中的IR公式，你可以看到IR的分母实际上是跟踪误差，所以对于给定的超额业绩水平，跟踪误差越低，IR越高。

他证券则为主动型投资组合经理在证券选择中提供了更大的备选集合。如果我们考虑到并非所有的指数型投资组合经理都寻求完全复制指数——有些公司采用代表性的抽样策略——那么指数型投资组合管理和主动型投资组合管理之间的相似之处就会变得更加清晰。

另一种观点

只要投资组合经理愿意从投资组合优化的角度来考虑他的投资组合，就有另一种方式来思考跟踪误差及其与主动管理型 ETF 投资组合管理的关系。

当主动管理型 ETF 的投资组合经理选择持有一个投资组合时，这个投资组合表达了一个最优选择，也就是说，对于一个投资组合经理来说，在围绕基金目标的一些基本约束条件下，他几乎可以选择任何内容投入到投资组合中。我们可以把这个投资组合看成是一种指数。回顾第 3 章，指数计算代理商（ICA）每天都会发送指数文件。那么想象一下，主动管理型 ETF 投资组合经理扮演 ICA 的角色，就像一个指数一样正式地捕捉投资组合。现在假设投资组合经理正在考虑一笔交易，目的是获取他账面上的一家公司的未实现损失。表 15-2 显示了截至 2021 年 4 月 15 日主动型投资组合经理的持仓"指数"，它模仿了被动型投资组合经理的投资组合以及与每个头寸相关的未实现收益/损失。

表 15-2 主动投资损失节税（4/15/2021）

证券简称	合计权重（%）	未实现收益/损失（美元）	重新分配比例（%）	现金（%）	超配 AKXI（%）
现金	0.00	—	0.00	4.94	0.00
AKRY	4.94	(180 721.71)	0.00	0.00	0.00

续表

证券简称	合计权重(%)	未实现收益/损失(美元)	重新分配比例(%)	现金(%)	超配 AKXI(%)
AGFZ	4.73	(107 802.67)	4.97	4.73	4.73
AAQZ	4.48	(96 120.36)	4.71	4.48	4.48
AIAD	4.97	(84 085.78)	5.23	4.97	4.97
AMGP	4.98	(62 076.16)	5.23	4.98	4.98
ACOP	4.49	(57 507.45)	4.73	4.49	4.49
AKXI	4.95	(44 603.38)	5.21	4.95	9.89
AABA	4.17	(24 431.47)	4.38	4.17	4.17
ACGN	5.05	(22 064.37)	5.32	5.05	5.05
AHBP	4.51	(15 254.23)	4.74	4.51	4.51
AHJQ	5.69	(8 139.23)	5.98	5.69	5.69
ADXK	5.40	(4 708.85)	5.68	5.40	5.40
ADZI	4.88	(1 687.80)	5.13	4.88	4.88
AAXX	4.77	5 522.47	5.02	4.77	4.77
AKZO	5.03	7 644.12	5.29	5.03	5.03
AKEK	5.12	7 712.39	5.38	5.12	5.12
AHGG	5.58	31 649.29	5.87	5.58	5.58
AFOJ	5.27	71 282.26	5.54	5.27	5.27
ALTO	5.50	143 079.84	5.79	5.50	5.50
ACBU	5.50	155 077.75	5.79	5.50	5.50

正如我们在表 9-8 中所看到的，股票 AKRY 的未实现损失是巨大的，而我们的收益也是巨大的。虽然 AKRY 在投资组合中——理论上意味着这只股票属于主动型投资组合经理的最佳投资组合中的一部分——但投资组合经理没有义务持有它。然而，对这家公司占有 4.94% 权重的任何偏离，都是对假定最优组合的偏离。在指数投资组合中，我们有一个词来形容这对投资组合的

影响：跟踪误差——三个 T 中的第一个。

通过指数化的分析方式，我们现在可以很直观地计算出投资损失交易的节税效果。正如我们在第 9 章中所展示的，主动管理型 ETF 投资组合经理可以将 AKRY 的权重重新分配到剩余的投资组合中（如表 15-2 中的"重新分配比例"一栏所描述的），将权重保持在现金中（表 15-2 中"现金"一栏），或将其配置到一组可能已持有或未持有的替代证券中；最后一种情况是将权重完全配置到 AKXI 中（表 15-2 中"超配 AKXI"一栏），如果这两只证券之间没有特别的关联性，被动型投资组合经理不太可能这么做。这里的关键是认识到每一种选择都偏离了投资损失节税的最佳投资组合，而投资组合经理可以使用分析方法（例如，在第 7 章的附录中所述的技巧以及第 19 章中将描述的代表性抽样方法）来了解相对于其最优选择的跟踪误差。像往常一样，由于考虑到洗售的问题，我们预计投资损失节税的交易将在超过 30 天后进行。

这个例子中具有讽刺意味的是，管理主动型投资组合的最佳方式是将其视为基于指数的投资组合，尽管现实中我们会允许许多主动型投资组合经理不以这种方式管理其投资组合。

跟踪误差与基准风险

当一个主动型策略明确了某个基准时，投资组合经理必须意识到该基准当然不是静态的。基准会像其他指数一样进行再平衡。在再平衡时，主动型投资组合经理要主动决定是否跟随指数再平衡，并在自己的投资组合中进行类似交易来模仿基准的做法。

回忆一下，例如在 2021 年第一季度的再平衡中，股票 AAWL 和 AKMW 被从 SWA 指数中剔除，并被 AAXX 和 AKEK 取代。被动型投资组合经理要卖掉 AAWL 和 AKMW，并用 AAXX 和 AKEK 来取代此前投资组合的持股（当然，要根据它们的新权重）。对于一个主动型投资组合经理来说，AAWL 公司本身会引发投资组合经理的兴趣，也许他已经花了很多时间研究为什么该公司的市值低于指数基准门槛，并对该股票中存在大量的阿尔法超额收益抱有信心。主动型投资组合经理随后需要决定这只股票是否应该保留在组合之中，这个决定无疑将对基准指数产生风险冲击。

简而言之，基准的主动性风险不仅在投资组合经理做出主动决定时发生，而且也发生在因再平衡而导致基准变化时，这是对"决定不采取行动本身就是一种行动"这句古老格言的诠释。

交易成本

三个 T 中的第二个 T 的基本前提是交易成本最小化，这适用于所有的 ETF，无论它们是被动型还是主动型。寻求交易的最佳执行是必然的，主动型结构给 ETF 投资组合经理带来了一定的灵活性。在上一节中，我们谈到了主动型 ETF 本身不存在跟踪误差。这意味着主动型投资组合经理可能不会像被动型投资组合经理那样，为了跟踪指数而去匹配基准指数相关权重而感受到压力。不过，如果主动型风险是一个考虑因素，那么随着基准的变化，投资组合经理也需要考虑交易成本，以保持他的风险容忍度。

税收和定制实物篮子

有关 ETF 中证券买卖的税收规则，与 ETF 本身是主动型还是被动型无关。因此，我们在税收一章中所涉及的许多内容在这里仍然适用。主动管理型和指数型 ETF 的投资组合经理在税收方面有着相同的目标（第三个 T）：在财务年度结束时向最终投资者分配的资本收益为零。

主动管理型产品通常在现金替代的定制实物篮子中，更多地利用投资损失节税。指数型 ETF 投资组合经理经常使用完美的指数复制手段来管理他们的投资组合，因此在某种程度上受到跟踪相关指数的束缚。主动管理型 ETF 投资组合经理通过证券实现资本损失而提供税收减免，因此有更大的选择余地来进行证券替代。主动型投资组合经理通常会使用分析工具，为持有的证券提供具有类似特征的替代标的——就像我们上面讨论的指数型 ETF 投资组合经理可能会做的那样——这样就可以在不影响基金整体战略目标的情况下进行税收交易。洗售的时机将与很多投资损失节税的交易相连，而主动型投资组合经理面对的相关机会显然比指数型投资组合经理更多[①]。

当然，ETF 规则允许定制实物篮子，从而改变了主动型 ETF 在税收管理方面的独特优势。在第 12 章中，我们介绍了为指数型 ETF 投资组合经理构建定制实物篮子的一种非常系统的方法。定制实物篮子会在指数再平衡期间发挥作用，并用一种方法将定制实物行为和市场交易结合起来，形成理想的再平衡后的投资组合，同时可以获取投资组合中的损失节税。

在主动管理型 ETF 案例中，一个明显的区别是没有正式的

---

① 关于主动管理型 ETF 投资组合经理可能使用的更多工具，请参考第 19 章的代表性抽样。

指数可供跟踪，因此也不存在指数再平衡。投资组合经理可以随时根据其需要进行组合调整。然而，主动型投资组合经理可以将投资组合的重新定位视为再平衡，并使用定制实物篮子机制来实现部分（或全部）必要的交易。通常情况下，主动型投资组合经理会以标准的频率对投资组合进行检视，例如每月或每季度。即使基金的战略是模型驱动的，也会被归为主动型。这一检视与指数再平衡的过程相仿。

这里的差异可以解释为内生性：在基于指数的定制实物篮子案例中，指数决定了再平衡日结束时投资组合的构成。在主动管理的情况下，投资组合经理决定了投资组合的构成，这种构成是卖出某些头寸所能产生的投资损失的函数。

现　金

现金管理是被动型和主动型ETF投资组合管理的一个重要部分，但二者的理念不同。对于指数型投资组合经理来说，追求现金最小化，能为交易提供足够的资金，但又不足以明显地导致对相关指数的跟踪误差，即现金拖累。

对于主动型投资组合经理来说，不追求现金最小化，而是便于现金的流入流出。因为不涉及指数，所以就不会以现金最小化为目标。主动型投资组合经理可以利用现金来平抑波动，为即将进行的投资做准备，或者在重新配置之前减少头寸。

公司行为

主动型ETF让投资组合经理在面临公司行为时可以保持一

定的灵活性。简单地说,如果一个指数对公司行为进行了处理,被动型 ETF 投资组合经理也将跟踪这一公司行为。与此相反,主动型投资组合经理在面对公司行为时可能不希望做任何事情,事实上,也许他的目的就是利用公司行为。例如,在收购中,指数中不包含收购方的股票,因此被动型投资组合经理会将其卖出;但对于主动型投资组合经理,一旦基于股票的交易完成,他可能会选择持有收购方的股票。要约收购也可能对主动型投资组合经理有利,要约的权利可以被完全执行,而不必仅通过将资产重新配置在投资组合的其他资产上。简言之,主动策略比被动策略具有更多的灵活性。

(透明)主动管理型 PCF 的构建

PCF 的构建是推动 ETF 市场中一级市场交易的核心。基于指数的 PCF 可以基于持仓或指数权重本身。对于指数型基金来说,这两件事其实很相似,因为投资组合经理试图跟踪指数。然而,对于主动管理型 ETF 来说,不存在相关的指数权重,也没有任何指数文件。PCF 唯一显而易见的是投资组合的持仓。由于公布基于持仓的 PCF 类似于公布持仓,因此我们将针对透明的主动管理型 ETF 进行讨论,之后将重点讨论半透明和非透明的主动管理型 ETF。

对于许多主动管理型 ETF 而言,仅使用基于持仓的 PCF 可能就够了,同时可能存在一些必要的边际调整,比如通过扩大仓位以呈现一个零现金的组合篮子。假设有一只 ETF 有 100 个未完成的创设单位，投资组合中有少量的现金（比如 20 个基点），ETF 投资组合经理不想在创设过程中纳入更多的现金，这样在赎回时就可以轻松地处理一个全证券篮子。所以在这种情况下，简单地从篮子中去除现金并将组合中证券的单位放大来形成 PCF 是合理的。同样，一些主动管理型投资组合可能包含衍生品（如互换或期货），投资组合经理可能不希望反映在 PCF 中。如同对现金的处理一样，投资组合经理可以通过改变 PCF 以呈现一个非衍生品的投资组合[①]。

主动管理型 ETF 投资组合经理也可以像指数型 ETF 投资组合经理那样在 PCF 中利用现金替代。公司行为可能是导致证券被现金替代的最普遍的原因，但投资组合经理也可能正在改变头寸的权重，例如，他希望在不受创设/赎回活动干扰的情况下管理头寸（尽管这可能向市场发出了一个信号：基金中发生的交易可能不利于基金股东）。现金替代也可以用来防止有未实现损失的证券通过赎回机制而离开投资组合，特别是那些在设计上只接受现金创设同时提供实物赎回的基金。

ETF 发行和初始篮子

当 ETF 发行时，授权参与人会向 ETF 交付证券和/或现金，而 ETF 份额将被交付给授权参与人。对于指数型 ETF，其目标

---

① 值得注意的是，根据 6c-11 规定，对 PCF 的某些改变在早期制度下不会被视为定制篮子，但现在可能被视为定制篮子。投资组合经理应该咨询他们的合规和法律部门。

是通过发行来跟踪指数，以便将基金业绩与投资组合经理的能力挂钩。

对于主动管理型 ETF，这一目标已不再适用。这使得主动管理型投资组合经理有两个选择：要么要求一个纯粹由现金组成的篮子，以便将资金投资于所需的篮子，要么将所需的证券篮子传递给授权参与人。对于第一种选择，这是一种现金与股票的直接互换（在相对于策略滞后时，有可能使用期货或互换来获得风险敞口）。对于第二种选择，我们在第 6 章中基于指数情况下所考虑的因素同样适用，即如何解决 ETF 的初始单位资产净值。投资组合经理可以选择固定或浮动的单位资产净值，或采取零现金的方式。

所有这些都是偏好上的问题，处理初始创设的授权参与人和 ETF 发行商之间需要事先达成一致。主动管理型 ETF 推出全现金篮子的可能性远大于指数型 ETF，这似乎也是合理的。投资组合经理通常对跟踪外部基准不感兴趣，因此从现金开始对投资组合建立头寸，对主动管理型 ETF 来讲更合理。

报 告

指数型 ETF 投资组合经理非常关注现金拖累和错配问题，而主动型投资组合经理则不太会考虑减少跟踪误差的事情。但在内部，投资组合经理关注跟踪基准，并可能有其他需要定期跟踪的目标。

在对三个 T 和三个 C 的讨论中，我们强调了现金报告、股息报告和超配/欠配报告的重要性。所有这些都有助于指数型投资组合经理实现其目标。主动型投资组合经理也会从报告中受益，但报告的内容可能不同，对于错配尤其如此。通常情况下，主动管理型 ETF 会有明确的策略。以 JPST 为例，该基金的名称——摩根超短期收入基金——清楚地表明期限是这只 ETF 的一个关键指标。这个投资组合的相关报告主要是对账面期限的汇总统计，而非相对于指数的超配/欠配。如果一个股票基金的既定目标是标准普尔 500 指数 β 值的 1.2，那么投资组合的 β 值就是相关的统计数据。这里的关键是认识到主动型投资组合经理应该像指数型投资组合经理一样关注报告，并应该对报告结构进行设计以适应自身基金的需要。

半透明和非透明的主动管理型 ETF

我们在本书开篇讲到了一个关于变革的故事，在这个故事中，现有规则的改变使得 ETF 行业得以诞生。如今，ETF 行业正在进行新一轮的变革：非透明和半透明的 ETF。

ETF 的基本原则之一是其透明性：每天都会公布 ETF 持仓，所构建的代表投资组合的一篮子证券（PCF）在广泛传播。ETF 的持仓是不需要猜测的，而相比之下，对于共同基金，投资者每季度只能看到一次投资组合的持仓情况，而且是滞后的。

主动型投资组合经理往往担心他们的投资组合被广泛知晓，因为如果他们的头寸被公布，那么其他人可以通过反向设计他们的策略来"搭便车"。其他人可以在认为主动型投资组合经理将进行交易之前率先进行交易，对其投资组合进行提前交易，这就会影响投资组合经理进行交易的价格,从而损害最终投资者的利益。

理论上讲,如果一个主动型投资组合经理持有大量的 ABC 股票,而市场参与者知道这一点并相信投资组合经理会立即出售 ABC,他们就可以预先卖空该股票,等到 ABC 被出售(以假定更低价格)时再买回该股票(甚至可能从出售的基金这里),从而锁定利润并迫使投资组合经理以较低价格出售。对于大型投资组合来说,这一点尤其令人担忧,因为在这种情况下,一只股票仓位的整体进出可能需要耗费一个以上的交易时段才能完成。如果其他人在刚开始就注意到其持有量出现变化,那么他们可能会在随后的几天里试图提前交易。投资组合中能够在一个交易日内进出的较小规模头寸,受这种现象的影响较小[①]。

共同基金经理只需要在季度末的 45 天后披露他们的持股情况,所以提前交易往往不是一个问题;ETF 产品结构要求披露每日持仓,这让一些主动型投资组合经理感到不安。

各家公司设计了许多方法来绕过透明度的要求,我们在下面讨论的这些方法都已经获得了美国证券交易委员会的批准[②]。一些被称为半透明的方法,还有一些被称为非透明或者高度透明的方法。无论名称是什么(主要是出于营销目的),它们都与豁免申请类似:它们都有效地令美国证券交易委员会允许基金(或基

[①] 跟踪指数的投资组合也会出现这种行为,特别是在指数变化被提前公布的情况下。

[②] 我们在本节中讨论的产品没有包括伊顿万斯的 NextShares。NextShares 是交易所交易的共同基金,基于当日收盘的单位资产净值加上或减去一个价差进行交易。它们和 ETF 一样是注册的投资公司,但由于它们不是以市场供求决定的价格进行交易,所以不被视为 ETF,因此也不属于我们关于非透明 ETF 的讨论范围。

金用来上市的结构）避免透明度要求，并提供了一个替代机制。从而实现他们认为可以代表透明度要求的目标。

对于每个结构，我们都会问一个简单的问题：如果该基金以这种结构上市，我们讨论过的内容会有怎样的变化？

Precidian

2019年，Precidian基金公司向美国证券交易委员会提交了一份豁免申请——该申请随后被批准——这是与主动管理型ETF有关的新结构，旨在对主动管理型投资组合的持仓进行保密。这一被批准的结构，也适用授权于其他的主动型ETF发行商，被称为ActiveShares[①]。

ActiveShares的结构相对简单。最重要的是，与通常的ETF相比，这些基金不需要公布它们的每日持仓。这在一定程度上减轻了投资组合经理对透明度的担忧，但没有完全消除。回顾第2章ETF生态系统，当涉及创设或赎回交易指令中需要对一篮子证券进行定义（即PCF）时，在很大程度上依赖于投资组合经理、NSCC和授权参与人之间的互动，当PCF被公布后，它就处于公共领域，从而允许人们了解投资组合的持有情况。

这就是ActiveShares结构的创新之处。基金通过托管人直接将文件传送给"授权参与人代表"，该代表介于托管人和授权参与人之间，作为发行商和授权参与人之间的保密中介。每个授权参与人都有一个授权参与人代表，类似于PCF的文件由授权参与

---

① 更多信息见 http://www.activeshares.com。

人代表保密保管，而文件只在相关授权参与人希望创设或赎回份额时使用。授权参与人代表在保密账户中代表着授权参与人进行份额交易，并在每个工作日结束时进行账户清算。

为了平衡没有每日持仓所带来的透明度缺失，ActiveShares会公布一个经过验证的日内参考净值（verified indicative intraday value，VIIV），这实际上是一个每秒钟都会变动的日内价值。虽然这个日内参考净值意味着它每秒钟都是准确的，并使二级市场价格保持一致，但情况并不一定如此，因为日内交易并不计入日内参考净值（或多数ETF的参考净值）。

这种结构是否会流行尚无定论，ActiveShares的结构在实践中如何运作，以及相对于日内参考净值的价差会带来什么影响等问题仍然存在。就我们而言，问题在于持仓公开与否，投资组合经理的行为是否会有所不同。在ActiveShares的情况下，在创设或赎回过程中，投资组合经理不需要进行额外交易或不同的交易。但是，截至撰写本书时，ActiveShares并没有定制实物篮子的豁免权，它们也不在ETF规则（6c-11）的范围内。因此，这给ETF投资组合经理带来额外的负担，即在没有这一重要工具的情况下如何对基金进行税收管理。

Blue Tractor

对于透明度问题，Blue Tractor的解决方案是以阿尔法隐身ETF（Shielded Alpha^{SM} ETF）为包装。在这种结构中，不再需要公布每天的持仓，阿尔法隐身通过在PCF结构中加入随机性，从而隐藏了投资组合的全貌。Blue Tractor的方法不是按比例抽取投资组合的持仓，而是创建一个"动态"的投资组合，该组合与未披露持仓的实际 PCF 有 90% 以上的重叠，但将每个持股比例随机化处理，因此没有一个实际比例与动态投资组合中的比例是匹配的。此外，投资组合经理有能力进入并调整动态投资组合，包括在投资组合经理主动调整头寸时冻结某项证券的权重。由于有 90% 的持仓重叠，Blue Tractor 称其方法是"高度透明"的[①]。

Blue Tractor 已经向美国证券交易委员会提交了允许定制实物篮子的豁免申请，但截至撰写本书时，该申请仍未得到批准。

富达基金

富达基金提供了一个跟踪篮子，它"由选定的近期披露的投资组合持仓（策略成分）、传递基金投资信息的流动性 ETF（这些信息没有被策略成分完全代表）以及现金和现金等价物组成"[2]。富达基金每天公布"跟踪篮子的权重重叠度"，以衡量相对于实际持仓的篮子的内在风险情况，以及跟踪篮子变成创设/赎回篮子[②]。就像 Blue Tractor 的结构一样，投资组合经理并没有完全获得或放弃他在透明情况下拥有的策略。

法国外贸银行/纽约证券交易所

法国外贸银行和纽约证券交易所合作开发了一种主动型的非透明结构，并在 2019 年获得了美国证券交易委员会的批准[③]。其

---

① 欲了解更多关于 Blue Tractor 的信息，请参见 bluetractorgroup.com。
② 见 sec.gov/rules/ic/2019/ic-33683.pdf。
③ 更多信息见 sec.gov/Archives/edgar/data/1018331/000119312518323642/d649748d40appa.htm。

核心是它们的代理组合中包含比实际投资组合更多的成分，并通过 5~15 天滞后于实际投资组合中发生的买入卖出行为来完成构建。正如 Blue Tractor 和富达基金的情况一样，篮子与透明的情况不同。

T. Rowe Price

根据 T. Rowe Price 的文件，其代理投资组合是"结构化的，以尽量减少对市场的影响。代理投资组合将反映基金最近一个季度的投资组合持仓，或者在某些情况下是一个宽基的证券指数，在这两种情况下，每个基金将持续投资，以便在购买时其总资产至少有 80% 与真实的组合权重相重合"[3]。同样，这种结构也不符合透明篮子的要求。

对投资组合管理的影响

在这些结构中，有一些结构对投资组合经理有着重要影响。由于各种形式的代理投资组合是标准创设和赎回篮子的基础，一般来说，其权重将与投资组合中的持股不一致。因此，ETF 投资组合经理一般不会准确地收到（在创设情况下）或给出（在赎回情况下）他想要的东西，这使得投资组合经理有可能最终不得不围绕创设和赎回活动进行再调整。虽然创设和赎回费用有可能抵消投资组合经理因创设/赎回后的调整而产生的交易费用，但这可能会影响价差，在管理非透明产品时这仍是一个需要额外关注的领域。

附　录

在第 7 章的附录中，我们提供了一个数学框架来定义跟踪误差和超越或落后指数的表现。在本附录中，我们采取类似的方法，将投资组合的表现与基准进行比较。

将某一天基准的表现定义为。

$$r_t^{BM} = \sum_i^M w_{it}^{BM} r_{it}$$

投资组合在某一天的表现为：

$$r_t^P = \sum_i^M w_{it}^P r_{it} + \varepsilon_t$$

将某一天的超额收益定义为 α_t：

$$\alpha_t = \sum_i^M (w_{it}^P - w_{it}^{BM}) r_{it} + \varepsilon_t$$

其中

r_{it}＝证券 i 在时间 t 的回报

r_t^f＝证券在时间 t 的现金回报

M＝符合筛选范围的资产数量（包括现金），不限于仅在基准中的资产

$i=1$ 代表现金资产

w_{it}^P＝证券 i 在时间 t 的投资组合中的权重

w_{it}^{BM}＝证券 i 在时间 t 的基准中的权重

投资组合的权重之和为 1：

$$\sum_{i}^{M} w_{it}^{P} = 1$$

基准权重之和也为 1：

$$\sum_{i}^{M} w_{it}^{BM} = 1$$

我们将日费、融券业务收入和交易成本归入 ε_t，则

$$\varepsilon_t = -fee_t + SL_t - TC_t$$

在 w_{it}^{P} 中会有多个元素为零（指在基准中持有的权重头寸，但不在投资组合中），w_{it}^{BM} 中的多个元素也为零（指在投资组合中持有的权重头寸，但不在基准中）。在开始阶段，在许多基准中有

$$w_{it}^{BM} = 0$$

投资组合中的非现金权重为：

$$w_t^{*P} = 1 - w_{1t}^{P}$$

调整证券组合的权重，使其加起来为 100%，我们得到

$$\alpha_t = w_t^{*P} \sum_{i=2}^{M} \frac{w_{it}^{P}}{w_t^{*P}} r_{it} + w_{1t}^{P} r_t^f - \sum_{i=2}^{M} w_{it}^{BM} r_{it} + \varepsilon_t$$

或者

$$\alpha_t = w_t^{*P} \sum_{i=2}^{M} \widetilde{w}_{it}^{P} r_{it} + w_{1t}^{P} r_t^f - \sum_{i=2}^{M} w_{it}^{BM} r_{it} + \varepsilon_t$$

因为

$$\sum_{i=2}^{M} w_{it}^{BM} r_{it} = w_{1t}^{P} \sum_{i=2}^{M} w_{it}^{BM} r_{it} + w_{t}^{*P} \sum_{i=2}^{M} w_{it}^{BM} r_{it}$$

我们得到

$$\alpha_t = w_t^{*P} \sum_{i=2}^{M} (\widetilde{w}_{it}^{P} - w_{it}^{BM}) r_{it} + w_{1t}^{P} \left(r_t^f - \sum_{i=2}^{M} w_{it}^{BM} r_{it} \right) + \varepsilon_t$$

第一项是投资组合相对于其基准产生的错配，而第二项是相对于基准回报的现金拖累。

正如我们在第 7 章的附录中所说，预期的超额收益将是 $E[\alpha_t]$，相对于基准的跟踪误差将是 α_t 的标准差。

信息比率 IR 就是预期超额收益与跟踪误差的比率。

$$IR = \frac{E[\alpha_t]}{\sigma[\alpha_t]}$$

注　释

1. Bloomberg Finance L. P.

2. Institutional. fidelity. com/app/proxy/content? literatureURL＝/9894623. PDF.

3. https：//www. sec. gov/Archives/edgar/data/80255/000119312519127691/d738735d40appa. htm.

第 16 章

固定收益型 ETF

ETF 投资组合管理的基本原则对其他资产类别也适用。无论投资组合经理是管理公司债券投资组合、股票投资组合还是管理商品投资组合，平衡交易成本最小化、税收和（在跟踪指数产品的情况下的）跟踪误差等多重目标是最重要的。由于大多数的 ETF 和 ETF 资产是基于股票的——截至 2020 年 7 月，75％的 ETF 资产是基于股票的[1]，因此我们在本书中使用股票资产类别来介绍 ETF 投资组合管理的多个原则。在本章中，我们重点介绍管理固定收益型投资组合的情况。

固定收益基础知识

快速复习或介绍相关基础知识可能有助于那些不太熟悉固定收益的人学习本章①。这绝不是多余的，它会对其后的一些概念

---

① 有大量关于固定收益的书籍可供参考，其中涵盖了基础知识和进阶内容。参见 Frank J. Fabozzi, The Handbook of Fixed Income Securities。

的理解有所帮助。一般来说，固定收益证券是指那些在归还证券本金或票面价值（面值）之前定期支付特定金额（票息）的证券。一个 10 年期的公司债券可能规定票面年利率为 4%，每半年支付一次（每 6 个月 2%）。在 10 年期限结束时，该证券的面值也将被支付给投资者。投资者实际支付证券的价格可能高于面值，也可能低于面值。

可赎回性和可下沉性

有些证券是可以赎回的，这意味着票据的发行人可以在到期日之前支付本金，而且有条款规定在什么条件下或什么时候可以赎回证券。可赎回性是证券发行人的一种选择，而不是投资者的选择。

可下沉债券可以按计划提前退市。这允许发行人减少债券到期时要支付的总本金。可下沉条款的结果是持有人按照单位比例的持有量收到现金。

收益率

证券的收益率是证券的预期回报，这基于为其支付的价格，以及息票和本金的预期现金流。当证券被持有至到期时，预期收益率也称为到期收益率（yield to maturity，YTM）。然而，对于可赎回证券，通常会使用一个不同的收益率——赎回收益率（yield to call，YTC）。赎回收益率通常是按照证券在可赎回的第一日（或下一个赎回日，如果有一个时间表且第一个赎回日已过）来计算。对于可赎回证券，到期收益率和赎回收益率经常被进行比较，两者中较低的称为最差收益率（yield to worst，YTW），这相当于告诉投资者最坏的情况是怎样的。

对利率的敏感度

固定收益证券在很大程度上依赖于利率。当利率上升时，证券的价格就会下降，反之亦然。证券对利率变化的敏感度称为"久期"（duration）。有一个密切相关的衡量标准，1个基点的利率变化对价格的影响，或称基点价值（DV01），它反映了当利率增加1个基点时，固定收益证券的价格变化。久期也可以认为是证券付款时间的加权平均数；一个10年期的零息债券的久期为10，因为平均付款是在10年后收到的。同样于10年到期的付息债券的久期小于10，因为一些付款发生在到期之前。久期也可以用不同的方式来衡量，但在这里不展开讨论。久期也随利率变化，久期对利率变化的敏感度称为"凸性"（convexity）。

应计利息

应计利息是指对即将支付的利息部分，根据上次付息后的时间，已经累积但还没有支付的部分。一个每半年付息一次的4%票息的债券，每6个月会有2%的息票。在该季度的3个月里，该债券将累积1%（息票的一半），这是应计但未支付的利息。应计利息是相当重要的。当债券被出售时，购买者可能会成为记录在案的持有人，以获得全部的利息付款，即使出售发生在票面付款期间。因此，买方必须补偿卖方在持有头寸期间的应计利息。包含应计利息的价格通常称为全价，而不包含的价格被称为净价。

应计利息为负

就像股票有除息日一样，债券也有除息日，债券在除息日之前卖出时，应收到息票的记录所有者就是债券的所有者。当债券在除息日和息票日之间卖出时，息票的记录所有者（"先前"的所有者）将不是息票日的所有者（"当前"的所有者）。因此，在卖出日期和票面日期之间积累的应计利息将支付给先前的所有者，而不是当前的所有者，这意味着当债券卖出发生时，卖出日期和票面日期之间的应计利息将从债券的净价中减去。这类似于通过增加应计利息来计算全价，只是这里的应计利息为负。负的应计利息出现在一些海外债券市场，包括澳大利亚、丹麦、新西兰、挪威、瑞典和英国的市场[2]。

单位手数的大小

就像股票交易有单位手数一样，固定收益证券也有单位手数。单位手数可以小到1 000份或2 000份，大到50 000份甚至100 000份（通常在海外市场）。

证券化和预付

最后，某些固定收益证券是由其他固定收益证券的付款组成的"证券化"篮子。例如，抵押贷款支持证券从一篮子抵押贷款中获取付款，并将其转给投资者。其他类型的固定收益证券将这些付款分批提供给投资者，他们将根据预先确定的顺序获得付款：第一批付款给最安全的或等级最高的，而最后付款给予等级最低的。

正如房主们知道的那样，一些抵押贷款在抵押贷款期限之前被预付，通常是为了以较低的利率重新融资。当这种情况发生时，本金就会被交给投资者，而投资者大概会以较低的利率进行投资。因此，"预付风险"是证券化产品的一个要素，由固定收益投资组合经理进行跟踪。

固定收益指数和指数文件

基于指数的固定收益（fixed-income，FI）型ETF都以指数编制方法和相关的指数文件作为起点和终点，就像对基于股票的ETF做的那样。就像我们看到的股票指数一样，固定收益指数可以用不同的方式加权，从市值法（考虑到某一特定发行商的规模而不是股权估值）到等权甚至基本权重。再平衡可能以每月、每季度或更少的频次进行，就像我们看到的股票一样，会有一个计算日和一个再平衡日，再平衡日可能与计算日相同或晚几天。

固定收益类投资组合经理与股票类投资组合经理一样，依赖于指数文件、预估文件和公司行为文件。与债券指数相关的指数文件可以包括一系列的信息，通常包括指数级别的信息，而股票指数文件则没有。

表16-1列出了Solactive美元投资级公司指数（Solactive USD Investment Grade Corporate Index，SOLUSICG）在2020年5月26日的摘要信息。除了指数之外，我们还看到了指数中证券的市值，以及价值在工具本身和与工具相关的现金之间的细分

拆解。与股票对应方不同，固定收益指数可能持有现金而不会进行再投资。通常情况下，在股票指数中，红利是即时再投资的，要么按比例投资到总指数中，要么投资到发放红利的特定股票上。然而，在固定收益指数中，发行商有可能规定在下一次再平衡之前，以现金形式持有所支付的票息（如果适用的话，还包括本金）。在这种情况下，在固定收益指数中持有现金的情况并不罕见（但在股票指数中很少见到这种情况）。根据 SOLUSICG 指数编制方法，"票息和其他现金支付将在每个再平衡日进行再投资"，也就是每个月的最后一个交易日[3]。

表 16-1 SOLUSICG 指数信息概况

日期	5/26/2020		
指数收盘价（美元）	2 152.49		
指数再平衡日期	4/30/2020	平均到期收益率	2.571 35
指数再平衡收盘价（美元）	2 131.33	平均到期久期	8.376 984
当月收益率（%）	1.00	平均到期久期	8.253 564
每日收益率（%）	−0.015 5	平均基点价值	0.096
指数市值（美元）	6 558 210 000 000	平均期限	11.901 69
指数现金（美元）	18 971 070 086	平均凸性	1.289 157

注：久期采用麦考利久期。

资料来源：Solactive AG.

除现金外，我们还看到指数的汇总统计，包括[4]：

- 到期的平均收益率。
- 久期（麦考利和/或其他衡量方法）。
- 平均基点价值（1 个基点的美元价值）。
- 平均期限。

- 平均凸性。

经验丰富的固定收益投资组合经理从这些摘要信息中可以看出很多东西，而不必深入研究每个特定问题的所有细节。这非常重要，因为固定收益指数可能会参考数百或数千只债券（SOLUSICG在这一天有 6 166 只参考债券）。

指数文件中的每只证券都包含每个头寸的大量信息。然而，一个投资组合经理应该期望看到：

- 证券标识符（CUSIP、SEDOL 等）。
- 国家（如果是国际投资组合）和货币。
- 未偿付金额（占整个发行量）。
- 到期日和票息。
- 价格、应计利息和市场价值。
- 现金。
- 权重（可计算包括现金和不包括现金的权重）。
- 到期收益率、赎回收益率、最差收益率、基点价值、久期和凸性。
- 优先级和评级（对于评级工具）。

与股票指数的情况一样，在跟踪固定收益指数时，了解指数编制方法的细节以及指数文件中报告的内容是非常关键的。

固定收益指数的预估文件与股票预估文件一样。公司行为文件也与股票中的类似，但是，与指数相关的公司行为集合不同。股票拆分和供股对公司债券持有人来说并不重要，而可赎回性则是重要的。针对固定收益证券的公司行为包括以下内容，但不是全部[5]：

- 提前赎回。这包括可赎回债券被赎回、要约收购（很像股票投标），以及发行商发起的回购计划。
- 交换要约。发行商提出赎回债券以换取现金、其他债券、股票等。
- 困境债务交换。当发行商处于困境时，减少票据的本金以换取更高的安全性或其他与债券有关的规定。
- 违约行动。错过了息票或本金的支付，或者已经违约的发行商进行了支付。

关于这些事件如何影响指数的相关描述应包括在指数编制方法中，并像我们在第 11 章讨论的公司行为一样，在投资组合中进行处理。

跟踪指数和代表性抽样

固定收益指数可能很难用完全复制的方法来跟踪，指数中某些头寸的流动性和规模可能会对投资组合经理持有适量甚至是任何数量的头寸构成挑战。因此，固定收益型投资组合经理经常采用代表性抽样来克服其中的挑战。代表性抽样在跟踪方面可能并不比完全复制"好"，它无法应对固定收益投资组合管理提出的挑战，这向投资者表明基金无法完美跟踪相关指数。

使用代表性抽样的固定收益基金通常不会在缺乏流动性或不可用的债券上做到与发行商匹配。更重要的是，与股票领域相比，代表取样所使用的技术可能更复杂，更以模型为导向。固定收益投资组合经理可能会尝试对投资组合或投资组合的子集进行一些统计数据的匹配，包括：

- 久期匹配：通过将抽样投资组合的久期与指数投资组合相匹配，投资组合经理确保基础利率环境的变化对投资组合的影响是相似的。
- 凸性匹配：当利率发生变化时，不仅投资组合的价值发生变化，而且对未来利率变动的敏感性也发生变化。如果两个投资组合的凸性和久期相匹配，那么当利率变动影响到投资组合的价值时，这两个投资组合将保持类似的久期结构，因此投资组合经理在投资组合中将不需要进行久期再平衡。
- 预付风险的匹配。
- 基本面或行业和板块的匹配。

我们在第 19 章会详细讨论代表性抽样。

固定收益 PCF

PCF 是创设和赎回过程的支柱，它决定了在投资组合和授权参与人之间交换的一篮子证券（和现金）中包括什么。理解固定收益 ETF 和股票一样，懂得一级市场交易是了解全貌的起点。

在第 5 章中，我们讨论了将投资组合或指数文件中的持仓作为构建 PCF 的基础。由于在跟踪指数的固定收益 ETF 中存在代表性抽样，以及很难区别某些发行商，将指数中的所有证券放入 PCF 是一种灾难：投资组合经理不会有所有的证券用于赎回，也不希望在创设时收到所有的证券，因为他将不得不管理这一篮子的证券。投资组合中的持仓比例可以作为构建 PCF 的基础，尽管根据豁免权，PCF 可以反映投资组合的代表性样本。

正如我们所期望的那样，固定收益 PCF 包含摘要信息和证券级别的信息。假设除我们在本书中一直用作例子的 SWA ETF 之外，基金发行商还列出了一个 BWA①ETF，它是股票简称以字母 A 开头的公司发行的债券集合。表 16-2 展示了 PCF 的摘要信息。我们可以看到，PCF 仍然以创设单位的价值为基础。根据定义，篮子的价值必须等于创设单位的价值。不过，在债券的情况下，这并不像表面上那么简单，特别是债券的市场价格通常被引用为净价。如上所述，净价是不包括应计利息的价格。

表 16-2 基于持仓-组合层面的 BWA PCF 的相关细节

BWA ETF			
交易日期	2/1/2021	实际现金替代（美元）	589 421.75
结算日	T+2	实际现金差额（美元）	1 074 869.65
创设单位（份）	50 000	市值基准（美元）	1 375 000.00
单位资产净值（美元）	50.00	预估全部现金差额（美元）	1 125 000.00
单位资产净值/创设单位（美元）	2 500 000.00	预估现金替代差额（美元）	590 011.17
总份额（份）	10 000 000	预估现金差额（美元）	534 988.83
总净资产（美元）	500 000 000.00	预估股息（美元）	7 346.00

鉴于 PCF 中的价格是净价，现在我们应该清楚为什么 PCF 的等价要求可能会出现问题。如果我们简单地将投资组合中证券的市场价值加起来，基于净价，我们将缺少应计利息的价值。

---

① BWA 就像 SWA 一样是个虚拟的指数。如与任何固定收益指数或 ETF 简称相同纯属巧合。

这就是为什么在固定收益 ETF 的 PCF 的摘要部分，要计算总的应计利息。因为应计利息不是实物，这个数额将成为篮子中现金的一部分。另外，将文件以全价调整也能确保等价[①]。这与股票中的股息处理类似。除权日的预期红利成为计算预估现金的一部分，就像预期利息成为固定收益 PCF 中计算预估现金差额的一部分一样。在表 16-3 中，我们对 PCF 的摘要部分的数字进行了调整。

表 16-3　BWA PCF 的现金调节表（2/1/2021）　　单位：美元

单位资产净值/创设单位	2 500 000.00
－组合篮子市值	1 375 000.00
＝预估全部现金差额	1 125 000.00
－预估现金替代金额	590 011.17
＝预估现金差额（非现金替代）	534 988.83
－预估股息	7 346.00
＝其余现金（调整项）	527 642.83

证券层面的信息基本上与我们在指数部分所讨论的内容类似。一个重要的注意事项是关于价格的。股票的收盘价是众所周知的，并在交易所刷新，而固定收益证券的价格往往更容易引起争议。ETF 发行商经常会根据第三方估值来对固定收益证券进行估值。虽然一篮子证券中的每只证券都必须被估值，但单个价格可能不会在 PCF 中披露。相反，一个文件可能包括一篮子证券的整体估值和面值，以及残值或预期现金。我们展示的文件确认包含了报价，但报价也有可能不会包含在文件中。

---

① 在交易后及结算前支付的票息也需要进行现金调整。

因为它们与个别证券有关，虽然仍有证券标识符以及证券的名称和权重，但有几个数据点是固定收益所特有的。PCF 可能会包括：

- 原始面值：篮子里债券的面值。
- 利息：债券自上次付息以来的应计利息。
- 利息系数：应计利息占票面价值的百分比。

就像在股票领域一样，手数的限制也很普遍。但请注意，如果手数足够大，固定收益证券中的手数限制会导致估值过程中出现相当多的剩余现金，这一点我们此前已经讨论过。

表 16-4 描述了 BWA 中证券层面的一些细节。

固定收益 PCF 中的现金替代

与股票的情况一样，将债券标记为现金代替会对资本收益和损失产生很大的影响。如果一只证券被放入 PCF，并且出现了赎回，那么成本基础最低的批次就会被包括在内，并且有可能通过赎回机制来"回收"未实现的收益，而不需要将其实现。就某一特定债券而言，可能所有批次都处于亏损状态，如果将该证券纳入篮子，投资组合经理就会失去将未实现的损失转化为已实现的损失的机会[①]。

---

① 公平地说，当某一证券的所有手数都处于亏损状态时，无法在赎回中把未实现的损失转换为已实现的损失，这并不是固定收益证券所特有的，同样的情况也适用于股票。

表16-4 基于指数文件—证券层面的BWA PCF的相关细节（2/1/2021）

代码	证券简称	股数	原始面值	利息（美元）	价格基准（美元）	市值基准（美元）	权重（%）	现金替代	单位手数
US1001B	AABA	20 000	20 000 000	37.34	99.42	1 988 400.00	1.20	否	2 000
US1003B	AAQZ	18 000	18 000 000	42.02	104.31	1 877 580.00	0.83	否	2 000
US1004B	AAWL	22 000	22 000 000	13.41	102.23	2 249 060.00	0.70	否	2 000
US1009B	ACBU	20 000	20 000 000	21.87	101.88	2 037 600.00	0.65	否	2 000

这就是将某些证券标记为现金替代对于固定收益型 ETF 投资组合经理的有利之处。任何会使投资组合出现未实现损失的证券都可以标记为现金替代，这样投资组合经理就有机会在二级市场上出售该证券，而不是将该证券转给授权参与人。在一级市场的交易中，我们可以将未实现的损失转换为已实现的损失。在一个对称篮子的结构中，创设和赎回基于相同的文件，授权参与人将把现金转给投资组合经理以代替证券，那时，如果投资组合经理愿意，他将在二级市场上购买该证券。在这种情况下，通常会收取创设/赎回浮动费用，以补偿投资组合经理的交易成本。投资组合经理应在创设的过程中注意洗售事项，以防止在这种情况下投资组合经理选择进行交易，而不是从授权参与人那里获得证券。

协商篮子

在花了大量篇幅讨论固定收益 PCF 后，我们现在要讨论的是，为什么 PCF 在固定收益型 ETF 的创设和赎回过程中经常被忽略。明确地说，PCF 在标准的创设或赎回中是有效的，但大多数情况下，订单是通过协商篮子完成的。

协商篮子是一个定制的组合，就像定制实物篮子一样。在固定收益领域，证券的可用性和流动性是最重要的。授权参与人可能很难在市场上找到 PCF 上的债券，或因标准赎回而将出售的债券交付给授权参与人。缺乏流动性可能会导致产品的价差扩大，因为二级市场交易固定收益证券的预期下降，会使做市商的套利界限被推高。然而，授权参与人通常会与基金发行商或更具体地（也很重要地）与投资组合经理就篮子进行协商，而不是接受标准篮子。

这种协商是什么样子的呢？假设一个授权参与人希望创设，但手上没有表 16-4 中的一篮子债券。取而代之的是，授权参与人拥有包括表 16-5 中的债券在内的库存。

表 16-5 授权参与人库存（2/1/2021）

代码	证券简称	股数	原始面值	利息（美元）	价格基准（美元）	市值基准（美元）	单位手数
US1001B	AABA	20 000	20 000 000	37.34	99.42	1 988 400.00	2 000
US1002B	AABD	20 000	20 000 000	28.76	101.01	2 020 200.00	2 000
US1006B	AABW	20 000	20 000 000	19.99	99.28	1 985 600.00	2 000
……							

授权参与人通常会向投资组合经理提交选择菜单，投资组合经理将选择接受哪些债券、以何种规模去接受，从而作为创设协商篮子的一部分。这对于投资组合经理来说不是一件容易的事情。

在对其选择进行检视时，投资组合经理——可能使用抽样方法——将不得不考虑即将收到的一组证券的以下特征：

- 久期。
- 凸性。
- 板块或行业。
- 质量。

可能还包括其他因素。在这种模式的 ETF 中，投资组合经理可能会考虑所提供的库存是否反映了股票代码以字母 A 开头的公司债券。在确定最终的所选集合之前，投资组合经理通常会与授权参与人进行反复的讨论，一旦商定了篮子，该篮子就成为创设的基础。赎回的过程也是类似的。

净处理订单

从 ETF 投资组合经理的角度来看，标准订单很容易被"净处理"，因为它们反映的是 PCF：如果一个基金收到一个单位的标准创设和两个单位的标准赎回，从投资组合经理的角度来看，该基金可以有效地处理一个单位的赎回。对投资组合经理来说，抵消标准订单实际上无关紧要。当然，这些订单可能来自不同的授权参与人，所以实际的订单本身并没有被净处理，而且许多创设/赎回订单是通过协商达成的，这意味着净处理订单其实对固定收益投资组合经理来说关联不大。这也意味着上述过程——检视与授权参与人协商的证券清单——可能同时发生在多个授权参与人身上。这确实需要投资组合经理付出更大的努力来管理固定收益型 ETF 的创设/赎回过程，因为这些通常不会发生在基于股票的 ETF 上。投资组合的分析成为"任务的关键"，特别是对于拥有大量资产管理和稳定创设/赎回活动的基金。

洗售和税务批次

洗售不能消除损失，但它们可以推迟损失。如果不仔细注意交易的时间，洗售可以把一个负的纳税年度（一件好事）变成一个正的纳税年度（一件坏事）。

关于股票洗售的讨论之所以相对简单（当然，这是一个复杂的话题），是因为上市公司发行的股票没有本质差别：在大多数股票案例中，与洗售有关的基础证券概念一致，几乎没有理解上的差异和问题[①]。在固定收益领域，这个问题要复杂得多，但设想由同一家公司发行的两只债券，一只 5 年后到期，一只 7 年后到期。在美国国税局的眼中，这两只债券是否"实质上相同"？如果该公司有两只在同一天到期的债券，但其中一只的票面利率为 4%，另一只的票面利率为 3%，它们本质上是相同的吗？

这就是基金会计发挥作用的地方。对于固定收益型 ETF 投资组合经理来说，最关键的是基金会计人员可以告诉他该交易是否会受制于洗售规则。只有确认后投资组合经理才会进行证券交易，并在交易后将损失延迟至本财务年度以后。

再平衡

我们已经花了相当多的时间来讨论在股票投资组合背景下的

---

① 如果股票的基础就是 ETF，例如两个跟踪同一指数的 ETF，这个问题就变得更加微妙。

指数型 ETF 的再平衡问题，其中所涉及的机制和固定收益投资相比确实没什么不同。正如我们在图 13-1 中描述的股票再平衡过程一样，该过程也适用于此。请参考第 12 章（"定制实物篮子"）和第 13 章（"投资组合再平衡"）的内容进行回顾①。重要的一点是，在固定收益领域是通过与授权参与人协商来确定定制实物篮子（定制实物篮子要求固定收益类 ETF 遵从 ETF 规则），同时要考虑所需债券的流动性、时间和交易成本。

注　释

1. Bloomberg Finance L. P. , ICI.
2. https：//thismatter. com/money/bonds/bond-pricing. htm.
3. Solactive AG.
4. Ibid.
5. Ibid.

---

① 在 ETF 规则通过之前，固定收益型 ETF 与股票型产品一样，受制于相同的豁免性监管框架。随着 ETF 规则的实施，主动型和指数型固定收益 ETF 都可以将定制实物篮子作为税收管理策略的重要组成部分。

第 17 章

杠杆和逆向投资

ETF 是典型的非杠杆投资工具：一个拥有价值 1 万美元 ETF 份额的投资者，通常的敞口就是价值 1 万美元的股票、债券或任何 ETF 持有的东西。如果 ETF 持有的一篮子证券上涨 5%，那么（不考虑费用）ETF 的单位资产净值就会增加 5%。然而，有一组 ETF 打破了这种传统关系。对于这些 ETF 来说，当底层风险敞口上升或下降某一百分比时，ETF 寻求提供该百分比的数倍回报，该倍数可以是正的，也可以是负的，这些分别被称为杠杆和反向产品。

自 2006 年以来，提供杠杆风险敞口的 ETF 就一直存在。它们涵盖了一系列的资产类别，从股票到固定收益产品到商品。表 17-1 列出了这些产品中的小部分代表。

表 17-1 杠杆和反向 ETF (12/31/2020)

简称	名称	总资产（百万美元）	杠杆倍数
TQQQ	ProShares UltraPro QQQ	9 717	3
QLD	ProShares Ultra QQQ	3 937	2

续表

简称	名称	总资产（百万美元）	杠杆倍数
SSO	ProShares Ultra S&P 500	3 202	2
FAS	Direxion Daily Financials Bull 3X	2 189	3
TECL	Direxion Daily Technology Bull 3X	2 033	3
SOXL	Direxion Daily Semiconductors Bull 3X	2 006	3
UPRO	ProShares UltraPro S&P 500	1 829	3
SH	ProShares Short S&P 500	1 807	−1
SPXL	Direxion Daily S&P 500 Bull 3X	1 723	3
TNA	Direxion Daily Small Cap Bull 3X	1 549	3
SQQQ	ProShares UltraPro Short QQQ	1 371	−3
UVXY	ProShares Ultra VIX ST Futures	1 305	1.5
NUGT	Direxion Daily Gold Miners Bull 2X	1 149	2
UCO	ProShares Ultra Bloomberg Crude Oil	900	2
JNUG	DirexionDaily JuniorGoldMiners Bull 2X	777	2
AGQ	ProShares Ultra Silver	754	2

资料来源：Bloomberg Finance L. P.

例如，对于 TQQQ，全称为 ProShares UltraPro QQQ ETF。TQQQ 是一个 3 倍杠杆的 ETF，寻求"相当于纳斯达克 100 指数每日表现 3 倍（300%）的投资结果"[1]。如果纳斯达克 100 指数在某一天上涨了 5%，TQQQ 投资组合经理的工作就是努力为投资者提供 15% 的回报（扣除费用）。如果纳斯达克 100 指数在某一天下跌了 3%，那么 ETF 的目标业绩是 −9%。

对于反向或 −1 倍、杠杆风险敞口，ETF 投资组合经理的工作是向投资者提供一个回报，即标的物每日回报的负值。例如，ProShares'Short S&P 500 ETF[2]，寻求"对应于 S&P 500 指数每日表现的反向（相反）的每日投资结果"。当指数下跌 1% 时，当天的目标回报是 1%；当指数上涨 2% 时，当天的目标回报是 -2%。

投资组合经理如何实现这些目标收益（或接近这些目标收益）？这对管理杠杆投资组合有什么影响？

如何创建杠杆风险敞口

当投资组合经理（或任何其他投资者）借钱给已经满仓投资的头寸增加风险敞口时，他就是"上了杠杆"的：总风险敞口大于投资者方面的净投资。杠杆其实比你想象的要普遍得多，事实上，如果你有抵押贷款，你对你的房子就是杠杆投资。

为了说明问题，设想一个人购买了价值 100 万美元的房屋，并申请获批了 50 万美元的抵押贷款。他从自己的现金中拿出 50 万美元，加上抵押贷款银行提供的 50 万美元，合计向目前的房主付款 100 万美元完成了购房。如果房屋的价值从 100 万美元上升到 120 万美元，即增加 20%，那么新房主的资产价值就从 50 万美元上升到 70 万美元，即增加 40%（见图 17-1）。正是因为投资者以杠杆投资，头寸的价值（100 万美元）和投资者方面的净投资（50 万美元）的比例是 2∶1，所以当房屋价值增加 $X\%$ 时，投资者的价值增加了 $2X\%$。

谈到 ETF 的杠杆作用，抵押贷款例子背后的原则基本适用：投资者的总投资是投资者方面支出的乘数。这可以通过多种方式发生，其中最普遍的可能是通过互换和期货。

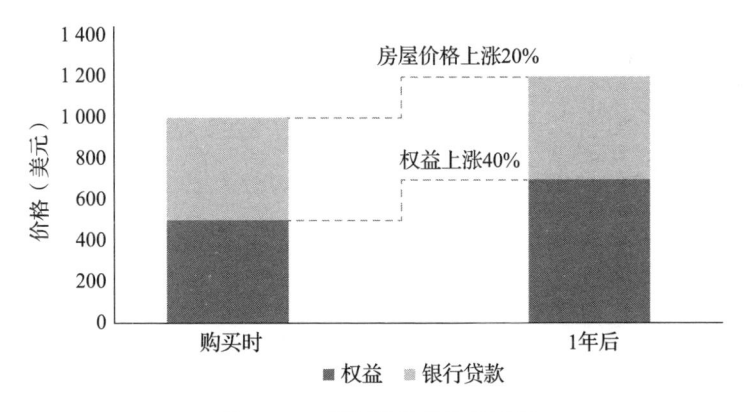

图 17-1 房屋贷款的杠杆回报

互换合约

互换合约是双方之间交换现金流的一种协议。通常情况下，这可能意味着向一个对手方支付固定的款项，以换取另一个对手方的浮动款项，而这种浮动款项可能（而且往往是）与一个指数有关。例如，一份互换合约使对手方支付一定固定费用后，可以获得基于对标指数每日结算的杠杆风险敞口的能力[①]。提供回报的一方也将负责对冲该敞口风险：为互换合约的资金方创造约定回报。

期货

期货是一种衍生品合约，与特定日期的可观测价值挂钩。期货交易在期货交易所进行，如芝加哥商品期货交易所。期货合约

---

① 下面有更多关于每日重置风险敞口的内容。

的买方同意在合约到期日为标的物支付一个特定的价格；卖方同意以该价格出售标的物。如果买方以 100 美元的价格购买了一份期货合约，而标的物在期货到期日的价格是 110 美元，那么买方就能以 10 美元的折扣购买标的物，并可能转手卖出，从而兑现利润。当然，如果价格下跌，买方将被迫支付相对于市场价格的溢价，从而导致损失。期货不与杠杆回报挂钩，但一个杠杆基金的投资组合经理会知道他在每天结束时需要承担多少风险敞口，然后会通过购买和出售额外的期货合约来管理风险敞口。

如何创建反向风险敞口

做空股票是反向敞口的典型案例。当投资者借入证券时，投资者对该证券有一个反向的风险敞口：当该证券上涨时，投资者会亏损，而当该证券下跌时，投资者会赚钱。如果被要求召回，投资者将通过"购回"以重新获得证券，并将其还给证券出借人，以便其可能进行证券出售。

还有其他方法来创造做空的风险敞口。在讨论过可以实现杠杆敞口的工具之后，不难设想如何去实现相反的效果，即反向风险敞口。在互换合约的情况下，互换对手方为投资者提供的回报是相关指数回报的负数[①]。在期货合约的情况下，投资组合经理可以通过出售期货合约来创造空头风险敞口。正如我们上面的简单例子中，当价格上涨时，期货合约的卖家会亏损。期货合约需

---

① 对手方应负责创造反向风险，并将其传递给投资者。

要保证金，因此，在管理基于期货的投资组合时，投资组合经理必须发挥现金管理的作用。

每日重置的杠杆（或反向）的风险敞口

杠杆和反向 ETF 的一个关键方面是杠杆比率（leverage ratio，LR），它通常每天都是静止的，这意味着每天对标指数的杠杆风险敞口是相同的。要做到这一点，ETF 投资组合经理必须每天重新设定杠杆。

设想对一个对标指数产生 2 倍的风险敞口，它是通过互换或期货来实现的。100 美元的投资意味着在 T 日有 200 美元标的物回报的风险敞口。想象一下，标的物指数在某一天的回报率为 10%。200 美元的投资增长到 220 美元（为简单起见不考虑借款成本），在 T+1 日结束尚未发生任何交易时，投资资本增加到了 120 美元。在这一时刻，当前的杠杆比率小于 2:1，如图 17-2 所示。

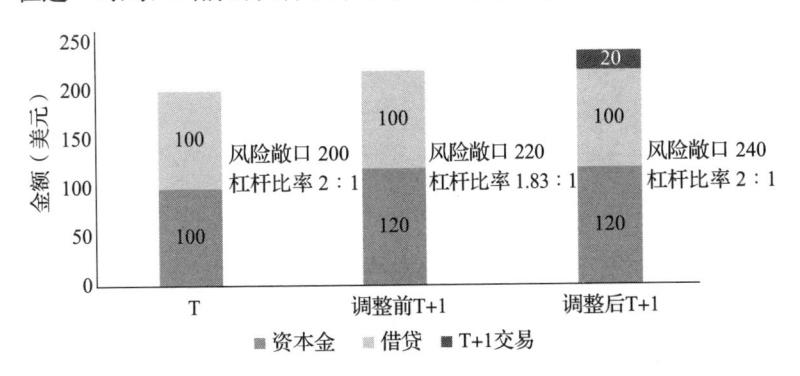

图 17-2　在上涨过程中每日进行杠杆重置

如果投资组合经理要保持每天的风险敞口是相关指数回报率的 2 倍，那么当前 1.83∶1 的杠杆比率必须在第二天增加。为了实现这一目标，投资组合经理必须增加他的杠杆：对于 120 美元的资本，该策略需要总共 240 美元的投资，所以需要增加 20 美元的头寸。这就是对于组合的"每日重置"交易。

相反，如果标的收益率为 −10%，那么投入的总资本为 80 美元，而总投资为 180 美元（见图 17-3）。因此，杠杆比率高于 2∶1。为了重置风险敞口，ETF 投资组合经理必须减少 20 美元的风险敞口，以达到 160 美元，即投资者方面资本的 2 倍。

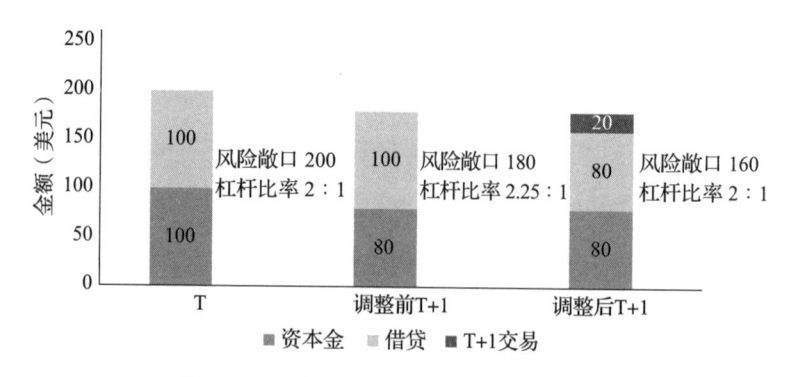

图 17-3　在下跌过程中每日进行杠杆重置

在图 17-4 和图 17-5 中，我们展示了反向风险敞口也需要在日终进行日常重置交易。有趣的是，在正收益的情况下，反向敞口需要增加敞口，而在负收益的情况下，反向敞口需要减少敞口。这与 2 倍杠杆的风险敞口情况完全相同。人们通常认为，如果有正回报，反向杠杆的投资组合经理需要卖出。但如数字所示，这是不正确的。更普遍地说，其实是所有杠杆和反向产品的交易方向，与标的物在某一天的走势方向保持一致，这也为严重依赖反向和杠杆产品的市场制造了可观的资金单向流入。

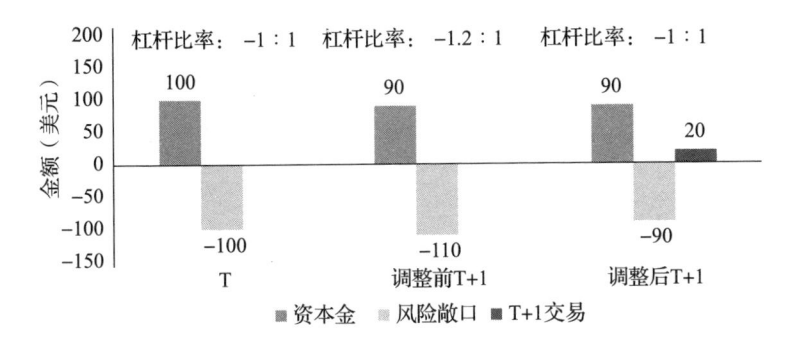

图 17-4　在上涨过程中每日进行反向杠杆重置

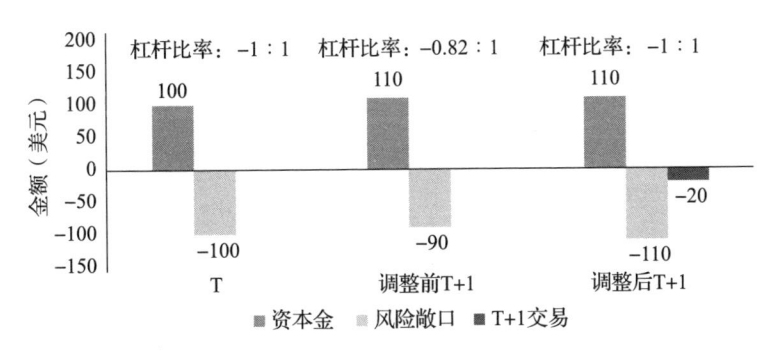

图 17-5　在下跌过程中每日进行反向杠杆重置

收盘执行

在前面的例子中，我们计算了需要增加或减少多少头寸，以在第二天保持恒定的杠杆比率。但问题是，所需购买或出售的数量只能在得知相关指数的收盘水平的条件下才能知晓。这就产生了一个问题：投资组合经理需要知道指数的收盘水平来计算买卖量，但买入或卖出又必须在市场收盘前完成。

这个悖论给 ETF 投资组合经理带来了一个头痛的问题。可以看出，对于 2 倍或 -1 倍的风险敞口，所需的购买量是相关指数每日回报的 2 倍[①]。对于 3 倍或 -2 倍的风险敞口，交易量是每日回报的 6 倍。这意味着投资组合经理试图不断地将交易与回报相匹配，而提供给交易的时间越来越少，投资组合经理试图通过"收盘执行"，或在市场收盘前进行适当的交易，以使杠杆比率尽可能接近既定目标。

这不仅仅是理论上的。举个例子，标准普尔 500 VIX 期货短期超额收益 MCAP 指数是几个 VIX 相关 ETF 的基础指数（VIX 是芝加哥商品交易所波动率指数）。为了复制它，投资组合经理需要交易 VIX 期货。为了让这些基金在一天结束时建立适当的 VIX 期货杠杆，投资组合经理们尽量在接近交易日收益时进行交易，以尽量贴近收盘。即月 VIX 期货的日内交易量图表通常显示，大部分交易都发生在收盘前，也就是指数标记头寸的时候，这无疑是由跟踪指数的杠杆和反向基金导致的。

指数和预估文件

除非 ETF 投资组合经理对跟踪指数中每个标的证券复制杠杆头寸感兴趣，否则指数文件对他来说用处不大。投资组合管理

---

① 参见 q-group.org/wp-content/uploads/2014/01/Madhavan-LeverageETF.pdf。

所需的关键数字是指数的实时价值,它围绕着收盘价波动。记住,一旦收盘价确定,就不再有机会在市场时间内进行交易。虽然可能有机会通过盘后市场进行交易(例如 VIX 的下午交易时段),但那时只会对头寸进行微调,就像投资组合经理在指数再平衡后的当天上午所做的那样。

类似地,出于同样的原因,我们通常不需要与指数相关的预估文件:只要投资组合经理是在指数层面上跟踪指数,而不是在更细致的层面上跟踪头寸,指数再平衡的本质与投资组合管理目的无关。

PCF

正如我们在第 5 章中所了解的,对于被动型 ETF 来说,PCF 旨在反映持有和/或跟踪的指数。对于主动型 ETF 来说,它反映基金的持仓。对于非杠杆产品来说,这是很有意义的,虽然从构建 PCF 到生效时(即交易日结束时)会有变动,但预估的现金差额往往非常接近创设或赎回时的实际现金差额。

然而,对于杠杆和反向基金来说,由于这些产品有每日重置的特点,T 日结束时的持仓可能是 T+1 日 PCF 的基础,这通常与 T+1 日收盘时的持仓构成有很大不同。沿用本章的一个简单例子,如果一个 2 倍的杠杆被动型产品所跟踪的对标指数上涨了 10%,那么所需的风险敞口就必须在日初资产基础上增加 20%;这 20% 将导致预估和实际现金转手之间产生巨大差异。授权参与人了解这些基金的动态,基金发行商可以将 PCF 设置为全现金篮子。当然,预估现金差额只是反映了没有任何市场变动的单位资产净值,但一旦当天的单位资产净值被设定,转手的现金将反映基于当天市场变动的最新单位资产净值[①]。

对于运作这类基金的 ETF 投资组合经理来说,真正的问题是交易指令的截止时间。投资组合经理必须准备好根据当天的交易情况来增加或减少投资组合的风险敞口。对于这种性质的产品,通常在市场收盘前留有足够的截止时间,以便投资组合经理能够进行相应的调整。这意味着每日交易不仅基于每日重置,也基于对于创设/赎回活动的整体风险敞口的预期。

三个 T 和三个 C

正如我们在指数文件中所看到的,ETF 领域的一些知识往往会让我们在杠杆和反向基金中偏离方向。例如,公司行为可能与跟踪商品期货或波动性工具的指数无关。这里我们会强调杠杆和反向产品的几个关键点。

跟踪误差

与传统的 ETF 的跟踪误差框架(通常传统的 ETF 归入第 7 章的框架)不同的是,杠杆和反向基金几乎所有的跟踪误差(不包括费用)都来自错配和现金拖累,当你跟踪一个标的时,这实

---

① 有些基金允许 EFRP(交换相关头寸),这实际上意味着期货可以与现金实现换手。参见 https://www.cmegroup.com/education/courses/market-regulation/efrp/what-is-an-efrp.html。

际上是一个硬币的两面。

设想对标指数是滚动期货合约指数的情况。对于 2 倍杠杆产品资产管理规模中的每 100 美元，需要对应 200 美元的风险敞口。如果投资组合经理在一天结束时只有 198 美元的风险敞口，那么他实际上缺少 2 美元的敞口，这就是现金拖累成分。如果篮子里的期货成分与要跟踪的指数里的期货成分不同，这就是错配成分。如果投资组合经理使用以银行作为对手方的互换合约来跟踪指数，那么成分就不再是一个因素，因为风险敞口直接与指数挂钩，但风险敞口金额可能与要求的金额不同，就像投资组合经理没有购买或出售足够的期货来匹配所需的风险敞口一样。杠杆和反向基金的跟踪误差可能是巨大的，因为很难以收盘价完全执行。

杠杆和反向基金的跟踪误差的另一个问题是，被跟踪指数的收盘时间往往与基金收盘时间不同。因此，指数收益、净资产收益和收盘价收益之间会存在差异。

交易成本

一般来说，每日重置的杠杆产品预计会有大量的交易。根据定义，每天的交易额是标的物回报的数倍。对于这类基金，不应期望有标准的换手率，而且其交易成本会高于几乎任何其他基金。

税　收

税收当然是所有 ETF 都涉及的问题，无论是否有杠杆作用

（或反向杠杆）。底层风险敞口和 ETF 的结构将是决定税收的重要因素。一些基金的结构是合伙制，因此，投资者会应税务部门的要求收到 K-1 表格。其他基金的结构是开放式的投资公司，投资者就不会收到 K-1 表格。此外，帮助维持杠杆的大量交易使得这些产品难以构建税收交易。

三个 C

一般来说，由于这些产品中有些是基于互换或期货的风险敞口，以及与商品或波动性有关的风险敞口，公司行为就不那么重要了。当然，也有与股票或固定收益产品组成的指数相联系的杠杆和反向产品，因此，如果跟踪基础头寸，我们在第 11 章讨论的内容在很大程度上适用于这些情况。如果是关于指数的期货或互换，这又不那么重要了。

我们已经提到了现金是杠杆和反向产品的重要组成部分，特别是在期货产品的现金拖累和保证金方面，人们不希望定制实物篮子成为跟踪商品或期货指数的杠杆和反向产品的 ETF 组合管理的组成部分。对于以更实质性的方式进行再平衡的指数来说，与期货指数在合约到期时简单滚动到下一个期货合约不同，定制实物篮子可以解决我们在第 12 章中涉及的一些同类问题。

100%损失的风险

在任何存在杠杆或反向杠杆的投资组合中，100%（或更大）的损失是可能的。杠杆产品的杠杆率为 LR，导致 100%损失的相关指数的临界移动（假设完美复制）是－1/LR。对于一个 2 倍杠杆的产品，由于杠杆比率为 2∶1，标的物向下的临界移动为－50％时将导致 100％的损失。对于反向产品，标的物向上移动 100％将导致反向产品损失 100％。

在一天结束时，指数型 ETF 投资组合经理的工作当然是以目标杠杆跟踪对标指数，但投资组合经理可能会减掉一些头寸以避免在剧烈波动的市场中被清零，尽管这在快速变化的市场中可能并不常发生。一旦投资组合在盘中被认为没有价值，它一般将不再持有任何价值，其收盘资产净值将为零。ETF 持有人的责任仅限于其投资金额，进一步的损失将归于基金发行商。然而，跟踪投资组合在日内的持有情况具有一定艺术性，因为计算代理商通常不能根据实时交易来显示日内指示性价值。因此，当投资组合经理实际减仓以保持投资组合的价值为正时，有可能指示价值为零。

然而，虽然投资组合避免了可能的清零，但如果标的物在投资组合经理清仓后发生逆转，那么它可能无法满足投资者对基金原有的波动的期望，这显然也会导致基金出现明显的业绩表现过高或过低的情况。

注　释

1. Source：Bloomberg Finance L. P.
2. Ibid.

THE COMPLETE GUIDE TO
ETF PORTFOLIO MANAGEMENT

第6部分
当困难来临时

在本书的最后一部分，我们将谈及与管理 ETF 有关的三个领域的挑战。首先，我们在第 18 章中讨论了极端的市场动荡，用全球新冠疫情来说明 ETF 投资组合经理所面临的一些困难。

在第 19 章中，我们讨论了对基于指数的产品进行 ETF 投资组合管理的不同方法：代表性抽样。到目前为止，我们在书中基本坚持了完全复制的模式，但我们也提到过，有时完全复制是站不住脚的，被动型产品所跟踪的指数的本质可能会迫使投资组合经理采用不同的投资组合管理风格。

最后，在第 20 章中，我们会讨论当基金发行商将基金退市时会发生什么情况，以及投资组合经理应采取什么措施来减少投资组合中的头寸。

第 18 章

市场动荡

新型冠状病毒肺炎（COVID-19）出现于 2019 与 2020 年之交，并在接下来的几个月里感染了数百万人，全球范围内超过 100 万人已死于该病毒引发的疾病。但是在 2020 年 2 月下旬，尽管威胁越来越大，全球市场似乎仍然对全球大流行病和经济灾难的警告置若罔闻。2020 年 2 月 19 日，标准普尔 500 指数创下历史新高。跟踪欧洲 50 家最大公司的欧洲 STOXX 50 指数也在同一天创下历史新高[1]。

此后，市场意识到了这一威胁，因为确诊病例以及流行病学家和经济学家越来越多的担忧令其成为焦点；恐慌似乎已经开始。标准普尔 500 指数在 2 月结束时连续 7 个交易日下跌，累计下跌近 13%。到 3 月 23 日，标准普尔 500 指数下跌了 34%[2]。欧洲市场跌幅达到 38%。在 2 月 20 日至 3 月 24 日期间，标准普尔 500 指数的年化波动率高达 12%①，在 22 天中有 15 天的日内波动

---

① 基于前 30 个交易日的数据。

幅度达到或超过 3%，其中连续 8 天的波动幅度竟然超过 4.9%，这几乎是不可想象的（见图 18-1）。

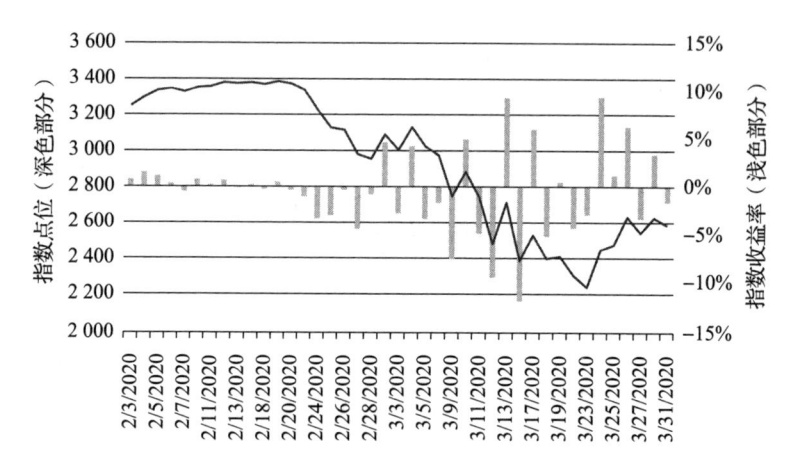

图 18-1　新冠疫情初期的市场波动率回顾
资料来源：Bloomberg Finance L. P.

新冠疫情涉及公共卫生、市场、经济、政府应对措施等很多方面，然而，我们关注的问题是：在新冠疫情这样的市场压力下，ETF 应该如何进行管理，这种事件对 ETF 的业绩表现有什么影响？

简单来说，这一切都被放大化了。对于交易成本，无论是直接的还是买卖差价的形式，成本都会增加；对于国际投资组合，各市场收市的不同步性会极大地影响投资组合再平衡；价格发现更具挑战性，可能对 ETF 比对 ETF 所持有的相关证券来得更迅速；当二级市场价格偏离日内指示性价值时，套利机会可能显得更普遍。新冠疫情只是导致市场动荡的一个案例，我们将参考该时期的数据,以强调 ETF 投资组合经理在快速变化的市场中所面临的一些问题。

市场暂停

我们已经讨论了交易暂停对指数中个别证券的影响,以及部分公司行为对 ETF 投资组合管理过程的影响。动荡的市场会导致市场完全停摆,此时这个交易所的所有证券都会被中止交易,即在原来的交易时间内不允许交易。

以纽约证券交易所实施的"熔断"为例。作为在市场急剧下跌时试图让市场集体冷静的一种手段,纽约证券交易所根据标准普尔 500 指数的走势情况实施分层交易规则[3]:

- 1 级:比前一天的标准普尔 500 指数收盘价下跌 7%。
- 2 级:比前一天的标准普尔 500 指数收盘价下跌 13%。
- 3 级:比前一天的标准普尔 500 指数收盘价下跌 20%。

如果 1 级或 2 级被触发,市场将会暂停交易 15 分钟。如果 3 级被触发,交易将在该时段的剩余时间内暂停。1 级和 2 级只能在美国东部时间上午 9:30 开盘时间至美国东部时间下午 3:25 期间触发,此后的时间只有 3 级熔断仍然有效。

在市场暂停期间,已发出的交易指令可以撤销,新发的交易指令将被拒绝。对于指数型 ETF 来说,大多数交易发生在收盘时,1 级和 2 级熔断可能不那么令人担忧,只有极端事件才会导致 3 级熔断。然而,对于主动型和指数型基金经理来说,日间市场暂停可能会导致一些问题,特别是当基金经理在市场暂停前已实施了部分配置,剩余仓位配置只能在恢复交易后继续实施,但那时将不得不执行新的市场价格。

在新冠疫情期间,3月16日,标准普尔指数较前一日收盘水平的2 711.02点跳空,大幅低开至2 508.59点,跌幅为7.47%。市场立即实施了1级熔断交易,即市场在15分钟后重新开盘。据彭博社报道,当天早上标准普尔500指数中只有95只股票实际在开盘时进行了交易,这意味着其中许多股票在开盘时无法交易[4]。

交易成本

随着市场变得更加动荡,调仓的需求可能会增加,做市商为了防止自身对某一证券持仓过重,将采取扩大市场报价的价差的做法,迫使市场参与者接受更高的交易成本。

这种现象可能会被认为只在小盘股、流动性较差的证券上才会发生,但即使是世界上流动性最好的证券,在动荡时期也会遭受压力。设想苹果公司的股票,它是世界上市值最大、流动性最强、交易量最大的证券之一(见图18-2)。2019年苹果公司股票的平均买卖价差仅仅略高于0.02美元,或刚刚超过1个基点。然后新冠疫情就发生了。随着市场波动的骤然加剧,苹果公司的股价扩大至平均波动范围的数倍;3月16日,苹果公司股票的买卖价差高达0.5美元,超过收盘价20多个基点[5]。

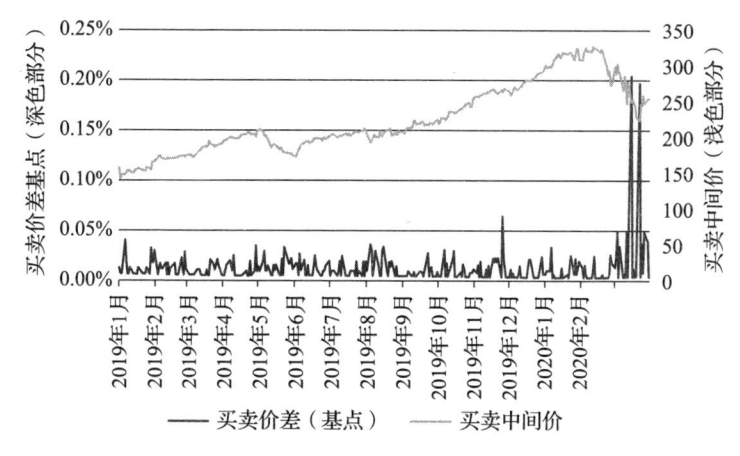

图 18-2 新冠疫情时期苹果公司股票的买卖价差
资料来源：Bloomberg Finance L. P.

虽然苹果公司股票买卖价差的调整很剧烈，但这并不是那种会压垮需要再平衡的投资组合的价差。对于某些证券，可能根本就难以找到一个价格，这对于价格发现可能是一种挑战。

价格发现

证券价格的概念比投资者或投资组合经理通常认为的要复杂得多。证券的价格不仅仅是证券的价格，还可能是在某一特定时期为证券支付的特定价格，也可能是在某一特定时间点买方愿意支付的价格或卖方愿意接受的价格。然而，一旦那个时刻过去，就所有的意图和目的而言，这个价格都是过时的，上一瞬间的市场价格已不适用。

价格发现是指在某一特定时刻发现证券的公认价值。它与

ETF 尤为相关，因为基金的日内参考净值是 ETF 所持证券的实时价格的一个函数①。如果证券的"实时"价格不可用怎么办？如果有价格，但这个特定的价格所反映的交易是过时的，比如说在计算参考净值的"实时"时点之前几分钟，甚至几小时或几天前，会发生什么情况？

在实践中，通常使用过时价格来计算参考净值，这无疑是一个次优的结果。还有一个选择是，如果篮子里的任何成分缺乏定价，则不公布参考净值。虽然新的 ETF 规则不要求像以前那样公布日内参考净值，但许多基金将继续公布参考净值，以帮助投资者交易基金并保持较小的价差。在动荡的市场中，对于缺乏流动性的证券，价格发现的停顿会使得影响被放大。因为整个市场大幅波动会让停顿的价格和现价产生巨大的差异。

设想一下图 18-3 中的例子。一个等权重 ETF 包含有 25 只股票（标记为 A 至 Y），每只股票的权重为 4%。所有的股票都是高度相关的，具有相似的波动率和贝塔值。股票 A 到 X 在美国东部时间下午 12：00：00 和 12：00：15 之间的每秒都进行交易。然而，股票 Y 在美国东部时间下午 12：00：00 交易后，直到美国东部时间下午 12：00：15 才会再次进行交易。假设一篮子股票中的股票 A 到 X 在这 15 秒之间价格全部下跌了 2%。在这 15 秒内，ETF 的指示价格是多少呢？人们预计跌幅为 2%，但如果使用 Y 的呆滞价格，那么答案是 1.92%，或者说与 ETF 背后一揽子证券最

---

① 需要注意的一个微妙但重要的问题是，日内参考净值通常不会因为组合的日内交易而更新，而是反映投资组合在当日开始时的持仓情况。

可能的"价值"相差了 8 个基点。

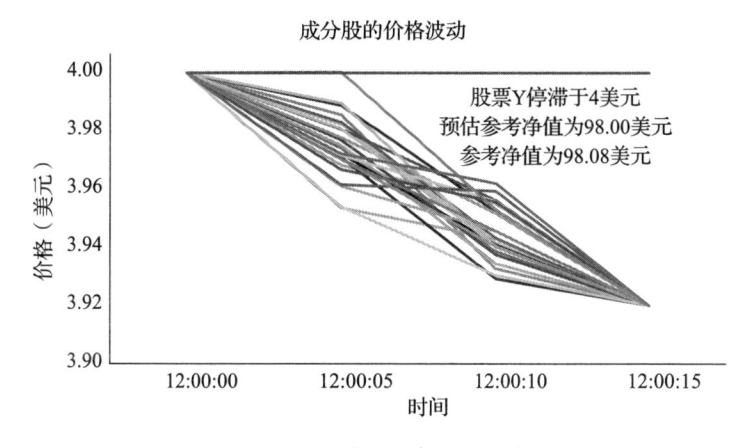

成分股的价格波动

股票Y停滞于4美元
预估参考净值为98.00美元
参考净值为98.08美元

图 18-3　呆滞价格对参考净值的影响

这在现实中是如何进行的呢？在上面的例子中，时间只有 15 秒，如果是 15 分钟或几小时，或者超过一天，会发生什么？新冠疫情使这种现象成为焦点，因为固定收益型 ETF 在 2020 年 3 月中旬的快速变化的市场中，经历了极其困难的价格发现过程。iShares Core US Aggregate Bond ETF（AGG）在 3 月 12 日和 3 月 18 日的交易价格与参考净值相差 5 美元以上，二级价格与指示价格之间通常的价差是几美分，而不是美元。在这段时间里，交易价格在 105～115 美元的范围内，这一价差几乎达到二级市场价格的 5%。而且，这不是个例。由于价格发现过程极其困难，许多产品的交易价格远远偏离了它们的参考净值和单位资产净值。

2015 年 8 月 24 日，发生了另一次 ETF 相对于参考净值的极端波动。美股期货隔夜"跳水"导致了次日指数的大幅低开，一些股票在早上 9：30 时未能实现开盘交易。由于价格发现机制失灵，一些 ETF 遭遇的抛压使其在二级市场价格大幅低于其内在价值，一些 ETF 的交易价格还不到其前收盘价的 60%，价格在交易的第一个小时内得到纠正，这对那些在底部卖出 ETF 份额的人来说是个小小的遗憾。

创设/赎回和套利分解

ETF 运作的关键原因之一——也是它们被批准的原因——是它们被设计成通过套利机制使交易所的交易价格紧贴单位资产净值。如果授权参与人将 ETF 按单位资产净值创设并以无风险的溢价卖出，或者在二级市场上折价买入并按单位资产净值赎回，理论上他们可以一整天都这样做。我们看到这个过程似乎已经被拆解了。这不是一个套利机会吗？其实这取决于你的定义。从技术上讲，我们倾向于认为套利是一种无风险的可实现利润。如果可以以一个价格买入一项资产，并在同一时刻以更高的价格卖出，就有套利利润可言了。然而，我们所了解到的是，证券的价值没有充分反映在指示价格中，使价格发现几乎是很难实现的，而价格发现的不同步在系统中会产生缺陷。

事件中的再平衡

在第 3 章中，我们讨论了指数发行商在指数委员会中的作用。指数委员会对它所监测的指数负有全部责任。在正常的业务过程中，指数委员会将检视其政策、指数的构建、公司行为等。然而，在面对市场压力时，指数委员会可能会突然决定，某个指数应该改变其计算和/或再平衡的方式。任何管理跟踪该指数的ETF投资组合经理都必须及时了解指数委员会的这些变化。指数委员会将会对订阅用户公布任何变化情况，从而使订阅用户可以采取适当的行动。

在遭遇新冠疫情的冲击时，标准普尔道琼斯指数公司决定推迟标准普尔500指数等权重指数的指数调整。这一行动是完全合法的，并且属于指数委员会的权利范畴。标准普尔发布公告正式通知用户，它将推迟原定于2020年3月23日进行的2020年第一季度指数再平衡，将这次再平衡推迟到4月24日。然而，跟踪该指数的一只指数型ETF却想当然地认为3月的再平衡将被跳过，下一次再平衡将在6月进行。结果该基金错失了4月份的指数再平衡，最终业绩表现明显不及指数。ETF发行商因这一错误而蒙受了超过1亿美元的损失[6]。

异方差

"异方差"是非恒定波动率的术语。我们来考虑一个证券的波动率，但就像它的价格一样，这个指标取决于很多参数，比如是基于什么时间段的、波动性到底是怎样衡量的。实际上，波动率是不断变化的。设想一下标准普尔500指数的波动率。在图18-1中，我们展示了指数在2020年2月和3月的收益率。在美国发生新冠疫情后，指数的波动率就开始持续上升：2020年2月的年化波动率为 25%，而 2020 年 3 月的年化波动率已经超过 93%。

动荡的市场不仅对指数波动率产生影响，而且也影响着单个证券以及证券之间的相关性和协方差。华尔街的一个说法是，在压力时期相关性"趋向于一"，这意味着在这种时候原本相关性较低的资产变得相关性更强。当然，直观的意义是——当市场急剧下跌时，许多股票都会随之下跌。

异方差对 ETF 投资组合管理有怎样的影响呢？我们已经讨论了买卖价差扩大和价格发现，但还有两个方面值得一提：它是如何增加跟踪误差/主动基准风险的，以及它是如何影响代表性取样的。

对于跟踪误差和主动基准风险，这些衡量标准本质上也反映了波动率。当波动率增加时，我们可以预计错配或相对于指数或基准的权重变化会产生更大的影响。在这种情况下，我们很自然地会预期跟踪误差增大。代表性取样也在很大程度上依赖于波动性。对投资组合的优化依赖于相关性和协方差，而在固定收益领域，在压力时期利率也会有很大的波动，这导致一些与指数匹配的代表性样本的指标也会受到压力[①]。

当跟踪误差难以解决时

2020 年 4 月 20 日，不可思议的事情发生了：原油价格跌到

---

① 关于异方差对优化投资组合的影响，相关技术讨论参见 Scott M. Weiner, "Should Stochastic Volatility Matter to the Cost-Constrained Investor?", Mathematical Finance, Vol 14.1, January 2004。

了负数。说得更清楚一些，在纽约商品交易所（NYMEX）交易的原油期货近月合约价格出现了负值，如图 18-4 所示。为什么会出现这种情况呢？这对 ETF 市场有什么影响？

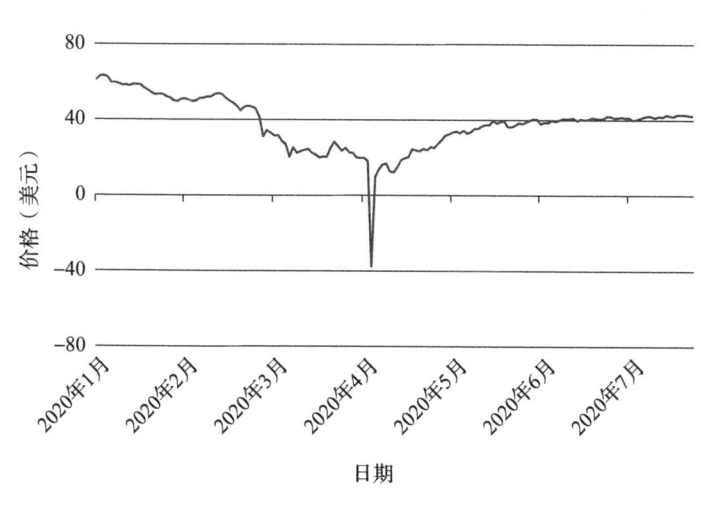

图 18-4　近月原油期货合约

资料来源：Bloomberg Finance L. P.

首要的原因是，近月原油期货合约不进行现金结算，这意味着合约的结算会造成原油的实际交付。接受原油的一方必须有能力在收到原油后对原油进行储存；如果他没有这种能力，那么随着期货临近到期，他就会急于对合约进行出售，以至于投资者实际上可能付钱给别人来接受合约并实现交付。当近月合约的价格收于 -37.63 美元时，这一市场价格实际上说明，合约持有者愿意向接受原油交付的人支付每桶 37.63 美元。在导致这场危机的新冠疫情中，过剩的原油供应导致未来用于交付的储存空间不足，从而造成了这种价格情形。

负价格对 ETF 有什么影响？美国原油基金（USO）的既定投资目标（根据其产品说明书）是交易"交付到俄克拉荷马州的轻质原油现货价格的每日百分比变化，这是通过在纽约商品交易所交易的轻质原油期货近月合约价格的每日变化来衡量的。如果近月合约在两周内到期，将以下月到期的期货合约来衡量，同时要减去美国原油基金的相关费用（这就是石油期货合约的基准）"[7]。简而言之，ETF 跟踪的是近月期货合约价格；除非该期货接近到期，在这种情况下，ETF 跟踪的是下个月到期的期货合约。

那么，美国原油基金在 2020 年 4 月 20 日发生了什么？因为上面谈到的展期原因，美国原油基金没有持有近月合约，但它确实持有了很多即将到期的合约。多份报告显示，由于收到 CFTC 关于集中度的限制，任何一方持有某一未到期期货的合约比例不能超过 25%[①]。这将导致以下两种情况：

首先，市场施加的集中度限制将会导致跟踪误差。其次，由于担心即将到期的合约价格会跌入负值（就像近月合约到期价格一样），ETF 投资组合经理必须在这些合约变成负值之前将其交易出去，否则其基金净值有变为负值的风险。如果后者发生，投资者将拥有一个毫无价值的工具，但基金发行商将最终持有这些期货合约并遭受损失。为了减轻这种状况的影响，基金发行商宣布不再特定跟踪近月期货合约的价格[8]。这实际上标志着，在可

---

① 参见 https://www.etf.com/sections/features-and-news/oil-etf-chaos-natgas-etf-2019-plunge。

能出现负价格的"新常态"下，跟踪近月期货合约对于基金不再是一个合理的目标，因为会给基金投资者的本金带来风险和/或在未来再次遇到集中度问题。因此，该基金在一夜之间实际上相当于变成了主动型ETF，虽然以原油价格为跟踪目标，但不再像以前那样明确地将业绩表现与基准指数或价格挂钩。

新冠疫情大流行只是市场极端动荡的一个例子，正如我们在本章中所看到的，这种动荡的市场会给ETF带来严重后果。一些基金可能会选择重新考虑投资目标和/或投资组合的管理策略。其中一些最终可能会退出市场。

注　释

1. www.abcnews.com/health/timeline-coronavirus-started/story? id＝69435165.

2. Bloomberg Finance L. P.

3. Ibid.

4. http：//www.nyse.com/markets/trading-info.

5. Bloomberg Finance L. P.

6. Ibid.

7. http：//www.bloomberg.com/news/newsletters/2020-05-08/money-stuff-oilprices-were-a-beautiful-mystery.

8. https：//www.sec.gov/Archives/edgar/data/1327068/000119312512265421/d335842d424b3.htm.

9. http：//www.sec.gov/ix? doc＝/Archives/edgar/data/1327068/000117120020000259/i20262_uso-8k.htm.

第 19 章

代表性抽样

在第 7 章中，我们介绍了在复制指数的过程中，产生跟踪误差是一个不可避免的后果。ETF 投资组合经理在努力实现完美复制的过程中，有太多事情超出了他所能控制的范围。因此，一些 ETF 投资组合经理甚至不会去尝试完美地复制基础指数，而是选择了一种名为"代表性抽样"的方法。举例来说，代表性抽样（representative sampling，RS）是指你虽然没能在周六晚上预定到一家米其林三星餐厅来过周年纪念日，但幸运地在餐厅活动周预定到了午餐的位置：你知道后者并不能让你享受到同等就餐体验或菜色，但你只用花相对于前者的一小部分钱就可以体验到前者的大部分！

ETF 发行商会在募集说明书中明确表示，投资组合经理将不寻求实现完美的指数复制，这相当于承认预定那些米其林星级餐厅太难了。代表性抽样旨在为投资者提供密切反映对标指数风险敞口的投资组合，但不一定达到复制的精确性①。

在其他条件相同的情况下，代表性抽样无疑会比完全复制给对标指数带来更大的跟踪误差。ETF投资组合经理的问题是：使用代表性抽样的理由是什么？在承担了额外的跟踪误差的情况下，为何代表性抽样依然值得使用呢？

使用代表性抽样的理由

把代表性抽样作为投资组合管理的可选项主要基于以下四点：

- 策略中包含有大量的成份股。
- 流动性差/成本高。
- 对持仓的限制。
- 因素优化，包括税收管理的灵活性。

对于需要大量证券的策略来说，管理投资组合的任务可能会过于繁重，一级市场上PCF的构建/授权参与人交易也会变得越加复杂。例如，一些固定收益型指数可能持有数千种不同的债券。在考虑到单位手数大小的实际情况下，投资组合很可能只应该持有多个标的的单位手数的零头。投资组合经理可以选择只持

---

① 相比之下，尽管主动型ETF会明确它在投资组合中寻求的定位，比如久期或行业权重，但它可能会在募集说明书中直接说明它不会寻求跟踪任何指数。代表性抽样可以（而且通常是）基于投资组合优化或现代投资组合理论。虽然本书非常关注实际的投资组合管理，而不是投资组合的理论和建模，但我们注意到，在提出代表性抽样时，需要一些理论的支持。有很多对于投资组合理论的深入研究，这里浅尝辄止，我们提及的远远不是理论全部。

有指数中的部分证券，而不是几千只证券。

即使证券的数量是可控的，成分股的流动性也可能促使投资组合经理选择代表性抽样的方法对投资组合实现更有效的管理。例如，如果在国际投资组合中包含小市值标的持仓，交易量少的证券对投资组合经理和授权参与人来说都很难找到，而且价格波动可能很大。这可能导致这些证券的交易成本比投资组合经理持有的能够代表投资组合的证券的成本要大。对于基金中的基金来说，以价格较低的基金作为替代品也是选择代表性抽样的因素之一。

完全复制可能存在结构性的障碍，其中一些我们此前已经提及。例如，一个基金可能无法在某一市场进行交易，从而去跟踪市场中的指数。在另一种情况下，基金中某些持仓规模相当大，这可能会导致集中度限制影响指数的全面复制。

最后，相对于完全复制而言，代表性抽样提供了巨大的灵活性。代表性抽样可以让投资组合经理不受指数中证券样本的约束，也不受严格的权重约束，并对风险敞口的某些因素进行优化，或以节税的方式管理投资组合，而不像其他方式那样受到传统跟踪误差的约束。例如，相较于一个寻求完美复制和最小跟踪误差的基金，一个寻求跟踪误差保持在5%～10%范围的基金具有更大的灵活性来进行优化或实现投资损失节税交易。

代表性抽样是不是值得

每只基金都是不同的，所以对这个问题的回答不可能一概而论。有些基金值得用这种方式管理吗？当然值得。比如基于特征的策略，如专注于久期、凸性、信用评级等固定收益策略，特别适合代表性抽样这种投资组合管理，因为单个头寸对策略的重要性不如它们的代表性特征。对于没有结构性障碍又具有流动性的指数，选取小部分标的作为持仓就不太适合采用代表性抽样。

最终要由基金发行商和投资组合经理来决定最佳方法和使用的成本效益。在下面的内容中，我们将通过一个代表性抽样的例子，来说明投资组合经理在这种结构中可以做的一系列工作。有时，代表性抽样与投资组合优化可以一同进行，尽管它本身不是必须的。不过，投资组合优化可以作为一个强有力的工具，让投资组合经理遵守代表性抽样的某些准则，同时通过最小化跟踪误差、最大化信息比率（就像主动策略那样）等方式来优化业绩表现。这也是选取代表性抽样的根本原因：跟踪指数，并力争超越指数的表现。

投资组合优化作为一种代表性抽样策略

为了给代表性抽样打下基础，我们将采用现代投资组合理论（modern portfolio theory，MPT）。现代投资组合理论显示了如何根据风险和收益之间的关系构建投资组合，在给定的风险水平下寻求最佳回报。该模型的基本要素是模型中每个资产（和无风险资产）的预期回报以及资产之间的协方差。我们一般会尽量减少数学运算，读者可以参考本章末尾的附录，来了解关于模型的更多信息。

为了给代表性抽样的实践创造条件，我们在表19-1中列出了一组证券的预期收益和协方差矩阵，证券以从A到E的字母代表。

设想一个等权指数,该指数仅由 A、B、C 和 D 四只股票组成。图 19-1 显示了该指数以及每个成分股的预期收益与波动率情况。

表 19-1 等权指数的风险收益特征

年化回报率	A	B	C	D	E
	7.28%	4.00%	5.33%	7.86%	9.24%
协方差矩阵	A	B	C	D	E
A	14%	5%	7%	9%	10%
B	5%	6%	4%	4%	4%
C	7%	4%	11%	9%	11%
D	9%	4%	9%	35%	41%
E	10%	4%	11%	41%	58%
相关性矩阵	A	B	C	D	E
A	100%	57%	58%	43%	37%
B	57%	100%	54%	28%	19%
C	58%	54%	100%	48%	43%
D	43%	28%	48%	100%	91%
E	37%	19%	43%	91%	100%

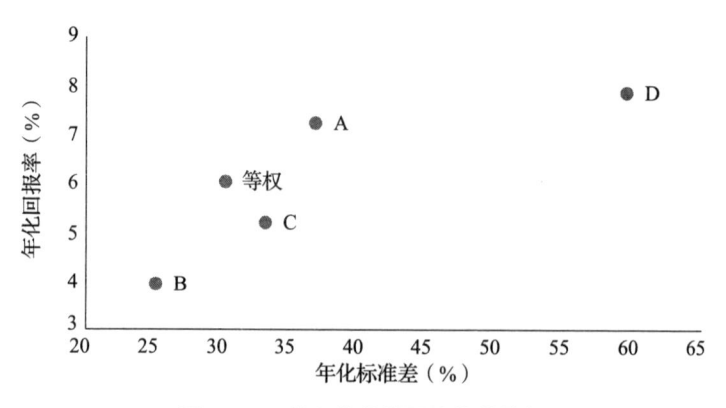

图 19-1 等权指数的风险收益特征

我们将在跟踪指数时采取四种代表性抽样策略:

- 增强业绩表现。
- 在所需的重叠度上进行优化。
- 限制持仓。
- 受跟踪误差约束的优化。

增强业绩表现

拥有等权指数的投资组合的权重不一定会是基于成分证券风险和收益特征的最优投资组合的配置。在图 19-2 中，我们在图 19-1 的基础上叠加了有效前沿曲线。

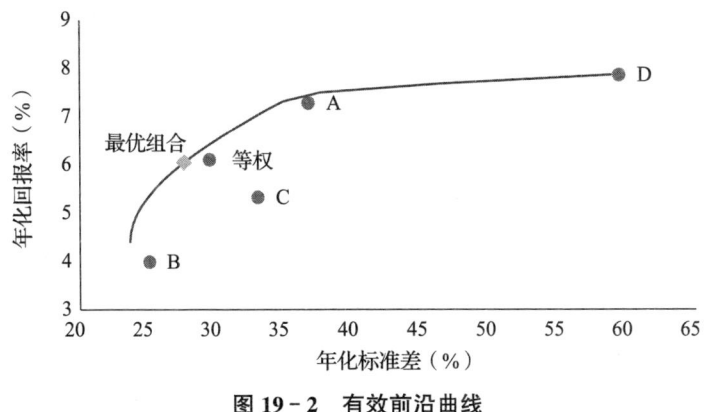

图 19-2 有效前沿曲线

这里有两件事需要注意：第一，任何位于一个投资组合"左上方"的另一个投资组合都比原投资组合更优：因为它有更大的预期收益和更低的风险水平。第二，指数投资组合不在有效前沿曲线上：在与指数相等的某一风险水平上，如果投资组合经理改变权重，他可以期待更高的预期收益。

如果我们选择单位风险的收益这一指标作为我们追求的目

标,那么最优投资组合就表示为有效前沿曲线上标为"最优组合"的那一点①。

在所需的重叠度上进行优化

一般来说,代表性抽样方案规定,在构建对指数的跟踪时必须与指数有一定程度的重叠。在本章假设的指数中,我们有 4 只股票。假设现在有第 5 只股票 E 也在市场上交易。基金募集说明书可能会说,代表性抽样的投资组合寻求 80% 的重叠率。这意味着组合中 80% 的配置必须能代表指数。表 19-2 显示了与模型中资产的等权配置不同的比例分配假设。

表 19-2 假设配置及重叠率

股票	组合权重 (%)	指数权重 (%)	超配/欠配 (%)	绝对值 (%)
A	25	25	0	0
B	25	25	0	0
C	15	25	−10	10
D	25	25	0	0
E	10	0	10	10
合计				20
合计/2				10

如果一只证券存在欠配情况,那么在两个满仓配置的组合中就一定存在其他部分超配的情况②。在表 19-2 中,我们将 E 的权重提高了 10%(指数不持有 E),将 C 的权重降低了 10%。这

---

① 假设无风险利率为零。
② 我们可以证明这里的重叠约束可以写成以下形式,符号含义详见本章附录:

$$\sum_i \frac{w_i^p - w_i^I}{2} < 1 - \gamma$$

意味着 A、B 和 D 的权重和此前一致：25%。但是，虽然 C 应持有 25%，现在它只持有 15%。E 本应持有 0，但它持有 10%。投资组合将满足对于重叠度的要求。这也是有意义的，因为 90% 的组合正好分配给 A、B、C 和 D。但问题是，哪个满足重叠度要求的组合是最佳的？在图 19-3 中，我们再次展示了风险收益图，只是这次我们强调的投资组合范围不仅要满足重叠度要求，而且从风险-收益角度看比指数组合更优。我们在图 19-3 中保留了图 19-2 中的原始最佳组合，并在图 19-4 中放大，以观察该最优组合与受限情况下的最优组合（"最优重叠"）之间的区别。请注意，受限的投资组合与原来的最优曲线不一致。这意味着这些约束条件是具有约束力的。

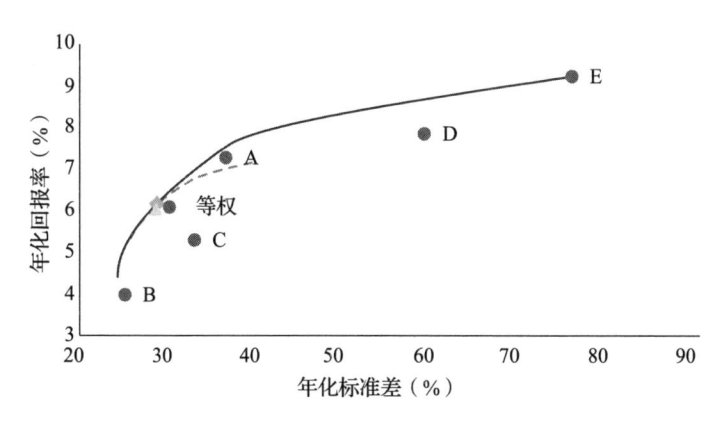

图 19-3　满足重叠要求的最优配置

虽然在例子中，我们笼统地将非指数资产标记为 E，但除了特定的证券或一组证券之外，投资组合经理还可持有指数之外的资产。投资组合经理可以选择持有另一个与他的期望相匹配的

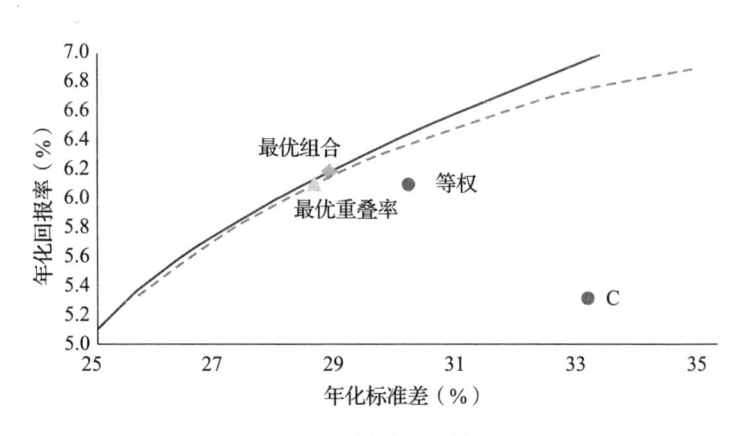

图 19-4 满足重叠要求的最优配置（放大）

ETF，或持有一组相关风险敞口的互换、期货和/或其他衍生品合约，或者在必要时持有现金。

限制持仓

正如我们在一开始所说的，当限制条件使某一证券的交易变得困难或不可能时，代表性抽样就会体现优势。在我们为展示代表性抽样而建立的模型中，对投资组合的这种限制进行的处理相对简单。

在图 19-5 中，我们展示了我们所熟悉的有效前沿曲线，还展示了不含证券 A 的投资组合中相关的一些点。因此，该投资组合必然要持有剩余的证券，或其他不在指数中的证券（如模型中的 E）。图 19-5 显示了投资组合可用的有效前沿，由于持仓的限制，它位于初始有效前沿的"内部"。

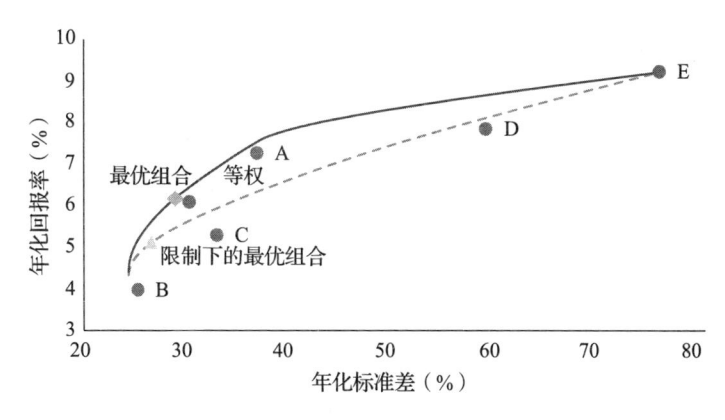

图 19-5 持仓限制下的代表性抽样

受跟踪误差约束的优化

代表性抽样投资组合的预期跟踪误差可以从各自的权重向量和协方差矩阵中计算而来[1]。回忆一下，权重向量和（年化）协方差矩阵会包含指数或投资组合的全部资产。有了这个结构，就可以很容易地指定跟踪误差的约束条件，例如：

$$TE < 5\%$$

在图 19-6 中，我们再次展示了有效前沿曲线、等权投资组合，以及在上述跟踪误差约束下为获得单位风险所能获得的最高回报而进行优化的投资组合。我们看到，由于等权投资组合能保证满足这一约束条件，任何优化的投资组合都会比指数获得更高

---

[1] 使用附录中的符号，我们可以得到：
$$TE = \sqrt{(w^P - w^I)' \Sigma (w^P - w^I)}$$

的风险回报率。但如果仔细地观察图 19-7，我们会发现优化的投资组合并不在原始的有效前沿曲线上[①]。

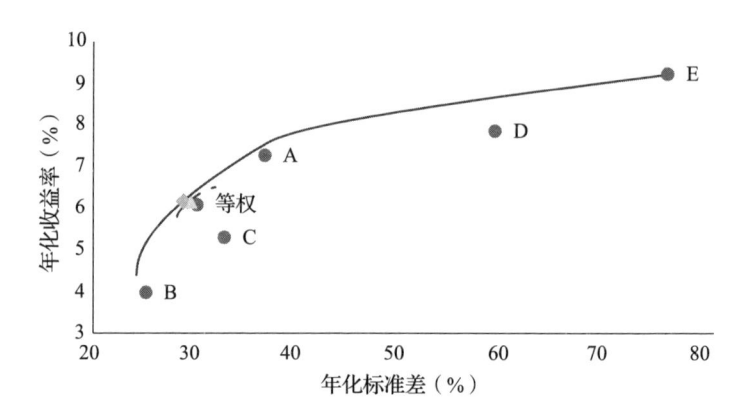

图 19-6 跟踪误差限制下的代表性抽样

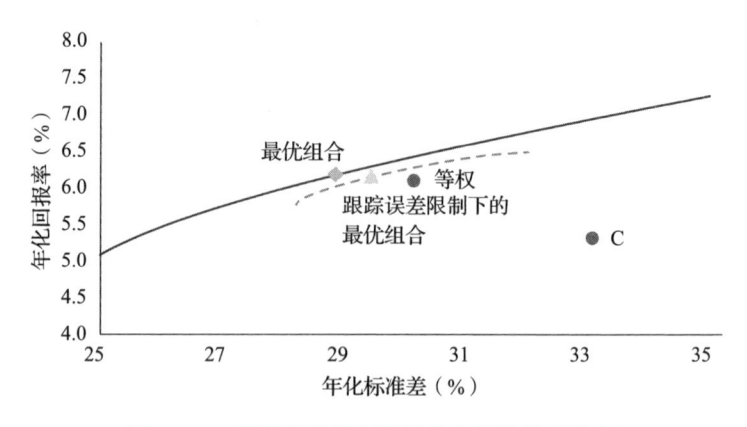

图 19-7 跟踪误差限制下的代表性抽样（放大）

---

① 请注意，最优的均值-方差并不一定是 ETF 投资组合经理采用代表性抽样跟踪指数的目标。ETF 投资组合经理可能还有其他目标要实现。

困　难

代表性抽样可以成为管理投资组合的有力工具，但所有投资组合经理在对投资组合进行代表性抽样时都应该考虑一系列的问题。首先是人们对所采用模型的担忧。例如，在上面的举例中，我们使用了均值-方差优化和现代投资组合理论。这一整套假设是以现代投资组合理论为基础的，如果不正确，可能会对这种模型的结果产生严重的影响。其中最重要的可能是参数是否随时间发生变化，或者有关变量是否表现出正态分布的特征，因此人们可能会质疑是否有足够的数据来支撑对参数值的估计，抑或该模型可能不适用于非线性工具，如期权等。

此外，采用该结果可能会引发其他相关问题：参数应该如何更新？如果我今天进行了优化并且明天（或下周还是下个月）再进行优化，那么我在今天进行优化的时候是否应该考虑下一次优化的计划时间？我们很快就会发现，所有的优化决策实际上都是紧密相连的。显然，代表性抽样的挑战有可能是巨大的，但回报亦是如此。

附　录

本章分析的框架是现代投资组合理论。虽然对完整方法的详细描述超出了本书的范围，但在这里我们还是会列明一些基础知识，以便更好地理解代表性抽样中一些关于约束的讨论内容。

我们首先对术语进行定义。

- w_{it}^P 是证券 i 在时间 t 的投资组合中的权重。
- w_{it}^I 是指证券 i 在时间 t 在指数 I 中的权重。
- μ_{it} 是证券 i 在时间 t 的预期收益率。
- σ_{ij} 是证券 i 和证券 j 的年化协方差。
- Σ 是协方差矩阵,其元素为 σ_{ij}。

收益是线性的,所以投资组合的预期收益是各组合成分的预期收益的加权平均数。举例来说:

$$\mu_t^P = \sum_i w_{it}^P \mu_{it}$$

这是投资组合的预期收益。类似地,有

$$\mu_t^I = \sum_i w_{it}^I \mu_{it}$$

这是指数的预期收益。

波动率不是线性的,所以一个投资组合的年化波动率不是各成分年化波动率的加权平均数。以一个包含两种资产的组合为例,其组合波动率计算如下:

$$\sigma = \sqrt{w_a^2 \sigma_a^2 + w_b^2 \sigma_b^2 + 2w_a w_b \sigma_{ab}}$$

使用矩阵符号,我们可以归纳为以下内容:

$$\sigma^P = \sqrt{w^{P\prime} \Sigma w^P}$$

其中,符号 $\prime$ 反映了向量的转置,σ^P 是投资组合的波动率。

我们可以将错配向量定义为 $\tilde{w} = w^P - w^I$,因此投资组合的跟踪误差为：

$$TE=\sqrt{\tilde{w}'\Sigma\tilde{w}}$$

现代投资组合理论是通过选择一个权重向量，在固定的收益水平下使风险最小化，从而创造一个风险和收益的最优组合的前沿。正如我们在本章中所详述的，可以在优化过程中加入一些约束条件，如限定跟踪误差或限制错配的数量。

第 20 章

ETF 退市

最后,我们要讨论一下当 ETF 的生命周期结束时会发生什么。事实上,许多 ETF 已经退市。我们看到,尽管有许多 ETF 产品上市,但一些产品始终无法吸引资产。推出 ETF 的固定成本包含基金管理、信托费用等一系列相关费用,这意味着如果没有足够的资产和基于这些资产收取的费用来抵消成本,推出的 ETF 可能就是失败的,该基金最终也会退市。

退市过程

如果基金发行商决定将基金退市,在拟议的退市日期之前,ETF 的董事会将批准基金退市,并向公众发布公告(如发新闻稿或在基金网站上发布),表明该基金将从其交易的交易所摘牌。一般来说,公告将明确基金何时不再接受创设交易指令,以及其在交易所的最后交易日。基金还将明确投资组合中的所有证券的清盘日期,以及何时将对资产进行分配,就像把资金按照标准的分配程序分配给股东一样，会指定相关的登记日和分配日。

投资组合经理的责任

ETF 投资组合经理在基金退市时的责任是根据基金发行商规定的时间表对投资组合中的持仓进行清算。赎回申请很可能发生在退市通知发布之前，这些赎回可能是实物赎回，就像其他时候的赎回一样，但剩余的资产将由投资组合经理进行清算。

指数型 ETF 也可以规定一个日期，在该日期 ETF 将不再与相关指数挂钩。该日期可以与摘牌日期一致。然而，为了在有关日期前对流动性较差的证券进行清算，投资组合经理必须提前发送交易指令或提前对部分投资组合进行清算，这都是可能的。很明显，这对相关指数的跟踪也会产生影响。

其他需关注的问题

退市过程并不复杂，但有几件事情需要注意。首先，指数型 ETF 在最后几天可能会使指数跟踪成为问题，这主要是由清算时点导致的。如果基金规模小到可以在清算日当天收盘时卖出剩余的股票，就不用太担心；但如果是一个规模较大的基金决定退市，基金中可能有大量的头寸，这可能需要花费几天的时间来解除头寸。此外，一旦宣布退市，其他市场参与者就会知道相关持仓未来将受到抛售压力，从而导致基金在最后几天的潜在表现不佳。另外，在清盘期间赎回可能是投资组合经理最好的选择，它允许以实物形式将证券从投资组合中转移出来,而不必在二级市场上进行交易。

其次,对于那些确实在二级市场上发生的交易,就像 ETF 生命周期中其他的交易一样,它们可能会产生资本收益。

最后,投资组合可能包含在清算前已经暂停交易的证券。如果是这种情况,那么投资组合经理可能就无法将该头寸转化为现金分配给 ETF 的份额持有人。那么存在以下几种可能:基金可以尝试找到一个愿意接受停牌股票的交易方;基金可以在先期分配中暂时扣除停牌股票的价值,在后续分配中再予归还。

结 论

对于从初始阶段就开始管理 ETF 基金的投资组合经理来说,基金退市可能意味着一种失败。然而,投资组合经理对 ETF 的管理与 ETF 资产规模增长有很大区别。如果投资策略是成功的,ETF 规模就会增长,但除此之外还有整体的市场营销和分销,这些与产品业绩一同对资产规模有着重要影响,而投资组合经理也会面临众多市场竞争。ETF 投资组合经理在反思自己的业绩时,不应只聚焦于管理资产规模的增长,还应回顾我们在本书中讨论过的关键指标。一个基于指数的 ETF 是否很好地跟踪了指数?当投资组合经理可能通过采用我们讨论的一些策略来管理这些收益时,他是否申报了资本收益?主动型 ETF 投资组合经理是否试图相对于基准进行了业绩优化来有效管理投资组合?投资组合经理是否与他的交易员合作,有效地执行了交易指令?最后,投资组合经理是否履行了他的义务,以实现股东最佳利益为目标来管理投资组合?对于这些问题的答案才是衡量投资组合经理业绩表现的关键标准。

ETF还将继续存在。在21世纪初,它们已经成为金融领域的重要组成部分,在投资管理行业出现下一次变革之前,ETF可能会在未来几年成为主导的投资工具。

术语表

ADV	Average daily volume	日均成交量
AETF	Actively-managed ETF	主动管理型 ETF
AP	Authorized participant	授权参与人
AUM	Assets under management	资产管理规模
C/R	Creation/redemption	创设/赎回
CFTC	Commodity Futures Trading Commission	商品期货交易委员会
CIB	Custom in-kind basket	定制实物篮子
CIL	Cash in lieu	现金替代
CU	Creation unit	创设单位
DTCC	Depository Trust & Clearing Corporation	存托信托和清算公司
DV01	Dollar value of a basis point	基点价值
ETF	Exchange-traded fund	交易所交易基金
FI	Fixed income	固定收益
FINRA	Financial Industry Regulatory Authority	金融业监管局

FX	Foreign exchange	外汇
ICA	Index calculation agent	指数计算代理商
ICF	Index closing file	指数收盘文件
IOF	Index opening file	指数开盘文件
IOPV	Indicative optimized portfolio values	基金份额参考净值
IR	Information ratio	信息比率
IV	Indicative value	参考净值
LIBOR	London Interbank Offer Rate	伦敦同业拆借利率
LMM	Lead market maker	牵头做市商
MF	Mutual fund	共同基金
MOC	Market on close	收盘价订单
MOO	Market on open	开盘价订单
MPT	Modern portfolio theory	现代投资组合理论
NSCC	National Securities Clearing Corporation	全国证券清算公司
NYSE	New York Stock Exchange	纽约证券交易所
PCF	Portfolio composition file	申购赎回清单文件
PLF	Portfolio listing file	投资组合列表文件
PF	Pro forma	预估文件
PM	Portfolio manager	投资组合经理

RS	Representative sampling	代表性抽样
SEC	Securities and Exchange Commission	美国证券交易委员会
SWA	Starts with A	以 A 开头
TC	Transaction costs	交易成本
TE	Tracking error	跟踪误差
VIIV	Verified intraday indicative value	经验证的日内参考净值
VIX	CBOE Volatility Index	芝加哥商品交易所波动率指数
YTC	Yield to call	赎回收益率
YTM	Yield to maturity	到期收益率
YTW	Yield to worst	最差收益率

Scott M. Weiner

The Complete Guide to ETF Portfolio Management: The Essential Toolkit for Practitioners

9781264257461

Copyright © 2021 by McGraw Hill.

All Rights reserved. No part of this publication may be reproduced or transmitted in any form or by any means, electronic or mechanical, including without limitation photo-copying, recording, taping, or any database, information or retrieval system, without the prior written permission of the publisher.

This authorized Chinese translation edition is published by China Renmin University Press in arrangement with McGraw-Hill Education (Singapore) Pte. Ltd. This edition is authorized for sale in the People's Republic of China only, excluding Hong Kong, Macao SAR and Taiwan.

Translation Copyright © 2023 by McGraw-Hill Education (Singapore) Pte. Ltd and China Renmin University Press.

版权所有。未经出版人事先书面许可，对本出版物的任何部分不得以任何方式或途径复制传播，包括但不限于复印、录制、录音，或通过任何数据库、信息或可检索的系统。

此中文简体翻译版本经授权仅限在中华人民共和国境内（不包括香港特别行政区、澳门特别行政区和台湾）销售。

翻译版权© 2023 由麦格劳-希尔教育（新加坡）有限公司与中国人民大学出版社所有。

本书封面贴有 McGraw-Hill Education 公司防伪标签，无标签者不得销售。

北京市版权局著作权合同登记号：01-2021-3482

图书在版编目（CIP）数据

ETF 投资 /（美）斯科特·韦纳著；侯宇译. -- 北京：中国人民大学出版社，2023.11
ISBN 978-7-300-31207-1

Ⅰ.①E… Ⅱ.①斯… ②侯… Ⅲ.①证券投资－投资基金 Ⅳ.①F830.91

中国版本图书馆 CIP 数据核字（2022）第 203442 号

ETF 投资

[美] 斯科特·韦纳　著
侯　宇　译
ETF Touzi

出版发行	中国人民大学出版社			
社　　址	北京中关村大街 31 号		邮政编码	100080
电　　话	010－62511242（总编室）		010－62511770（质管部）	
	010－82501766（邮购部）		010－62514148（门市部）	
	010－62515195（发行公司）		010－62515275（盗版举报）	
网　　址	http://www.crup.com.cn			
经　　销	新华书店			
印　　刷	北京联兴盛业印刷股份有限公司			
开　　本	890 mm×1240 mm　1/32		版　次	2023 年 11 月第 1 版
印　　张	10.75 插页 2		印　次	2023 年 11 月第 1 次印刷
字　　数	217 000		定　价	69.00 元

版权所有　　侵权必究　　印装差错　　负责调换